本书为教育部社科司 2021 年度高校思想政治理论课教师研究专项课题“高校思政课课堂有效教学行为研究”(21SZK14277001)阶段性成果

高校思政课教学方法综述与课堂教学设计

段微晓　主　编

山东大学出版社
SHANDONG UNIVERSITY PRESS
·济南·

图书在版编目(CIP)数据

高校思政课教学方法综述与课堂教学设计/段微晓主编.—济南：山东大学出版社，2023.3
ISBN 978-7-5607-7684-2

Ⅰ.①高… Ⅱ.①段… Ⅲ.①高等学校－思想政治教育－教学研究－中国 Ⅳ.①G641

中国版本图书馆 CIP 数据核字(2022)第 240619 号

策划编辑 徐　翔
责任编辑 徐　翔
封面设计 张　荔

高校思政课教学方法综述与课堂教学设计
GAOXIAO SIZHENGKE JIAOXUE FANGFA ZONGSHU YU KETANG JIAOXUE SHEJI

出版发行 山东大学出版社
社　　址 山东省济南市山大南路 20 号
邮政编码 250100
发行热线 (0531)88363008
经　　销 新华书店
印　　刷 山东蓝海文化科技有限公司
规　　格 720 毫米×1000 毫米　1/16
　　　　 14.75 印张　278 千字
版　　次 2023 年 3 月第 1 版
印　　次 2023 年 3 月第 1 次印刷
定　　价 78.00 元

《高校思政课教学方法综述与课堂教学设计》编委会

主　　编　段微晓

编写组成员　（按姓氏笔画排序）

于　瑶　王海彬　刘　璐

李志娟　宋　甜　侯金雨

岳　倩　谭　笑　侯婷婷

前言

青年是国家的未来，民族的希望。青年一代的理想信念、精神状态、综合素质，是一个国家发展活力的重要体现，也是一个国家核心竞争力的重要因素。高校思政课作为夯实青年学生思想政治基础的主阵地，涉及根本、关系全局、影响长远，在立德树人中发挥着关键作用。为贯彻落实习近平总书记关于青年工作的重要论述和在全国教育大会、学校思想政治理论课教师座谈会，以及在中国人民大学观摩思政课时的重要讲话精神，增强高校思想政治理论课的思想性、理论性、针对性和亲和力，高校需要不断探索教学新理念和新思路，研究将教材内容转化为教学体系的创新模式，尤其是要结合高校实际，加强思政课的课程教学研究设计，以增强思政课对青年学生的吸引力。

"青年政治"是山东青年政治学院的办学底色，培养青年政治人才是山东青年政治学院的初心和使命。学校坚持把思想政治工作贯穿育人全过程，充分发挥思想政治理论课主渠道作用，对青年学生进行马克思主义理论教育、理想信念教育和社会主义核心价值观教育，旨在培养坚定的马克思主义信仰者、深刻思想者、主动践行者和积极传播者。如何将思政课讲到青年学生的心里去，让青年学生把马克思主义的立场观点方法内化为自己的生存智慧，把理论知识转化为自己的政治素养，一直是山东青年政治学院的思政课教师们积极探究的核心问题。近年来，山东青年政治学院的思政课教师紧紧围绕课程建设如何有效体现"青年"特色，即课程教学从青年关心的问题出发，落脚于青年自身的成长，进行了较为系统的教学研究和实践。

本书是"高校思政课课堂有效教学行为研究"课题组总结思政课

教学经验，不断探索思政课课堂教学规律和学生学习特点，以增强思想政治理论课之于青年学生的代入感、获得感为目标进行研究的阶段性成果。教学团队在认真研读国家关于新时代学校思想政治理论课政策文件、领会有关学校思想政治理论课建设精神的基础上，以重在“教学实用”为核心，以整体提升青年学生的政治素养为目标，以提升青年学生的思政课学习主体性为着重点，进行了思政课课堂教学方法与运用的研究与编写工作。本书通过对常用教学方法的已有研究和应用现状的梳理，力求使广大思政课教师对当前教学方法形成整体概览，并进一步结合新时代思政课改革创新的新要求和学生的新特点，在遵循“发挥学生主体性”原则的基础上，综合运用问题式、情景式、混合式等多种教学方法，围绕高校四门思政课的部分内容进行课堂教学设计，以期对高校思政课教师课堂教学和学生思政课的学习都能够有所启示。

本书是编写组全体成员集体智慧的结晶。其中第一篇第一章、第二篇第一章第一节和第四节由于瑶编撰，第一篇第二章、第二篇第二章第二节和第三节由王海彬编撰，第一篇第三章、第二篇第二章第一节、第二篇第三章第一节由李志娟编撰，第二篇第三章第二节、第二篇第三章第三节由段微晓编撰，第一篇第四章、第二篇第二章第四节、第二篇第三章第四节由谭笑编撰，第一篇第五章、第二篇第四章第三节、第二篇第四章第四节由刘璐编撰，第一篇第六章、第二篇第四章第二节由岳倩编撰，第一篇第七章、第二篇第一章第三节、第二篇第四章第一节由侯金雨编撰，第一篇第八章、第二篇第一章第二节由宋甜编撰。段微晓负责全书总体设计、逻辑框架、文字统稿等工作。本书成稿得山东大学出版社徐翔、朱若翌两位编辑的大力支持和指导。在编写过程中，编者参考了国内外有关论著和相关网站上的资料，书中未能一一列明来源，在此一并表示诚挚的谢意。限于编者水平，书中难免存在不妥之处，敬请读者批评指正。

编　者

2022 年 10 月

目　录

第一篇　教学方法

第二篇　教学设计

第一篇

教学方法

第一章　体验式教学法

一、问题提出

2019 年 3 月，习近平总书记在学校思想政治理论课教师座谈会上指出："推动思想政治理论课改革创新，要不断增强思政课的思想性、理论性和亲和力、针对性。""要坚持灌输性和启发性相统一，注重启发性教育，引导学生发现问题、分析问题、思考问题，在不断启发中让学生水到渠成得出结论。"①2022 年 4 月，习近平总书记在考察中国人民大学时又发表重要讲话，强调讲好思政课要"注重方式方法，把道理讲深、讲透、讲活"②。如何提高高校思政课教学的亲和力和实效性，使思政课真正成为学生能够用心感悟、真心喜爱并且终身受益的课程，是当前思政课教学改革的重中之重。相比于传统教学模式，体验式教学强调以学习者为中心，注重学习者的自主性和参与性，能够让学生"在参与中学，在体验中悟"，积极主动地参与教学过程并获取知识，从而克服了传统教学模式把教师置于中心而把学习者置于外围的弊端，提高了思政课教学的亲和力和实效性，是值得推广的新型教学法。目前，在思政课中应用体验式教学已成为学界共识，且实践中业已形成一定的理论建构与经验借鉴，但尚存在诸多理论难题和实践困境。这就迫切需要加强对体验式教学的系统研究和总结归纳，提出在高校思政课中应用体验式教学的新思路、新模式、新路径，从而进一步推动高校思政课改革创新。

---

① 《习近平主持召开学校思想政治理论课教师座谈会强调：用新时代中国特色社会主义思想铸魂育人　贯彻党的教育方针落实立德树人根本任务》，《人民日报》2019 年 3 月 19 日。

② 《习近平在中国人民大学考察时强调：坚持党的领导传承红色基因扎根中国大地　走出一条建设中国特色世界一流大学新路》，《人民日报》2022 年 4 月 26 日。

二、概念概述

体验式教学是指以学习者为中心,以引导学生主动参与和自我体验为关键,由教师围绕教学目标进行一定的情境创设,使学生在亲历性的体验过程中感悟教学内容,积极主动地获取并建构知识意义、开发潜能、深化情感的教学模式。与传统教学模式相比,体验式教学尊重学生的个体性和自主性,力求在师生有效互动基础上达到认知过程与情意过程的有机融合,在给学生深刻体验和情感激发上具有传统教学模式不可取代的优势。

三、研究综述

(一)国内研究综述

国内对于体验式教学的研究起步很早,甚至在古代春秋战国时期,以孔子为主要代表的教育先驱们就已经提出切己的生活体验有助于帮助人们理解知识、参悟哲理的思想。现代意义上的体验式教学研究始于20世纪90年代,1994年,张志祥发表在《公安教育》上的《澳大利亚警察训练采用体验式教学简析》一文是国内最早的以"体验式教学"为题的文章。进入21世纪后,越来越多的学者开始关注"体验式教学",并围绕"体验式教学"的理论基础和实践应用形成了数量可观的研究成果。综观国内有关"体验式教学"的研究主要集中探讨了以下问题:

1.对于"体验式教学"的概念

严权纲发表于2000年的《"体验式教学法"在政治教学中的应用》一文最早明确提出了"体验式教学"的概念,他认为体验式教学是以学生的认识过程和认知特点为依据,将"体验"手段应用于学习准备阶段、课堂教学阶段、课后延续阶段和评价分析阶段的全过程,通过教师的情境创设和再造鼓励学生主动参与、主动探索、主动思考、主动操作、自主活动,使学生在体验的过程中领会知识、发展自我、形成良好品质的教学方式。[①] 此后,研究者们从不同角度界定体验式教学的概念。如刘书艳认为,体验式教学模式是教师遵循学生的认知规律并围绕特定教学目标,设置真实或虚拟的教学情境来呈现教学内容,引导学生主动参与,让学生亲身感知、领悟过程、应用知识,进而使学生获得认知、培养能力、提高综

① 参见严权纲:《"体验式教学法"在政治教学中的应用》,《教育评论》2000年第4期。

合素质的教学模式。[①] 田红云认为，体验式教学是指教师在教学过程中依据学生的认知特点和认识规律，通过创造实际的或重复经历的情境和机会来呈现或再现、还原教学内容，使学生在亲历的过程中理解并能够主动建构知识、发展能力、产生情感、生成意义的教学观和教学模式。[②] 卢曼萍、潘晓华、张继河分析了哲学、心理学及教育学等领域对"体验"的学术理解，在此基础上提出了"体验式"实践教学的概念和内涵，指出"体验式"实践教学注重对教学内容的反思和批判，教学的重点是"导"和"学"，目标指向于对学习者现世生活和未来职业发展的长远关照，不仅重视学习者的实际技能与赖以生存的操作本领的学习，更重视学习者的职业心理及人格完善，因此对学习意义的理解更进一层。[③]

2.对于"体验式教学"的实施策略

王学东提出，体验式教学可以采用情境模拟、角色扮演、实战实训、主题游戏、案例研讨、小组讨论、辩论竞赛等多种课堂教学形式和实地参观、专题讲座、知识大赛、实践操作、企业实习等多种课外学习形式以及教师指导、学生参与、师生互动等多种教学方法。[④] 田红云在其文章中提出了案例教学、情境模拟、相互辩论、实地参观或者实践等多种体验式教学模式，指出一个完整的体验式教学模式应当包括问题引入、情境模拟、协作互动和归纳总结四个环节。[⑤] 刘书艳指出，课堂中的体验教学包括讲评教学、案例教学、主题辩论教学、游戏教学，实训中的体验教学包括情境模拟教学、沙盘教学，校外体验教学包括实地参观、顶岗实习等。[⑥]

3.对于"体验式教学"在高校思想政治理论课上的应用

章莲华指出，体验式教学遵循以学生为中心、以情境为中心、以活动为中心的理念，可以让思想道德修养课活起来，教师首先要创设情境，激发学生学习欲望；其次要通过游戏选择、角色扮演、仿真练习、案例讨论等，引发学生情绪体验和情感共鸣；最后还要通过建立情境，通过理论讲授引导学生道德升华。[⑦] 佘双好指出，思想政治理论课以构建学生内在的精神世界为主要教学内容，这种特殊

---

① 参见刘书艳：《体验式教学模式研究》，《教育理论与实践》2015 年第 34 期。

② 参见田红云：《体验式教学的认识论基础及应用探析》，《扬州大学学报》(高教研究版)2010 年第 6 期。

③ 参见卢曼萍、潘晓华、张继河：《体验：实践教学的重要内涵——体验式实践教学模式解析》，《教育学术月刊》2011 年第 3 期。

④ 参见王学东：《体验式教学模式的构建与实施》，《乐山师范学院学报》2009 年第 6 期。

⑤ 参见田红云：《体验式教学的认识论基础及应用探析》，《扬州大学学报》(高教研究版)2010 年第 6 期。

⑥ 参见刘书艳：《体验式教学模式研究》，《教育理论与实践》2015 年第 34 期。

⑦ 参见章莲华：《体验教学：让"思想道德修养课"活起来》，《思想教育研究》2005 年第 6 期。

的课程性质及教学过程使其更需要开展体验式教学活动，思想政治理论课程教师应调整课程观念，主动进行体验式教学开发，以真诚、尊重和同感的态度全身心地投入体验式教学活动，给思想政治理论课注入一种温暖的力量，促使学生思想观念的变化和改变。[①] 刘晶、刘海燕探究了体验式实践教学对提高思想政治理论课教学效果的价值，指出体验式实践教学以思想教育性、学生主体性、体悟性、情境性和亲历性为主要特点，是适合大学生思想政治理论课实践教学的一种有效的方式。学生在实践中"做"，在"做"的过程中体验、反思和领悟，进而不断地提高思想道德素质和认知能力，教师需要加强对教学内容的挖掘和教学途径的拓展，以便有效实施体验式实践教学。[②] 戴卫义、许俊杰选取"在服务中成长"实践教学案例，探讨了体验式教学在高校基础课程中的应用，指出在设计和实施主题实践教学的过程中，面对当前高校基础课程实践教学组织管理、推动实施、保障条件、效果评价等方面的现实困难，应当坚持"师生可行、组织便捷、投入适当、教育有效"的原则，做到打通第一、第二、第三等三个课堂，突出选题和组织两个环节，抓好过程和结果两类评价，协调思政课教师队伍和高校学工队伍两支队伍。[③]

（二）国外研究综述

体验式教学法的理论基础是美国心理学家大卫·库伯（David Kolb）于1971年提出的体验式学习理论，该理论以建构主义学习理论为依据，认为学习是一个以主体体验为中心的循环过程，主体首先在体验中获得经验，而后形成反思性认知，再通过分析和模仿生成对知识的理解，最后将知识应用于实践，进而完成了整个学习过程。国外对于"体验式教学"的研究大致可以分为三个阶段，分别为"经验学习时期""实践学习时期"和"体验学习时期"。[④] 在经验学习时期，杜威（John Dewey）指出，学习来自经验，教育即为生活。英国哈恩博士（Kurt Hahn）依据体验式学习理论在1934年创办了外展训练学校，1964年罗伯特·培契（Robert Patch）以体验式教育为基础，开发出PA（Project Adventure）课程，将体验教育定义为通过直接经验来建立知识、习得技巧、塑造价值观的过程，这一课程模式在世界范围内得到广泛认可。1978年，美国成立了体验性教育协会，并且创办了《体验教育》期刊，标志体验式教育研究进入快速发展时期。

① 参见佘双好：《关于思想政治理论课体验式教学的思考》，《思想教育研究》2012年第4期。

② 参见刘晶、刘海燕：《高校思想政治理论课体验式实践教学初探》，《湖北社会科学》2011年第1期。

③ 参见戴卫义、许俊杰：《高校"基础"课开展体验式实践教学探析：基于"在服务中成长"实践教学案例》，《思想理论教育导刊》2014年第5期。

④ 参见许真：《我国高校体验性思想政治教育研究》，山东大学博士学位论文，2018年。

1984 年，大卫·库伯出版的《体验学习：学习发展的源泉》一书可以说是体验性教育最具代表性的研究成果。作者在书中提出自己的体验学习理论和体验学习圈模型，把体验性学习描述为一个经由具体体验—反思观察—抽象概括—行动应用—具体体验的循环过程。在这个模型中，学习者基于自己的学习经历，通过经验转化并自我建构知识，并能通过主动创造将知识反馈到实践生活中，形成新的知识而后再次进入这个循环。日本也十分重视体验式学习理论和体验式教学法的应用，自 20 世纪 80 年代以来，日本文部科学省在课程改革中一再强调要通过丰富的体验培养学生的道德性。综观之，虽然西方国家并不开设专门的思想政治教育课程，但是思想政治教育元素却渗透在学校道德教育的各个方面。通过隐性教育来塑造学生价值观，培养学生爱国情操，增强学生政治认同，是西方国家思想政治教育的特点。而体验式学习又渗透在形式多样的隐性教育之中，学生无论学习哪一门专业，都要从专业学习的各个角度去体验、感受、认同特定的政治价值观和文化价值观。

总而言之，学界普遍认为，体验式教学是一种创新型教学模式，这种教学模式基于对学习者独立人格的尊重，注重认知主体主观能动性的发挥和自主学习能力的培养，顺应信息时代教育与教学发展的要求，将有效提升教学水平和办学效果。体验式教学以学生为中心，突出学生在教学过程中的主体地位，充分张扬学生的个性，使每个学生成为课堂教学的主体，改变了过去以教师为中心的传统教学模式，能够有效建立学习者的主人公意识，有利于营造富有生机活力的课堂教学氛围，从而提高课堂教学的实效性，是信息时代较为理想的教学模式。

四、研究趋势

学界就体验式教学的内涵、特征、实施策略等形成的有益探索为进一步深化体验式教学研究打下了较好的前期基础，但还存在一些研究局限。从研究趋势来看，目前还需要从以下三个方面进行拓展。

（一）研究视角

现有研究较为零散，尚需要对体验式教学进行系统性的整体构建。在研究过程中，研究者应当注重掌握研究对象的整体性、层次性、动态性，用系统思维开展科学研究。对体验式教学的研究也应当运用系统思维，沿着“理念解读—演绎设计—应用操作—总结评估”这一闭环进行层层递推式、螺旋式的论证与研究。学界目前对体验式教学的形成背景、意义价值、内涵特征、应用策略都进行了有益探索，但研究者并没有对这些研究要素之间的逻辑关系和契合性从整体上进行深入分析，这种零散化、碎片化研究现状难免造成研究要素之间的逻辑矛盾。

（二）研究内容

现有研究学理性支撑不足，尚需要对体验式教学的实质性内容进行深入研究。现有研究中，学者主要应用西方教育学和心理学的相关理论作为体验式教学的学理支撑，而并没有以马克思主义立场、观点和方法审视这些西方教育学和心理学理论。特别是以传播马克思主义为使命的高校思政课兼具政治性和学理性，坚持马克思主义的指导思想地位是高校思政课的题中之义。体验式教学的确有益于提升高校思政课的实效性，但现有研究缺乏对其作用机理的阐释。同时，现有研究缺乏对体验式教学操作的指导性。客观上讲，体验式教学适合于强调实践性的教学内容，这种新型教学方法既不能沦为娱乐化的体验游戏，也不能简单地应用于所有教学内容。现有研究忽视了体验式教学方法应用的针对性。

（三）研究方法

现有研究以定性研究为主，尚需要对体验式教学进行合理的定量研究。研究结论的可信度在很大程度上取决于研究方法的科学性。从体验式教学的研究现状来看，理论思辨与经验总结的定性研究方法依然是主流，已有的定量研究方法尚停留在初步水平。体验式教学研究应该将定性研究方法与定量研究方法科学结合，从而使研究工作更加科学，研究结论更加可靠。

第二章　讲授式教学法

一、问题提出

课堂是思想政治教育的主阵地，讲授是思想政治教育课堂教学的主要方法。讲授式教学法从原始社会的口耳相传，到夸美纽斯(Jan Amos Komensky)的课堂授课，再到今天借助多媒体辅助的讲授，经历了众多变化。但是，无论怎样变化，讲授式教学法在今天的课堂中仍然是一种重要的教学方法。讲授式教学法在教学中的地位是不可被取代的，它的重要性应该受到关注和重视。但是，目前讲授式教学法在课堂教学中遇到了种种问题，受到了诸多的批评和指责。

在当今以学生为主体的教学理念下，人们认为课堂应提倡自主、探究、合作等学习方式，需要充分发挥学生学习的自觉性、积极性和主动性。而在讲授式教学中，学生的学习方式是接受式学习，接受式学习将学生置于被动的地位，忽视了学生学习自主性，不利于学生的自主创新能力的培养。似乎教师的课堂讲授时间过长会影响学生自主创新能力的培养，会影响学生的主体地位，而只有缩短教师的讲授时间或让学生主导课堂才能体现学生的主体地位，才能培养学生的创新精神和创造能力。可见，人们对讲授法的认识出现了误区。基于此，我们有必要对讲授法进行探究，梳理其历史沿革，并对其存在意义进行研究，以便使其更加适应新时代思想政治教育教学要求。

二、概念概述

（一）概念溯源

“讲授”一词来源于古拉丁语“Lectare”，最初的意思是“大声朗读”。《现代汉语词典》中将讲授解释为“讲解传授”，即教师运用语言向学生讲解知识，解答疑惑。1987 年出版的《教育词典》定义讲授为“学校教育中广泛运用的一种教学方法，其他教学方法的运用，往往要结合讲授法”，这也是讲授首次以一种教学方法的形式出现在教育学专著中。王道俊、王汉澜主编的《教育学》将讲授归纳为“教师通过语言系统连贯地向学生传授知识的教学方法”[①]。李秉德教授主编的《教学论》将讲授法概括为“教师通过简明、生动的口头语言向学生系统地传授知识、发展学生智力的方法”[②]。综上所述，讲授法是教师通过口头语言向学生系统连贯地传授知识、思想观点和发展学生思维能力的方法，包括讲述、讲解、讲读、讲评等方式。

（二）概念发展历程

在人类教育的漫长发展中，实现知识的有效传递始终是教育的基本目标。教育者寻求多种方式或媒介激发学习者的学习兴趣，以帮助其更快、更好、更稳地习得与巩固知识，这一方式或媒介即是教学方法。纵观中西方历史过程中的教学方法，讲授法自始至终扮演着重要角色。讲授法发展的历程大体经历了萌芽与产生、快速发展、衰落与转机三个阶段。

1.萌芽与产生阶段

在讲授法的萌芽与产生阶段，讲授法是伴随着班级授课制发展起来的。所谓“班级授课制”指根据学生的年龄、知识程度等组成固定人数的班集体，教师在学校教学目的、教学计划、课程内容、作息时间等的基础上统一向此班集体进行授课的教学组织形式，主要有班级固定、课程固定、课时固定、学生固定等特点，教师在教学中占据主导地位。

西方班级授课制的趋向产生于古希腊罗马时期，也是讲授法的萌芽时期。古希腊是西方文明的发源地，希腊人认为，教育对社会全体公民开放（奴隶除外），是公民享有的基本权利与义务；教育的目的不仅要考虑社会的生存与需要，

① 王道俊、王汉澜主编：《教育学》，人民教育出版社 1989 年版，第 244 页。

② 李秉德主编：《教学论》，人民教育出版社 1991 年版，第 203 页。

更需要考虑个体的发展，即身体、道德、智力和审美和谐发展。希腊学校的主要目的在于培养善良、善于辞令的演说家。进入中世纪之后，教会掌握教育大权，神学一度成为最高学问的代表。这一时期，培养国民宗教意识以维护教会的统治成为主要教育目标，相应的教会机构修道院、主教学校和堂区学校成为典型的教育机构。公元11～12世纪是西欧封建社会的顶峰时期，也是西欧世俗高等教育——中世纪大学发展的重要阶段。公元15世纪，欧洲文艺复兴带来人的回归，在教育层面则体现为大众教育得到重视。为了破除以往个别教育的缺陷，学校开始“一位教师同时教授大量学生”的实践。后来这种实践效果得到肯定，逐渐开始确立班级授课制下的讲授法。讲授法最早作为一种教学方法，于15世纪末德国纽伦堡和萨克森选帝侯国的人文主义学校中得以使用。学生被划分为三个阶段组成不同班级，每个班级配以不同的教学科目，教师在课堂上传授教学内容。16～17世纪西方资本主义快速发展，对专门人才的需求量增多，导致学校教学内容、学生人数激增，讲授法在班级授课制中以快速、高效培养人才特点获得发展优势，迅速成为主导的教学方法。

我国讲授法萌芽于夏朝之前的氏族公社时期。夏朝之前的氏族社会，生产资料公有，公社成员权利平等，教育为全民享有。教育作为保证群体生活与安全的一种手段，以培养青年人参与群体活动和维持部落内部团结为主要目的。尽管没有学校的形式，但为适应社会生活和集体生产劳动需求，成员接受集体教育训练。自夏朝始，私有财产出现、阶级分化，奴隶主制度形成。鉴于奴隶制的出现，教育的阶级性渐显，维系奴隶主贵族统治也开始成为教育的主要目的之一。受教育人群除去贵族子弟，还扩充到少部分优秀平民。因只有官府有财力、人力制作竹简书册、备齐实际演习的器物，加之宗法制下的子承父业传统，教育为贵族掌控，呈现“学在官府”的特点。《学记》曰：“夫然后足以化民成俗，近者说服而远者怀之，此大学之道也。”教育的目的是教化人民，以达到移风易俗。春秋战国时期，奴隶社会向封建社会过渡，社会动荡、农业发展、经济繁荣，带来了新兴地主阶级的产生，继而催生了私学出现“百家争鸣”。汉朝时，汉武帝采用董仲舒“兴太学，置名师，以养天下之士”的建议，创立太学，设五经博士作为太学专门教师。汉朝之后，儒学作为统治指导思想，国子学规模进一步扩大。无论中国古代的“官学”还是“私学”，都以教师主导课堂，教师通过讲授内容为学生释疑解惑。这一时期，讲授法大致上呈现“教师中心化”的特点。

2.快速发展阶段

在讲授法的快速发展阶段，伴随着近代以来西学东渐和专门化教育的发展过程，我国的教育目标经历了从求取国家独立于富强到完成新民主主义革命的转变，教学内容从培养专业人才的西学科技到全面发展的有知识的劳动者的德、智、体、美、劳等多种类型。而在教学方法上，在专门教育的推动下，传授系统知识的讲授法在课堂中占据主导地位。近代中国教育正式进入教学课堂讲授为主的阶段。学生自主地位下降，教学方法变化微乎其微。清末时期，为求取国家独立和富强，必须培养军事和经济等方面的专业人才。洋务运动和维新变法期间，教学内容从西方语言知识转变为西方的科技知识，促进了实学课程的发展。一般而言，教学内容的改变会推动教学方法的改革，但这一时期，维新派与洋务派在西学及西学教学方法上的认同差异直接导致教学方法的发展出现了停滞。洋务运动始终试图以中国传统教学方法传授科学技术知识，而维新变法虽提出学习西方，却并没有取得成效。直至“清末新政”期间，清政府延续维新变法铺设学堂的纲领，颁布谕令，在各地设立新式学堂，才使得教学方法得到了发展。新式学堂兼习四书五经和中外政治、历史、艺学，教学方法虽可由教学课程和教师来决定，但《癸卯学制》规定，教学方法应采用循循善诱之式，“以讲解为最要”，对教师的教学提出了新要求。由此条例，教师在教学中普遍采用讲授法。

民国时期，政府在教育改革中始终扮演调控者和推动者角色。1913 年，当时的教育部颁布《壬子癸丑学制》，开始修正清末学校系统，并对教学方法提出了新要求，规定“各科目教授之目的方法，务使正确，并宜互相联络以资补助”。1922 年颁布的《壬戌学制》试图突破前期以讲解为主的教学模式，增加学生的自学。虽然各式各样的教学方法传入中国，中国本土也对传入的教学方法进行本土化改造，但在实际教学中，教师仍以讲授法为主。

中华人民共和国成立初期，百废待兴，大规模的经济建设需要大量有知识的劳动者。在教学内容上，要求学校课程密切配合国家政治、经济、国防建设等的需要，在系统传授理论知识的基础上实行专门化教育。凯洛夫的《教育学》对班级授课制的推崇正好满足了此时大量培养人才的社会需要。凯洛夫的《教育学》中的讲授法不仅在苏联得到全面推广，被传入中国后，又与中国传统教育中的尊师思想和系统传授知识相契合，成为这一时期的主流教学方法。

3.衰落与转机阶段

1976 年，我国恢复高考制度，伴随着高校改革，社会需求与教育目的、教学目标与教学内容和师生关系都发生了相应变化。在教学方法上，开始从教师的“教”向学生的“学”转变。“教”与“学”的关系论争再次被推到了教学改革的浪潮前。这时的教学方法更重视学生的自主学习，讲授法一再遭到质疑和批评。新形势下，讲授法也在不断探索，并迎来新的转机。

20 世纪 80 年代，知识经济的产生与发展使得知识成为重要资源，科技革命带来了知识数量的急剧增长，二者共同对教育提出了新要求，教育开始为国家经济建设培养专门人才。这一时期高等教育继承的是 20 世纪 50 年代的大学教育，在科技和经济冲突下重视技术的培养，但是却忽视了人文素质的锻炼。这一时期的教学方法主要为讲授法，主要目的在于帮助学生高效地掌握系统的专业知识，更重视教师的讲述和讲解两种方式。

20 世纪 90 年代，培养全面发展的高素质人才成为新的教学目标。因此，在新一轮课程改革中，开始将科技教育与人文教育互相结合。学校开始开设多种选修科目，举办各种实用、有趣的讲座，给予学生一定的自主选择权。知识的多样化要求教学方法破除单一走向多元，讲授法作为基础教学方法，在教学实践上因时而异，讲授法的地位在实际上受到了很大冲击。

20 世纪末，终身教育的兴起、学生群体的变化、教学过程本质的认识变化以及知识类型的转型等，使得教师与学生的关系定位发生了相应变化，学生从“受教育者”成为“学习者”。师生关系也逐渐强调学生主体、教师主导。

21 世纪以来，互助型师生关系的兴起使得以教师为中心的讲授法受到冲击，讲授法不得不对自身进行改革。此时的讲授法试图在凯洛夫“五段教学法”的基础上，灵活使用课堂授课形式，以发展学生智力为目标，强调知识的意义构建和学生的深度发展。即从关注教师行为（教师在教学中如何做）转为关注学生已有知识经验（学生如何学），注重激发学生的学习兴趣，引发学生的求知欲和学习主动性。总体而言，在这一时期，讲授法的基本呈现方式已经固定，大致分为讲述、讲解、讲演、讲评和讲读五类。讲述重在系统描述，讲解重在阐释说明，讲演重在连续论说，讲读侧重有讲有读，讲评则更重视评价和评论。

通过对讲授法的历史考察，可知讲授法从诞生到现在，始终在课堂教学中得到广泛的应用，这是由讲授法本身的优势和特点所决定的。目前，讲授法在所有教学方法中仍居于主要地位，从根本上来说，各种教学方法的应用仍然是与讲授式结伴而行的。

三、研究综述

（一）国内研究综述

1.关于讲授法类型的研究

关于讲授法的类型，大部分学者按照讲授的形式进行划分，数量略有差别。杨小微将其分为讲解法、讲述法、讲演法三种。[①] 王道俊、郭文安等将其分为讲

① 参见杨小微主编：《现代教学论》，山西教育出版社 2004 年版，第 218 页。

述法、讲解法、讲读法、讲演法四种。[①] 张楚廷将其分为讲述法、讲解法、讲演法、讲评法、讲读法等。其中，讲述为叙述或描述的形式，讲解为说明、解释等的形式，讲读为讲与读交叉的形式，讲演则为系统分析、论证、总结的形式。此外，张楚廷还按照讲授内容的不同将讲授法大体分为描述法和论证法，按照逻辑的性质又将讲授法分为归纳法和演绎法，按照认识事物的侧重面不同将讲授法分为分析法和综合法。[②] 也有学者从讲授法与“注入式”讲授法的区别上来给讲授法进行分类。李渺认为讲授法也有两种类型：一种是“消极讲授法”；一种是“积极创造讲授法”。[③]

2.关于讲授法优缺点的研究

在优缺点的评价上，大部分学者从讲授法的功能及运用的角度评价。讲授法的优点可以总结为以下四点：一是有利于学生掌握学科知识；二是有利于教师发挥主导作用；三是较易实行，应用范围比较广泛；四是比较节省时间。缺点则可总结为下三点：一是不利于学生发挥主观能动性；二是容易使学生学习知识与培养能力脱节；三是操作不当容易走入“注入式”教学的误区。余雪芳从讲授法运用的要求来分析，即教师二度消化教材，讲授必须通过语言来表达，讲授内容具有系统性和科学性，讲授达到一定的教学要求等。[④] 张树媛从讲授法的优缺点出发论证了讲授法的特点有效率高、使用范围广、限制条件少等。[⑤]

3.关于讲授法的使用条件的研究

吴庆麟提出讲授法的适用条件主要有：其他方法难以获得的知识，需要教师整合资源的知识，需要学生理解不同观点的知识。[⑥] 也有学者将讲授法的适用条件概括为学生要在短时间内学习大量知识的情况。还有学者认为讲授法同样适用于导入新课环节，用于提供背景知识并激励学生独立学习。

4.关于讲授法应用过程中存在的问题及其对策研究

李香林在《论“讲授法”及其在课堂中的合理运用》一文中系统分析了当前课堂教师在运用讲授教学法进行知识讲授的过程中存在过度运用讲授教学法的现象，并且针对“满堂灌”的教学现象提出了应对策略，即教师在课前要担任好“先行组织者”角色，教师要考虑学生的知识储备和认知规律，教师在讲授过程中要加强语言表达能力，加强对信息技术的使用，加强讲授法与其他教学方法的配合

---

① 参见王道俊、郭文安主编：《教育学》，人民教育出版社 2009 年版。第 239 页。

② 参见张楚廷：《教学论纲》，高等教育出版社 2008 年版，第 327 页。

③ 参见李渺：《对讲授法有关争议的几点思考》，《中国教师》2007 年第 7 期。

④ 参见余雪芳：《论语文教学中讲授法的合理运用》，上海师范大学硕士学位论文，2007 年。

⑤ 参见张树媛：《讲授法之冷思考》，《中国电力教育(上)》2013 年第 3 期。

⑥ 参见吴庆麟主编：《教育心理学——献给教师的书》，华东师范大学出版社 2003 年版，第 332 页。

使用，讲课过程中要加强与学生的情感交流等。[①] 蔡桂真在《新课程背景下讲授法的优化发展及有效运用》一文中先从教育发展的不平衡、讲授教学与成绩的关系以及学生的学习方式等三个方面论述了讲授教学法在当今课堂教学中存在的必要性，然后从讲授法的优化发展和讲授法的有效运用两个方面分别论述了优化教师讲授的有效策略。[②]

5.关于讲授法的运用策略

绝大多数学者认为，讲授法的运用要注意启发性，主要在于教师要联系学生已有的知识和经验进行讲授。秦积翠认为讲授法的恰当运用需要与其他教学方法和现代技术相结合。[③] 傅美也认为讲授法要与其他教学方法相结合，而且还要与生活实践、现代多媒体技术、教师讲授艺术相结合。[④]

(二)国外研究综述

就当前的研究而言，国外有关讲授法认识的研究主要集中在两方面：一方面是对讲授法不合理性的研究，另一方面是对讲授法合理性的思考。

1.对讲授法合理性的研究

进入 20 世纪，科学技术飞速发展，大量新教学方法诞生，然而在实际课堂教学中，讲授法主导地位仍未被撼动。这种现象使得研究者不得不对讲授法进行理性的反思，探究其存在的合理性。当前有关讲授法合理性的研究主要体现在讲授法理论基础研究和讲授法的优势研究上。

(1)讲授法理论基础

斯科特·韦伯斯特(Scott Webster)从三个方面为讲授法进行了辩护。首先，维果茨基(Lev Semenouich Vygotsky)的社会学习理论可作为讲授法的第一个理论基础。他指出，尽管讲授法中学生看起来处于被动状态，但学生在被动聆听的同时，其头脑内部实质上正处于“忙碌”状态。而且教师运用讲授法传递给学生的是一种教育性经验(概念学习)，这区别于学生的生活性经验。其次，是“听”的实质。他强调，深度学习不在于让学生急于表达自己的观点、进行讨论，而应以聆听作为基础，因此安静地聆听毫无疑问是有存在价值的。最后，教师讲授有诸多优势。讲授法不受学生欢迎的一个重要原因在于，讲授法传授的是客观知识而非学生想要学习的主观知识。数字化背景下，学生通过网络等手段有

---

① 参见李香林：《论“讲授法”及其在课堂中的合理运用》，《江苏师范大学学报》(哲学社会科学版)2013 年第 1 期。

② 参见蔡桂真：《新课程背景下讲授法的优化发展及有效运用》，《现代教育科学》2010 年第 6 期。

③ 参见秦积翠：《讲授法研究》，西北师范大学硕士学位论文，2007 年。

④ 参见傅美：《讲授法在中学地理课堂中的应用研究》，河北师范大学硕士学位论文，2014 年。

机会接触到更多的知识材料，但这些知识材料和讲授的材料有巨大区别。教师使用讲授法传授的是系统的、科学的知识，而网络所能提供的仅仅是资源，对资源的获取并不意味着知识的习得。讲授法能够让教师在较长一段时间内不被打扰的系统阐述自身学术观点，保证了知识传递的有效性，而学生在网上的自主学习可能是利益化的，效率较低，教师的教学是非利益化的。①

(2)讲授法的优势

讲授法有六点优势，包括能高效而经济的面对大群体传授知识，能以良好的结构将复杂知识能传递给学生，能根据学生的需求筛选知识，能引发学生思考以加深对材料的理解，能单独使用及学生机会均等。

2.对讲授法不合理性的研究

国外对讲授法的批判由来已久。早在20世纪30年代，赫尔伯特·詹姆斯·汤尼(Herbert James Tunney)在其《教还是不教》一文中指出，大学教师采用讲授法讲课，或是照本宣科，或是完全陈述自己的观点，学生无法真正习得知识，养成自己的思维方式。杜威(John Dewey)提出实用主义，反对赫尔巴特(Johann Friedrich Herbart)的"教师、课堂、教材三中心"观点，建构主义者开始认为讲授法只是一种单向性的知识传播方式，学生主动参与过少，其价值有待探究，从而掀起对讲授法的批判之潮。就目前的研究而言，国外有关讲授法不合理性的研究集中在讲授法的劣势研究上，大致可以归纳为以下四点。

(1)缺乏互动，难以引起学生的学习兴趣。博克(Lane F.Birkel)通过调查在校大学生系统分析了讲授法受到批判的原因，他指出从兴趣上而言讲授过于无聊，学生学习兴趣不浓厚。②

(2)传授的知识可能与现实存在脱节。数字化时代要求学生在课堂进行"学习"，而非自始至终地聆听。

(3)缺乏个性化，难以做到因材施教。有观点认为，讲授法只是一种单纯的知识传播到储存的方式，教师在课堂上教给学生关键信息的做法是完全可以被同伴学习所取代的。

(4)缺乏反馈机制，教学效果难以保障。有观点认为，讲授法无法转变学生的态度、无法培养学生的分析能力、无法对学生的现有知识状况进行反馈。

综上所述，国内外教师和教育学者对讲授式教学法进行了丰富的研究，但大

---

① R.Scott Webster, "In Defence of the Lecture," *Australian Journal of Teacher Education*, 2015, 40(10): 93-98.

② Lane F. Birkel, "The Lecture Method: Villain or Victim?" *Peabody Journal of Education*, 1973, 50(4): 298-301.

多数对讲授法的研究停留在理论上。总体来说，在研究内容和研究对象上，研究者对讲授法的基础理论、面临的处境与反思、讲授法的合理性以及讲授法的优化措施上进行了丰富的研究。其不足之处主要体现在：一方面，研究者多将讲授法归入传统教学方法中，将其作为一个整体去研究，缺乏创新性；另一方面，研究者多从理论上论证讲授法的合理性，鲜有研究探求讲授法的实践应用发展。

四、研究趋势

思想政治理论课教学的最基本形式之一是课堂教学，因而，讲授式教学法仍然是目前思想政治理论课课堂教学的主要方法之一，我们应该注重讲授法的优势，加大力度研究其在理论与实践教学中的意义。从根本上来说这是由思想政治理论课的理论性特点决定的。因为抽象的理论只有通过讲解，才能够让学生准确理解和运用。教师运用简练、准确、生动、形象的语言，对思想政治理论课的基本原理、基本论点进行解释、分析、论证，引导学生开展思维活动，使学生获得知识，提高能力。在思想政治理论课教学方法改革创新的今天，讲授式教学法并没有过时，它的优势仍然是其他教学方法无法取代的。

首先，讲授法有利于在规定的时间内完成教学任务。讲授式教学法的最大特点是信息量大、教学效率高、适用范围广。在教学过程中，教师可以通过科学的分析、论证，有启发性的提问来使学生在较短的时间内获得较多的知识。在思想政治理论课教学过程中，运用讲授法向学生传授知识是重要的途径，不仅容易控制教学时间，而且有助于在规定的时间内完成教学任务。

其次，讲授法有利于学生系统地、准确地掌握科学文化知识。在思想政治理论课教学过程中，要善于运用讲授法的诸多表现形式，如讲述、讲解、讲演等，通过这些形式向学生说明、解释、论证相关概念和原理。在这一前提下，所讲解的内容要目的明确，要在兼顾教学内容的系统性、全面性的同时，还要善于抓住教学内容难点、重点来讲解。

最后，每一种教学方法的实施过程中都渗透着讲授法，可以综合运用。讲授法作为一种与现代教学方法相对应的传统教学方法，它不仅没有过时，而且运用非常广泛。在思想政治理论课教学方法改革的今天，在新的教学方法不断涌现的同时，讲授法也在不断地更新和完善。从某种意义上说，无论哪一种教学方法都离不开教师的讲解、归纳和总结。其他教学方法只有与讲授式教学法相结合，才能弥补不足。讲授式教学法最显著的特点就是教师运用口头语言去完成教学任务。因此，教师应提高自己的语言修养和表达能力，力求语言富有说服力和感染力，把抽象的思想政治理论课教学内容讲得生动形象，把深奥的思想政治理论课理论讲得通俗易懂。

讲授式教学法的局限性在于教师如果不能唤起学生的注意和兴趣，不能启发学生的思维和想象，极易形成“注入式”教学局面。但是需要澄清的是，讲授与启发并非对立，只要教师深入理解教材，抓住重点，突破关键，教学避免平铺直叙，照本宣科，不断地提出问题和解决问题，就能激发学生积极思维，产生良好的教学效果，这样的讲授式教学法才会体现出实效性。

第三章　问题式教学法

一、问题提出

习近平总书记在学校思想政治理论课教师座谈会上的讲话中指出："思政课是落实立德树人根本任务的关键课程。"[①]近年来，思政课建设卓有成效，教学方法不断创新，教师乐教善教、潜心育人，教师队伍规模和素质稳步提升，大中小学思政课一体化建设初显成效。学界对思想政治理论课教学方法进行了广泛研究。现对问题式教学法创新研究成果进行了梳理，以期从总体上认识问题式教学法的研究现状，更好地促进问题式教学法在思想政治理论课教学中的应用。

问题式教学法具有诸多意义，但在实践中难免会出现一些问题。一是问题重点不突出。就形式来看，教师满堂提问，学生应接不暇，课堂上互动频频，气氛活跃。而实际上，这样做并没有突出学生的主体作用。二是无效问答。课堂提问的目的应当是激发学生思维，调动学生学习的积极性，培养他们独立思考和语言表达的能力。三是垄断提问。一谈到课堂提问，我们自然会想到的是教师问，学生答。而学生只有答出教师既定的答案才能算过关，学生的创新能力并没有提高。四是课时限制。教师往往不会在课堂上花费太多的时间让学生思考、争论，只要有学生能答出教师认为正确的答案，此问题即可作罢，这无形中束缚了学生思维的广度和深度。

问题式教学法在学校教育领域应用研究比较广泛，但是在思想政治理论课中的应用还不是很多。近年来，随着思想政治理论课改革的深入和多媒体的发展，问题式教学法以问题为基础，以培养学生主观能动性为核心，借助多媒体平台，实现了快速发展。问题式教学法符合教育教学发展规律，有效的问题式教学

---

① 习近平：《论党的宣传思想工作》，中央文献出版社2020年版，第372页。

法在思政课教学中的应用能够提高教师教学的效率，同时激发学生学习的兴趣，发挥学生的主体性作用，为社会主义现代化建设培养合格的接班人。

二、概念概述

问题式教学法是指教师在教学过程中以问题为导向，引导学生积极、主动地掌握知识、提高能力的教学方法。作为一种重要的教学方法，在中国，问题式教学法最早是由孔子提出来的，即“不愤不启，不悱不发”。在西方，最早使用问题式教学法的是苏格拉底。在教学中，他与学生一问一答。在这种问答过程中，苏格拉底激发了学生的学习兴趣，引导学生不断思考，最后得出正确答案。使用这种教学方法，就像助产婆帮助产妇生产一样，因此被称为“产婆术”。问题教学法不仅仅是一种教学方法，更是一种教学理念。

三、研究综述

问题式教学法以问题为主线。有学者指出，“问题”是指需要研究讨论并加以解决的矛盾、疑难，教学中的问题之所以存在，是相对于问题提出者(教师或学生)现有的“知识库存”来说的，是提出者“知识库存”所不能解决或解答的问题。[①] 在教学中，问题式教学法以问题串的形式将本节课的内容展开，层层递进，展示问题的本质特征，揭示不同知识点间的内在联系。

在师生关系上，问题式教学法突出学生主体地位。问题驱动式教学是一种以学生为主体，以专业领域内的一些特定问题作为学习起点，顺应问题本身发展的逻辑线，合理地围绕问题扩展学习内容的一种教学方法。教师在这种教学模式中的角色是问题的提出者、过程的设计者和结果的评价者。[②] 它通过问题预设和生成，驱动学生主动投入“问题解决”的生生、师生互动中，强化学生的探究意识与合作精神。[③] 问题式教学法注重培养学生发现问题和解决问题的能力，从而使学生具有问题意识和创新思维。[④]

---

① 参见于胜刚：《高校教师教育专业教师资格课程实施“问题教学”模式探析》，《东北师大学报》(哲学社会科学版)2014 年第 2 期。

② 参见裴俊、乔丽：《高等代数课程中问题驱动式教学法》，《西南师范大学学报》(自然科学版)2016 年第 12 期。

③ 参见胡学发：《“问题驱动、多元导学”教学法研究》，《当代教育科学》2012 年第 20 期。

④ 参见许晓平：《“问题教学法”在“马克思主义基本原理概论”课中的应用》，《教育探索》2012 年第 6 期。

问题式教学法以问题为中心进行教学，许多学者对于问题式教学法中的核心问题进行了相关研究，主要从怎么设计问题，怎么解决问题这两方面进行论述。

（一）问题式教学法中问题设计的研究

问题设计要从实际出发。一方面从学生实际出发。有学者提出首先要让学生对问题产生兴趣，认识到问题的价值，通过教师的讲授能够自觉产生对问题的追问。在追问的过程中，学生把文本知识与现实问题相结合，在问题情境中自觉积极地探索文本知识的脉络和结论。[①] 教师设计问题需要联系现实的热点，突出时代性，以学生的教育经验为依托。另一方面，要符合科学性。问题的解决必须科学、可信，有充足的根据，有较强的说服力，提出问题只是教学手段，而不是目的，我们的目的是使学生对有关问题能够有正确认识。

问题设计要围绕着教学任务。准备问题时要把握好问题的主要矛盾，在课堂教学过程应发挥学生的主动性。姚桂荣指出，问题要从教学目的和教学重点设问，突出问题的政治性和典型性。[②] 吴琳提出，问题的设计要有四个原则，要以教材和教学大纲为根本、要围绕教学的重点和难点、要结合国家政策和社会现实发展、要结合学生的特点和需要。[③]

问题设计要有启发性。问题式教学法需要“真问题”，在教学实践中，不难发现“虚假”的问题充斥着课堂。假问题不是来自学生的思维矛盾，而是源于教师的主观臆造，经不起实践的检验。总的来说，教师应当选择具有一定价值、一定难度但学生可以解决的问题。

（二）问题式教学法实施策略的研究

在问题式教学法中，按照什么策略去解决问题，也是许多学者研究的重点。费英秋、于欣宜指出，确立问题导向式教学法为形势与政策课教学“入耳、入脑、入心”的根本方法，在此基础上，建立“以树立问题意识为先导——以问题逻辑的

---

① 参见于胜刚：《高校教师教育专业教师资格课程实施“问题教学”模式探析》，《东北师大学报》（哲学社会科学版）2014 年第 2 期。

② 参见姚桂荣：《“中国近现代史纲要”课教学中采取启发式教学的路径探索》，《思想理论教育导刊》2020 年第 3 期。

③ 参见吴琳：《问题式教学法在“马克思主义基本原理概论”课教学中的运用》，《学校党建与思想教育》2019 年第 13 期。

展开为推动——以解决问题为落脚点”的教学模式。[①] 吴琳指出在“原理”课教学中实施问题式教学法主要包括四个步骤:由教师或学生提出关键问题;由学生带着问题进行自学,研读教科书、查阅资料,深入理解问题;教师引导、启发学生围绕自学形成的认识进行讨论;教师对学生的发言、讨论进行分析和评价,引导学生形成正确的认识。[②]

问题驱动教学法一般的操作流程是:首先,引导学生做好学习的准备;其次,让学生自主建构,把教学内容转化成一个个相互联系的“问题串”,问题投放的过程就是学生提取线索、主动学习的过程,“问题串”是教师的连续性询问,能够激活信息回忆流量,催发积极的课堂“生成”,进而使学生在独立思考、自主建构、自我成长方面获得长足发展。再次,开展诱导深化性的讲授。最后,整理知识和做好评价。一般实施“问题教学法”的步骤是:提出问题、分析、解决问题、归纳总结、引发新问题。经过提出问题、分析问题、解决问题等环节,在课堂结束前,教师还要将整个教学过程进行归纳。只有经过对各种问题的归纳,形成完整的体系,才能构成某一知识的全貌,并在形成知识的过程中上升到理论高度。

(三)对于问题式教学法意义的认识

问题式教学法有利于提高学生思维的能力。运用问题式教学,能够唤起学生思维的主动性,培养学生思维的广阔性、深刻性、全面性和创造性。[③] 思政课程进行问题式教学法改革的实质就在于依照教育规律中青年学生的特点,尊重学生并以学生为主体,激发学生的好奇心,鼓励学生积极思考,由师生共同完成知识的传承与新知的发现。它表现出三个突出的优势:其一,能够激发学生的学习兴趣,充分调动学生的学习积极性;其二,能够培养学生的思维能力和思考习惯;其三,能够培养学生的沟通表达能力和健康向上的心理素质。[④]

问题式教学法有利于学生树立正确的价值观念,是建构高校思政课话语体系的重要方法。问题式教学法以学生为中心,为高校思政课话语体系的建构提供强大动力;以问题为牵引,为高校思政课话语体系的建构提供话语语境。教师作为问题式教学法的实施者,是高校思政课话语体系建构的话语主体。尽管问

---

① 参见费英秋、于欣宜:《问题导向式教学法研究——以形势与政策课为例》,《思想政治教育研究》2020年第2期。

② 参见吴琳:《问题式教学法在“马克思主义基本原理概论”课教学中的运用》,《学校党建与思想教育》2019年第13期。

③ 参见舒华瑛:《运用问题教学提高课堂教学效率初探》,《延边教育学院学报》2014年第1期。

④ 参见吴琳:《问题式教学法在“马克思主义基本原理概论”课教学中的运用》,《学校党建与思想教育》2019年第13期。

题式教学法的具体运用是以问题为牵引的,但其核心原则是要在有效回应学生各种关切与需求、困惑和疑虑的过程中,完成思政课的教学任务,实现立德树人的根本目标。问题式教学法坚持运用马克思主义的立场、观点和方法,对各种社会现象和思潮进行辨析,从而帮助大学生掌握科学的分析方法,引导大学生树立正确的价值观念。在大学生价值观教育中引入问题式教学法,能够为他们提供独立思考自己价值观的机会,最大限度增强他们对价值观教育的感受,提升他们对价值观学习的理性认识。在价值观教育中运用问题式教学法,应把握价值观教育的基本内容,关注大学生能力和情感的需要,发挥他们的自主学习的能力,并在肯定和鼓励中进行总结与讲评。

第四章　情境式教学法

一、问题提出

教学活动可以看作一种特定情境中的人际交往，由教师与学生的双边活动构成。师生之间存在着两条相互依存，相互影响的信息交流回路，即知识信息交流回路和情感信息交流回路。这要求教师在具体教学中既要考虑如何使学生集中精力、拓展思维，培养其探究精神和创新精神，又要考虑如何增强情感、兴趣、愿望、动机、潜能等因素对学生智力活动的促进作用。但是，在现实中我们的教学活动常常忽略学生认知活动所具有的体验性特征以及个人的行为（学习）效率与内在的情感（心理机能、心理激奋水平）存在紧密的正相关关系这一现实，更多地关注学生思维活动的结果，忽视学生思维活动的过程。情境教学作为一种以激发学生内在情感为核心的教学方式能很好地解决这一难题。一方面，情境教学关注学习过程，重视学生学习过程的体验性，特别是个体的情感对学生认知活动的作用与影响，注重以“无意识”调节和补充“有意识”（诱发和利用无意识心理提供的认识潜能），以情感因素调节和补充理智因素，致力于在教学过程中带给学生积极的、健康的情感体验，以激发学生的学习情绪和学习兴趣，提高学生的积极性，增强学习动力，使学习活动成为学生主动的、自觉的活动。另一方面，情境教学要求教师有意识的创设有利于学生开展各种心理活动和智力活动的现实场景，展示鲜明具体的形象（包括直接和间接形象），为学生提供了更多的感知对象，使学生能够在轻松愉快的情境或气氛中展开自己的思维和想象，寻求答案、分辨正误，进而实现从形象的感知到抽象的顿悟，这也是情境教学所致力追求的效果。

二、概念概述

一般而言,“情境”指能够影响个体认知和行为变化的各类刺激所构成的特殊环境(或背景)。“情境”一词在教育学意义上具有复杂深刻的内涵。作为一种新的教学观和教育观,情境教学拓宽了教学理论与教学实践的新视野,也为理解和认知当代教育教学的本质提供了新思路。

尽管学术界对情境之于教育教学的重要性有诸多论述,但对于情境教学的概念并无相对统一的界定。如崔敏认为情境式教学法是通过开展符合课程教学主题并适宜学生身心发展的活动,情境式教学法创设氛围活跃、生动丰富的情境来调动学生参与课程学习的主动性,并使其在心理认知层面与所创设情境内容产生共鸣,更好地实现预期教学目标。[①] 唐海燕认为情境式教学是教师通过创设符合学生身心发展的活动,创设生动形象、丰富多彩的情境来激发学生学习积极主动性、调动学习情绪,使他们产生心理共鸣以达到教学效果的科学方法。[②] 顾明远认为情境式教学是在教学过程中,教师有目的地引入或创设具有一定情绪色彩的、以形象为主体的生动具体的场景,以引起学生一定的态度体验,从而帮助学生更好地理解教材并获取知识或技能,使学生心理机能得到发展的教学方法。[③] 张华认为情境式教学是指创设含有真实事件或真实问题的情境,学生在探究事件或解决问题的过程中自主地理解知识、建构意义。[④] 概言之,情境式教学是教师在教学过程中通过创设契合教学主题的场景、意境或氛围来引导、激活学生的内心情感(情感体验),更好地调动学生参与课程学习,提升学生心智水平(心理机能),实现教学目标的方法。情境式教学不仅关注学生知识与能力的获得,也注重学生个性、情操、思想境界的发展,其着眼点和最终目标指向人的全面发展。

作为一种能让学生身临其境的体验式教学方法,情境式教学的功能主要体现在陶冶和暗示(或启迪)两个层面。陶冶主要是指情境式教学能够对人的思想意识产生有益或良好的影响,即剔除人的情感中的消极因素,保留并增强积极成分,使人的心灵得到净化,情感得到升华。这种净化后的情感体验不仅能强化学生对各类信息和知识的接收,而且能有效提升学生的认知能力和认知水平。暗

① 参见崔敏:《探究情境教学在艺术院校思想政治理论课中的应用——评〈创新、潜润、认同:新时代高校思想政治理论课教学改革探索〉》,《中国教育学刊》2021 年第 11 期。

② 参见唐海燕:《创设情境在艺术院校思政课情景教学中的运用》,《高教论坛》2020 年第 12 期。

③ 参见顾明远主编:《教育大辞典》,上海教育出版社 1998 年版,第 1135 页。

④ 参见张华:《课程与教学论》,上海教育出版社 2000 年版,第 477 页。

示(或启迪)是指情境式教学在对各种社会关系和现象进行寓教于形的提炼和加工后,能够对人产生潜移默化的影响,起到唤醒或启迪智慧的作用。情境教学中的特定情境可以为学生提供影响,改变原有认知结构的线索,有助于增强学生自主参与和主动探究的意识,锻炼、培养学生的创造性思维(思维的整合能够产生新的认知结构),促进学生知识体系的重构。

情境式教学法融知识性、人文性、体验性于一体,其核心在于以情感塑造为牵引,通过生活展现、实物演示、图画再现、音乐渲染、表演体会、语言描述等形式创设各类情境(既包括外部环境的创设,也包括教学活动中各主体内部环境的塑造),这也是情境教学法在教学实践中运用的关键。[①] 当然,这种体验式教学活动在情境创设时需要注意两个方面。一方面要明确教学目标,准确把握教学内容,围绕教学重点、难点确定体验活动的主题(问题)。情境式教学法的运用离不开全面系统的教学设计(教学准备),尤其是有利于学生建构思想、情感的教学问题,这是情境创设过程中最为重要的内容。有效提问不仅能够激发学生的学习兴趣,也能推动小组成员之间的积极协作(小组成员之间相互帮助、相互扶持的过程贯穿于学习过程的始终)。另一方面,情境的创设要有层次性、阶段性和可操作性。情境要形象感人,新颖奇特,富于启发性,能够切实激发学生的学习热情和学习兴趣,让学生在实践中体验到情境的内在意蕴,引发情感共鸣。

三、研究综述

国内外学者对情境式教学法的研究相对较多。杜威最早将“情境”运用于教育学领域并把“情境”列为思维的第一要素[②],强调“思维起于直接经验的情境”。[③] 相对来讲,国外学者侧重于从心理学、人类学等视角来分析学习过程中情境的重要性,认为知识只有在它们产生及应用的情境中才能产生意义,学习知识的最好方法就是在情境中进行。国内对于情境教学的研究,肇始于 1978 年李吉林所开展的情境教学实验。李吉林认为情境教学包含四大元素,即“真、美、情、思”,情境教学的操作理念应“以真为根本、以美为境界、以情为纽带、以思为

① 参见王庆忠:《情境教学法在思政课中的理论建构及实践运用》,《学校党建与思想教育(上)》2017 年第 10 期。

② 参见[美]杜威:《杜威教育论著选》,赵祥麟、王承绪编译,华东师范大学出版社 1981 年版,第 297 页。

③ 参见[美]杜威:《杜威教育论著选》,赵祥麟、王承绪编译,华东师范大学出版社 1981 年版,第 191 页。

核心”，目的是让学习者“快乐、主动的学习与发展”。[①] 米俊魁认为在我国和西方的教育史上，情境式教学形式在教学实践中的运用早已有之，情境式教学法的本质特征是情与境的统一，汲取了传统教学方法的优点，突破了以往唯智主义的框架，集直观性、启发性、形象性、情感性于一身，具有整体性、系统性的特征，代表了现代教学方法的发展趋向。[②] 史洋认为，在进行某一知识的教学当中，可以采用一种或多种情境，也可以在模拟情境中，创设出不同的情境。在高校思政课中运用情境式教学法有助于激发学生的学习兴趣，加深对知识的理解，提高学生的综合能力，能更好地达到思想政治理论课的教学目标。[③] 陈磊认为，情境教学在高校思想政治理论课教学应用中存在“重教师讲授，忽视学生互动；重理论讲解，轻价值探究；重知识传授，轻道德实践”等问题，高校思政理论课开展情境教学应注重用生活经验感知情境，用图画展示情境，用音乐影视渲染情境，用角色扮演体验情境，用辩证思辨感受情境。[④] 陈笑浪等人分析了虚拟现实技术（VR）给传统情境式教学带来的变革与影响，认为虚拟现实技术可以助推传统情境教学深度化和高阶化，比传统情境化教学更利于让学生拥有在情境之中的情绪和语言记忆，并可以随时检索和提取这种记忆，这样将更有利于学习的发生，更有利于愉悦情感的产生，更有利于对知识细节的探索和知识结构的建立等。[⑤]

学术界关于情境式教学的研究已取得不少成果，但现有的关于情境教学法的研究仍有不足之处。一方面，现有的研究主要以定性研究为主，多聚焦于情境式教学法的优势、适用范围，尤其是情境设置的原则、方法以及情境教学的实施路径，相关领域的个性化研究（应用研究）不足，不同课程的情境式教学如何开展，情境式教学法教学效果的评估研究等方面存在短板。另一方面，虽然情境式教学在哲学、心理学、教育学等方面有着较为深厚的理论渊源，但总体来看，理论研究特别是在历史研究方面的基础仍较为薄弱。尤其是随着社会学、语言学等人文社会科学的进一步发展，情境式教学还需要进一步深入研究。[⑥]

---

① 参见李吉林：《情境教育——一个主旋律的三部曲》，中国人民大学出版社 2019 年版，第 164～166 页。

② 参见米俊魁：《情境教学法理论探讨》，《教育研究与实验》1990 年第 3 期。

③ 参见史洋：《情境教学法在高校思政课中的应用》，《中国高等教育》2015 年第 13 期。

④ 参见陈磊：《情境教学在高校思想政治理论课教学中的应用》，《教育探索》2014 年第 9 期。

⑤ 参见陈笑浪、刘革平、李姗泽：《基于虚拟现实技术的教育美学实践变革——新情境教学模式创建》，《西南大学学报》（社会科学版）2022 年第 1 期。

⑥ 参见孔凡成：《情境教学研究的发展趋势》，《教育评论》2005 年第 1 期。

四、方法运用

情境式教学法的本质特征并非单纯局限于实物、表演等现实场景的展示，而在于有效地触动、激发学生的真实情感并以此为基础推动学生认知活动的进行与开展，进而实现对教学内容（知识）的有效建构，达到无意识与意识的统一，智力因素与非智力因素的统一。与传统的讲授式，问题式等教学方法不同，情境式教学法不再强调以教师为中心，而是强调给学生更多的模拟机会，通过创设与生活相联系的且具有实践性、启发性的教学情境，引导学生对各类社会现象进行主动观察与思考，帮助学生在参与实践活动过程中内化理论知识，形成正确、理性的认知，让学生在各类模拟活动中增长知识与才干。

作为一种新型的教学方法，情境式教学本身具有“形真、情切、意远、理蕴”的特点，以“形”为手段，以“美”为突破口，以“情”为纽带，更加关注学生的行为体验和情感培养，注重在课堂教学过程中营造情真意切的教学氛围，促进学生知识体系的有效建构，因此能够很好地适应和满足新时代高校思想政治理论课教学改革的现实需求，有效地改进教与学。特别是情境教学法与传统教学模式的相互嵌套与有机融合，不仅能够进一步丰富学习素材，从源头上增强高校思政课的感染力、亲和力和针对性，更有助于发挥高校思想政治理论课“立德树人”的关键作用，有利于增强大学生的使命担当。

具体来看，在高校思政课教学中运用情境教学法应在建构良好师生关系的基础上，遵循理论性与实践性相结合，启发性与创新性相结合，多样性与一致性相结合的原则，把学生视为理智与情感同时活动的个体，尊重学生的主体地位，调动学生身心各方面的潜能，引导学生积极、主动地参与情境，融入情境，促进学生积极、有效地思考、质疑，鼓励学生独立思考和自我评价，以期形成新的思想、意见和见解，帮助学生掌握知识、发展能力、陶冶情感。在实践的过程中应遵循“带入情境—优化情境—利用情境—拓展情境”的基本路径。其中“带入情境”是指教学活动需要在连续的情境中持续地激发学生的探究心理（探究的乐趣），唤起学生对情境的共鸣，促使学生不断强化学习动机，变被动学习为主动学习。“优化情境”是指学生的学习动机被激发后，通过丰富形象的感染、真切情感的体验、潜在智慧的启迪使学生的思维活动进入最佳的心理状态，让学生在感受美的乐趣的同时，理解、掌握教学内容。“利用情境”是指情境教学渗透着“形象—情感—想象”的过程，通过训练感觉，培养直觉，促进认知活动与情感活动紧密结合并以此来增强学生的悟性，激发学生潜在的创造才能，使学生围绕教学内容形成新的思想观点和知识概括。“拓展情境”是指情境教学改变了以往的单一的、被动的、低效率的“聆听式”教学模式，强调以“现实世界”为智慧的源泉，通过与社会的多层次接触，变封闭式的接收为开放式的存储，引导学生由近及远、由表及里地逐渐认识现实世界并在此过程中获得探究、审美、创造的乐趣，让学习活动真正成为一种自我需求。

第五章　议题式教学法

2017年版高中思想政治课程标准倡导实施“围绕议题，设计活动型学科课程的教学”，指出议题式教学是围绕议题展开的活动设计，强调通过引入具有讨论价值的议题及构建真实情境来引导学生多维度辩证思考，以期帮助学生澄清价值误区，增强学生社会参与能力。[①] 一方面，高校思政课与高中思政课在内容、学情等方面具有延续性和相似性，在思政教学方式方法的选择上有一定的相通性。另一方面，相较于高中思政课，高校的思政教学在教学内容上具有广阔性、启发性、深刻性，高中思政教学方式不能完全达到高校思政课教育教学目标要求。议题式教学作为高中思想政治课程标准中重点提出的教学方式，在对其进行内容深化和难度提升后，也能够为探讨高校思想政治课教育教学方法提供借鉴。

一、问题提出

习近平总书记强调：“青少年是祖国的未来、民族的希望。我们党立志于中华民族千秋伟业，必须培养一代又一代拥护中国共产党领导和我国社会主义制度、立志为中国特色社会主义事业奋斗终生的有用人才。在这个根本问题上，必须旗帜鲜明、毫不含糊。这就要求我们把下一代教育好、培养好，从学校抓起、从娃娃抓起。在大中小学循序渐进、螺旋上升地开设思想政治理论课非常必要，是培养一代又一代社会主义建设者和接班人的重要保障。”[②]随着思政课重要性的

---

① 参见中华人民共和国教育部:《普通高中思想政治课程标准(2017年版　2020年修订)》,人民教育出版社2020年版,第11～41页。

② 《习近平主持召开学校思想政治理论课教师座谈会强调:用新时代中国特色社会主义思想铸魂育人　贯彻党的教育方针落实立德树人根本任务》,《人民日报》2019年3月19日。

不断提升，思政课教师不断反思传统教学中存在的问题，逐渐意识到以教师“教”为主体的知识传授型教学存在许多弊端，弱化学生的主体性，不利于培养学生的创造性思维和自主解决问题的能力，使得思想政治课的内在价值在很大程度上没有发挥出应有的作用。[①] 因此，议题式教学，这种意在鼓励学生围绕议题展开多维度探讨，使学生在合作学习的过程中学习新知并提升素养的全新的学习方式逐渐出现在大众视野中。[②]

二、概念概述

关于议题式教学的概念界定，目前学界尚无定论。沈雪春在《议题式教学简论》中提出，议题式教学是在人文主义教育理念指导下，基于建构主义教育理论，以议题为引线、以情境为载体、以活动为路径、以学科知识为中心、以学科素养为培养目标的一种教学方法。[③] 有学者认为，议题式教学指在学科核心素养也就是教学目标的引领下，依据某一个或多个教学重点或难点，凝练出议题，围绕议题创设出符合学生认知水平和生活经验的、丰富多彩的教学情境，引导学生通过多种学习活动应对情境，最终渐进提升学生学科核心素养的教学方式；[④]议题式教学即基于课本知识，在学生的真实生活中找出并生成具有探讨价值的议题，围绕议题探究，在思想摩擦中厘清知识与道德观念进而提升学科素养的一种教学方式。[⑤]

三、研究综述

（一）国内研究综述

我国自2017年版新课标提出议题式教学以来，学科教研专家和一线教师均对此作出丰富解读，国内有关学者的研究内容主要包括议题式教学的概念和意义、议题创设的类型和原则、议题式教学的环节和步骤等几个主要方面。关于议

① 参见郑露：《高中思想政治课议题式教学的应用研究》，西安理工大学硕士学位论文，2021年。

② 参见张硕：《高中思想政治课议题设计存在的问题及对策研究》，河北师范大学硕士学位论文，2021年。

③ 参见沈雪春：《议题式教学简论》，陕西师范大学出版总社2018年版，第27页。

④ 参见徐培培：《高中思想政治课议题情境创设研究》，山东师范大学硕士学位论文，2021年。

⑤ 参见张硕：《高中思想政治课议题设计存在的问题及对策研究》，河北师范大学硕士学位论文，2021年。

题式教学概念的研究上文已有论述，在此不作赘述。

1.议题式教学的意义

关于议题式教学的意义，学者们的观点基本可以归为三点：第一，转变教学方式，从传统的讲授、灌输到现代教育所倡导的自主、合作、探究，教学方式的改变体现了教育工作者们对教育育人功能的重视。第二，提高学生的学习兴趣和积极性，这种教师引导，学生自主探究为主的教学方法促进了学生的积极性，且议题的创设丰富有趣，涵盖面广，使得教学内容对学生的吸引力大大增强，提高了教学的实效性。第三，议题式教学是落实学生学科核心素养的有效途径，教育目标的转变体现着国家对于人才培养要求的转变，更加强调以人为本，促进人的全面发展。议题的设置与学科知识相联系，学生在分析讨论议题的同时需要收集资料，在思维的碰撞中不仅掌握了学科知识，更纵深拓展了知识的范围，有些议题的讨论还需要其他学科的知识，实现了学生知识的迁移，有利于辩证思维的形成。①

2.议题式教学的原则和类型

余国志认为，议题式教学具有生活化、场景化和结构化原则。② 刘丙胜提出，议题式教学在运用过程中应该遵照学生主体性、课堂教学动态性和议题选取价值性的原则。③ 有学者将议题式教学的原则归纳为五个方面：生活化原则，即议题的设置要与学生生活紧密相关；合理化原则，即议题式教学的教学结构要完整并具有层次性；学生主体性原则，即更新师生观念，教师在教学过程中应该更加尊重和认可学生，鼓励学生成为课堂的中心，敢于思考和质疑；建构性原则，即教师应更注重教学过程中学生的参与状况与收获而非成绩和考试作为参考的结果；思辨性原则，即思政课堂应更注重对学生知识能力、价值观、学科核心素养的培养。④ 姜兰波将课堂议题分为六类，提出在教学中教师可以根据教学内容的不同选取具有针对性的议题类型，分别是针对对比类内容的“时间轴”议题；针对辨析类内容的“逻辑链”议题；引导学生探究原因、过程和结果的“过程线”议题；没有标准答案的“放射状”议题；立足于社会热点问题的“聚焦点”议题；针对专题复习等繁复内容的“总分图”议题。⑤

---

① 参见郑露：《高中思想政治课议题式教学的应用研究》，西安理工大学硕士学位论文，2021 年。

② 参见余国志：《议题式教学：高中思想政治课教学的新路径——以“做好就业与自主创业的准备”为例》，《中学政治教学参考》2017 年第 28 期。

③ 参见刘丙胜：《教学议题的合理确定和有效实施》，《思想政治课教学》2017 年第 7 期。

④ 参见王一茜：《高中思想政治课议题式教学的研究——以沈阳市“习语进课堂”为例》，沈阳师范大学硕士学位论文，2021 年。

⑤ 参见姜兰波：《“课堂议题”及其类型分析》，《思想政治课教学》2019 年第 11 期。

3.议题式教学的环节和步骤

议题式教学环节的设计根据所授课程、教学习惯等不同各有差异。武兴华认为议题式教学的步骤包括引入议题、介绍议题、探究议题、升华议题四个环节；[①]牟丽娜认为议题式教学包括议题的呈现、情境的经历、自主合作探究、议题的讨论、理性的选择、展示与交流、反思与践行七个环节。[②] 对议题式教学环节和步骤的研究众多，但都围绕着三个核心：(1)创设议题，即围绕议题组织教学素材，确定活动形式、创设教学情境。创设议题是议题式教学的关键，实现高质量议题式教学的前提是必须创设高质量的议题。(2)讨论议题，这是议题式教学的核心环节。在这一环节，学生以探究者的身份置身于议题情境之中，议题开始真正成为组织教学的纽带，教师利用议题引导学生直面争议、自主思考，为解决问题探寻答案。可采取分组讨论的形式，由具有相同或相近观点的学生组合成小组，每个小组派出代表表达小组观点，并展示支撑其观点的相关资料。之后，其他小组成员和教师，可以对其表达的观点或呈现的资料进行提问，或提出建议，小组成员对这些问题或建议进行回应。依此类推，其他小组相继依照以上流程进行观点陈述、问题回答等。(3)总结升华，在"讨论议题"之后，凸显并张扬议题的核心价值观，把教学推向高潮。

(二)国外研究综述

议题式教学在国外被称为"议题中心教学法"式"问题教学法"，其研究与应用远早于我国。在美国，议题式教学是主要教学方式之一，美国一线教师主要将这种方法运用于社会教育、公民教育等社会科目的教学中。英国紧随其后，提出"边学边做"的方法，这种教学方法主要以学生的角度出发，深度融入课堂，培养科学民主的精神。随后，这种教学方法开始在各国快速推广并纷纷实践。关于议题式教学方法的研究，国外学者们也提出了很多有价值的实施策略。他们提出"议题探究模式"，认为学生首要学习的应该是在不断变化的社会环境中解决问题的能力。

四、研究趋势

国内的研究学者和一线教师对议题式教学进行了积极的研究，形成了较为

① 参见武兴华：《法治课堂的议题式教学——以"国际关系的决定因素：国家利益"为例》，《思想政治课教学》2018年第8期。

② 参见牟丽娜：《高中政治教学现状及议题式教学的探讨》，《高考》2018年第9期。

丰富的研究成果，为思政课教学方式的改变和活动型学科课程的构建提供了理论支持和实践经验。但是，关于议题式教学的研究在我国仍处于起步阶段，研究中存在大量不完善的地方。如在开展议题式教学过程中如何将思想政治理论课与社会实践有效结合，目前尚未探索出有效途径；再如将议题式教学与具体课程相结合的研究较少，特别是有关高校思想政治理论公共课的议题式教学研究甚少，对高校思政课教师的启发不足。议题式教学的运用策略是如今学者关注最多的课题，提出了很多有实操价值的方法。但是，议题式教学在实际应用中存在较多现实困境。首先，在思想政治课堂教学过程中，教师缺乏议题设计的理论指导和实践经验，导致教师对“议题”的认识存在误区，在实际教学过程中容易引致议题的无效使用；[①]其次，鲜少有针对“议”“题”二者的有效融合及提高教学实效的研究；[②]最后，鲜少有学者论述如何调动多元主体参与议题设计、如何多角度地挖掘议题，如何有效整合教材与本土素材。[③] 这些都为议题式教学进一步深入研究提供了思路和方向。

---

① 参见顾爱勤：《优化议题教学的基本要素》，《思想政治教学》2020 年第 4 期。

② 参见庄卫军：《议题式教学“议”“题”融合之道》，《江苏教育研究》2019 年第 32 期。

③ 参见俞珊：《巧用本土化素材 激活议题式教学》，《中学政治教学参考》2020 年第 7 期。

第六章　情感式教学法

一、问题提出

美国著名的心理学家罗杰斯(Carl Ransom Rogers)曾经感慨:“现代教育的悲剧之一,就是认为唯有认知学习是重要的。”人才全面发展的要求与现实教育中重知轻情的教育失衡状况之间的矛盾,是情感教学研究产生的现实背景。随着社会的发展、现代化的推进,物质生活的发展取得了长足的进步,但是物质丰盈并不代表情感充裕。重视情感在人的生命和成长发展中的作用,通过情感教育造就全面发展的人,造就心理健康、人格完满的人,既应该是现代教育的一个重要特征,也必将成为现代教育不可或缺的重要内容。

二、概念概述

情感式教学法是在情感教学心理学理论基础上形成的,它以最大限度地发挥情感因素的积极作用来优化教学为目标并配有相应的情感教学策略和情感目标评价,是一种较为稳定的教学活动框架结构。该教学法是以情感为主线建构起来的,旨在通过对教学中情感因素的充分重视和有效调动,最大限度地发挥情感因素的积极作用来优化教学的新型教学法,对于扭转基础教育长期以来存在的重知轻情的教学失衡格局,落实新课程改革中的学科教学目标,特别是情感目标,以形成情知互促并茂的新局面,具有直接作用和现实意义。

三、研究综述

(一)国内研究综述

情感教学的关键是“动之以情”,施教者不仅传授知识,还要发挥情感因素的积极作用。情感教育的缘起,最早可以追溯到先秦时期,孔子及其弟子“乐学”的教育思想。孔子认为学习要注重愉悦的学习情感体验,“乐学”不仅被莘莘学子奉为治学圭臬,更是孔子所推崇的最佳学习境界。《论语》开篇即言:“学而时习之,不亦说乎?”(《论语·学而》)孔子十分注重内心的愉悦感,并且将学习本身看作是一件快乐无比之事,认为经常温习所学知识能让学习者感到快乐。孔子还进一步阐释了学习的三个不同层次:“知之者不如好之者,好之者不如乐之者。”(《论语·雍也》)“知”“好”“乐”即循序渐进的三种学习境界。

改革开放以来,随着国外情感教学思想和理念的大量涌入,我们的教学视野得到了极大程度地扩展。实践表明,教师不仅需要培养学生的智力水平和知识储备,更需要培养学生掌握创新的本领和技能,从而摆脱所谓的“高分低能”的现状。情感和知识都应是教学的目的。卢家嵋教授的《情感教学心理学》,卢家媚、魏庆安、李其维等所著的《心理学基础理论及其教育应用》,卢家嵋教授的《以情优教理论与实证研究》都从很多角度充分论证了情感教学的重要性,在我国情感教学的进程中有着里程碑的意义。在此之后,更多的相关专著涌现出来。

情感教学法在具体学科中的应用研究也取得了长足的进展。朱小蔓在《情感教育论纲》中认为,情感教育就是要在人的情感领域内进行关注,同时受教育的影响演变出新的实质和内容,拓宽情感的深度和高度,将情绪机制、生理机制及思维机制三个主体相结合共同发挥应有的作用。① 张志勇在《情感教育论》中指出,情感教育即情感领域的教育,它是教育者依据一定的教育教学要求,通过相应的教学活动,促使学生的情感领域发生积极变化,产生新的情感,形成新的情感品质过程。② 张琪在《情感教育融入大学生思想政治教育的路径》一文中指出,在思想政治教育中加强情感教育,重点在于突出以学生为本,能够使学生在受教育的过程中感到身心愉快,自觉接受教育并进行自我教育。③ 刘侣萍在《新时代高校思政课改革创新需要“情感在场”》一文中指出,“情感在场”就是让“情

---

① 朱小蔓:《情感教育论纲》,人民出版社2007年版,第35～38页。

② 参见张志勇:《情感教育论》,北京师范大学出版社1992年版,第74页。

③ 参见张琪:《情感教育融入大学生思想政治教育的路径》,《运城学院学报》2019年第4期。

感”参与到思政课教学的全过程，与“知识”共同在场。情感对于促进学生形成正确的道德感和价值观具有重要的作用，师生能否在情感上形成共鸣是塑造学生的道德感和价值观的基础，同样是评价教学行为合宜与否的重要标准。[①]

(二)国外研究综述

迄今为止，国外的教育学家、学者对情感式教学法在教学领域运用研究，产生了很多优秀的情感教学理论，这些理论是值得我们学习和借鉴的。

17 世纪，捷克著名的教育学家、西方近代教学理论的奠基者夸美纽斯(Jan Amos Komensky)，努力探索教学活动的一般原理，最终他在《大教学论》中提出：第一，直观原理，他认为传统的教学过分注重语言描写，这带给学生的是抽象的知识。同文字相比，图片、模型等教具可以调动学生多种感官让这些感官与大脑进行合作，很好地促进了思维的发展。第二，活动原理，主张学校在设置文化课的同时要设置相关的实践课，学生可以通过参加相关的实践活动来对知识加深理解，进而体会到学习的乐趣。第三，兴趣原理，他强调学生的求知欲望是自然形成的，所以为了激发学生对学习的强烈愿望，教师应当尽可能多地采取一系列的方法来达到这一目的，而不能强制、约束学生的学习活动。[②]

赫尔巴特(Johann Friedrich Herbart)把培养多方面的兴趣作为教学的直接目的，他认为多方面的兴趣有助于人德行的培养，是一切能力和谐发展的基础，也是培养人的德行所不可缺少的前提。他指出，教学可以到一定的时候停止，兴趣却会伴随一个人的终身。培养学生具有多方面的匀称的兴趣，是教师在教学工作中的重要职责。那么，如何来培养学生的多方面兴趣呢？赫尔巴特认为多方面的兴趣来自充分的知识训练，传授知识与培养兴趣是密切相关的。[③]

著名教育家苏霍姆林斯基(B. A. Cyxomjnhcknn)认为，许多弊病的根源就在于人的表现的片面性、畸形发展的单面性。他批评在很多学校里，并且可以说在“绝大多数学校里”，人的表现的唯一领域就是知识的评分，就是学生所能达到学校所规定的那个最高点的程度。苏霍姆林斯基认为，要使学生成为全面和谐发展的人，就不能让上课、评分成为人的精神生活的唯一。因为“如果一个人只是在分数上表现自己，那么我们教育者就根本算不得是教育者”[④]。

美国著名教育家罗杰斯(Carl Ransom Rogers)把人本主义思想带入教育

---

① 参见刘侣萍：《新时代高校思政课改革创新需要“情感在场”》，《学校党建与思想教育》2020 年第 13 期。

② 参见赵慧君、李春超主编：《中外教育史》，吉林出版社 2004 年版，第 285～294 页。

③ 参见孙士杰等主编：《外国教育思想精粹》，中国档案出版社 2000 年版，第 104 页。

④ 孙士杰等主编：《外国教育思想精粹》，中国档案出版社 2000 年版，第 547 页。

中，将情感认定为认知发展的基本动力。人类本身就具有学习的本能，好奇心可以直接激发出求知的欲望和动力，利用积极的情感可以充分激发学生的求知欲望。所以，罗杰斯主张在教育过程中要贯穿对学生积极情感的激发，以此作为提升学生学习动力的重要途径。作为成年人的教师要能够洞悉青少年学生学习中的情绪和心理领域，多与他们交谈，理解他们的心理需求，提升教学效率，达到教学目的。[①]

高校思政课是落实立德树人根本任务的关键课程，既要重视知识传授，更要重视价值引导，既要有一定的灌输，更要注重启发塑造。借鉴情感教育学的基础理论，新时代高校思政课改革创新一定要坚守“情感在场”的理念和初心。

四、研究趋势

近30年间，国内外对情感和情感教学的研究发展迅速。90年代以来，情感教学研究成果层出，呈现理论和实践并举的局面。情感式教学与教学实践的进一步结合，对促进人的全面发展起到积极的作用。但是情感教学在发展过程中仍然受到局限。一是情感教学性质趋于手段化，情感教学并没有指向受教育者的情感世界的构建；二是过于依赖现代化教学手段，引起了情感教学的“技术热”，而忽视了情感本身；三是情感教学的方式局限在课堂教学过程中，而忽视了情感教育作为一种独特的教学方式更应该关注全过程、全方位育人；四是情感教学的目的偏离了主体应有的价值追求。作为学校体制化教育中情感教育的常规载体——德育、美育、心理教育，由于其本身在学校教育体系中的边缘化位置以及自身存在的重认知、轻情感的问题，也决定了其作用的有限性。

单就情感式教学法的理论研究来看，文章数量较多，但是专著成果有限，论文水平参差不齐。研究主体中，中小学一线教师比例较高，这也为进一步提高我国情感教学研究的质量和水平提供了思路和空间。

① 参见肖菲：《情感教育在高中思想政治教学中的应用研究》，河南大学硕士学位论文，2016年。

第七章　案例式教学法

一、问题提出

思想政治理论课作为必修课程，对正处在“拔节孕穗”期的青少年的成长，特别是提高他们的思想道德素质，具有不可替代的作用。通过对该门课程的学习，学生可以掌握蕴含丰富哲理的政治理论知识，具备良好的政治素质和高尚的道德品质，运用科学的理论知识与正确的思想观点指导自己的生活。但一直以来，思政课的教学效果收效甚微。案例式教学法具有显著的理论与实际相结合的特征，该教学方法在思想政治教学中的运用有助于缩短思政知识与生活之间的距离，使学生在贴近他们生活的案例中去领悟知识，以此激起学生学习的内在动力，进而改善思政课教学的效果。

习近平总书记在高校思想政治理论课教师座谈会上指出，推动思政课改革创新，要做到“八个统一”，而“坚持理论性和实践性相统一”就是其中之一。他强调教师要“高度重视思政课的实践性，把思政小课堂同社会大课堂结合起来”①。实际上，这要求教师在教学中要将理论与实际进行有机结合，使理论既能从实践中来，又能回到实践中去，进而开展好思政课教学。那么，这就需要教师改变过去习惯使用的教学方式，积极运用新的教学方法与手段，将知识内容生活化，生活内容知识化，以激活课堂主体的活力，形成活跃的课堂氛围，充分发挥思政课在学生发展中的功能。案例式教学法是教师做到“理论性与实践性相统一”的有效路径。

综上所述，无论是思政课教学面临的现状，还是“坚持理论性与实践性相统一”的要求，都显示出案例式教学法在思政课教学中运用的必要性和重要性。

---

① 习近平：《思政课是落实立德树人根本任务的关键课程》，《奋斗》2020 年第 17 期。

二、概念概述

“案例”这一词主要来源于英文“case”，指的是实例，特定的情境。心理学中称之为“个案”，医学上称之为“病例”，法学上则称之为“案件”。中国古代虽然没有提出明确的案例概念，但是也提出了“例案”，用来表示已经发生的事情，阐述某种道理或者规律教育引导人们。案例式教学法起源于苏格拉底的“产婆术”，最早在1870年左右应用于法学教育领域。20世纪80年代，国外案例式教学法思想引入国内，在教育领域引起了广泛的关注。

关于案例式教学法的定义，学界看法不一，但总结起来，主要有三种观点，即教学模式、教学方式、教学方法。简单来说，案例式教学法就是以案例为载体进行教学的方法。具体来说，案例式教学法是教师以对教材、学情、教学目标的分析为依据，选出合适的案例，并对所选案例精心设计，在此基础上，引导学生对案例进行分析讨论，从而帮助学生理解和内化知识，提高其多方面的能力以及推动学生全方位成长的一种教学方法。从以上概念，我们可以看出，案例教学法不是单纯由教师主导的教学方法，而是一种教师主导与学生主体并存的方法。该教学过程也不是仅从老师到学生的单一方向互动，而是包含师生、生生的多向互动。该教学方法不是灌输性的，而是具有启发性的。

三、研究综述

20世纪初，案例式教学法由美国哈佛大学教育者开始运用，与此同时美国的学者们也开始了对案例教学的研究。哈佛商学院运用案例教学法成功地培养出许多杰出的工商界人才，使得案例教学法盛行一时，在世界范围内产生了很大的影响。案例式教学法被运用于普通的教育学领域则是20世纪70年代以后的事情。在教师的职业教育中进行案例教学的尝试日渐增多，在普通教育的学科教学中进行案例教学的探索与研究也蒸蒸日上，呈现出良好的发展态势。到了20世纪80年代初期，案例式教学法引进我国。案例式教学法在我国运用与发展的同时，很多学者和一线的教育工作者开始关注案例式教学法的研究。在这一方面的理论研究不胜枚举，分别从案例教学的产生、运用及其意义、基本的建构等方面进行了分析，研究案例教学的理论问题以及在课堂教学中的实践操作问题。现阶段，案例式教学法在思政课堂中开展的理论基础、实施步骤、有效性等方面的探析和研究相对来说也已经较为广泛，思政课教师要结合当前课程改革下的新要求、新情况不断地实践、探究与验证，使案例式教学法更好适应到思政课程教学之中。

四、研究趋势

在思政课教学中运用案例式教学法首先可以发挥学生的主体作用,促进学习积极性。案例式教学法打破了传统教学过程中以教师为主体的教学方式,学生不再被动接受和倾听,而是通过老师的启发、引导、提问,利用已经掌握的知识来进行思考,最终得出答案。通过这个过程,学生的认知能力、思维能力都能得到升华。其次,案例式教学法更加注重学生合作交往能力的提升。案例式教学过程中穿插学生小组讨论,通过交流能够培养学生的合作能力,让学生懂得互相尊重。答案的反馈也是学生和教师思想交流的过程。再次,案例式教学法能够提升学生发现问题、分析问题的能力。案例式教学法更加注重学习的过程,学生的参与度更高。在案例呈现后,学生能够通过发现问题、分析问题、思考问题更加深入了解理论知识。最后,案例式教学法能够提高学生的实践能力。思想政治课要求学生通过学习掌握马克思主义基本立场、观点和方法来解决实际问题。案例式教学法就是把部分现实情境进行课堂再现,引导学生思考分析问题的同时增加实践经验。

五、方法运用

案例式教学法在思政课教学中的应用有以下步骤。首先,教师针对一个知识点和讲课内容收集案例,来源可以是期刊上的文章或者社会热点问题和热点事件。对案例进行筛选或者编写的过程中要注重其客观性,也就是说案例必须真实。其次,教师根据授课内容和案例进行问题设置。问题的设置在案例式教学法中发挥着关键作用,问题需要环环相扣且具有启发性和针对性。再次,教师在上课过程中要组织小组讨论,通过分组讨论让每个学生都能参与其中。这不仅赋予学生更多的参与机会,还能使他们的语言表达能力得到提升。最后,教师进行总结发言。通过小组讨论,学生已经对所学案例和知识有所了解,教师可以根据几个小组的总结发言升华知识点,指导学生在案例分析总结的基础上系统梳理理论知识。

案例式教学法在思政课教学中应用还需要注意几个问题。首先是教师角色的转变。教师要加强理论知识的学习,提高随机应变能力,通过调动学生积极性和主动性培养学生的创新精神和实践能力。其次,要发挥学生的主体作用,注重学生课堂参与意识和能力的培养。教师不要过多干预小组讨论过程,让学生变被动接受为积极探索。再次,教师要客观评价学生发言,做好引导工作。案例式教学法要求学生具有分析问题和解决问题的能力，但是受限于学生的知识积累和实践经验，如果案例较为复杂，学生可能认识不到案例的本质。教师在评价过程中要根据实际情况对学生进行指导，帮助学生发现不足。最后，教师要提高教学实效。案例式教学法的实现形式可以多样化，例如，情境创设、视频例证、图片例证等。多样的教学形式加上精选的课堂案例有助于活跃课堂气氛，调动学生的积极性。案例式教学法是发现问题、解决问题、升华问题的学习过程，能够有效增强学生的体验感，提高学生分析问题和解决问题的能力。

第八章　混合式教学法

一、问题提出

高校肩负着立德树人的根本任务，思政课是落实立德树人根本任务的关键课程。近年来，随着大数据、互联网、人工智能等新一代信息技术的迅猛发展，传统的教学方式很难适应“00后”学生的需求，在“互联网＋”的时代背景中诞生的在线教学和传统教学相结合的混合式教学模式为高校思想政治理论课教学迎来了新的机遇和挑战，各高校积极探索思政课教学模式，诸如金课、慕课、雨课堂等思政课教学改革如火如荼地进行着。如何推动思政课教学与信息技术的深度融合，充分挖掘“线上＋线下”混合式教学模式，促进思想政治教育要素的有效整合，形成全员、全过程、全方位的育人体系，提升思政政治理论课的实效性，推动思政课建设内涵式发展显得尤为重要。

（一）思想政治理论课改革创新的需要

思想政治理论课是思想政治教育的主渠道，担负着对学生系统进行马克思主义理论教育的重要任务，是解决好培养什么人、怎样培养人、为谁培养人这个根本问题的关键课程，党中央对思想政治理论课的高度重视为思政课建设提供了根本保证。2016年，教育部在“十三五”规划中指出：“要通过融合创新，提升教育信息化的效能，要通过深化信息技术与教育教学、教育管理的融合，强化教育信息化对教学改革，尤其是课程改革的服务与支撑。”2016年，习近平总书记在全国高校思想政治工作会议上提出：“要利用新媒体、新技术使工作活起来，推动思想政治工作传统优势同信息技术高度融合，增强时代感和吸引力。”[①]2017年中共中央、国务院印发了关于《加强和改进新形势下高校思政政治工作的意见》(以下简称《意见》)，对教学内容、教学手段、教学模式各个环节实现一定程度的改革与创新提出了新的要求。2019年8月，中共中央、国务院在《关于深化新时代学校思想政治理论课改革创新的若干意见》中就思想政治理论课改革创新、思政课教师队伍建设、思政课课程体系等方面提出了具体的要求。时代发展的需求、思政课改革创新的需求急需思政课教学模式的改革创新。

(二)实践发展的需要

青少年处于“拔节孕穗期”，需要精心引导和栽培，要引导其树立正确的世界观、人生观、价值观，引导学生形成对世界和中国发展大势、中国特色和国际比较、时代责任和历史使命、远大抱负和脚踏实地的正确认识，从而自觉肩负起历史使命和时代责任。

1.加强价值观教育的需要

当前，经济全球化促进了各国之间的文化交流，推进了世界文化的多样性。但同时，西方借机对中国进行文化渗透，宣扬西方普世价值，企图削弱、动摇和瓦解我国社会的核心价值体系，对青年价值观造成了巨大的冲击，我们要要牢牢掌握意识形态工作领导权。思想政治理论课是高校意识形态教育的重要组成部分，必须守正创新，筑牢意识形态防线，守好意识形态的“责任田”，引导学生提高政治辨别力、坚定文化自信，应对国内国外意识形态的新挑战。

2.传统教学模式的弊端显露

信息技术在教育教学领域的应用越来越广泛，传统的教学方式已跟不上信息化教学的发展趋势，传统教学模式的弊端逐渐显露。信息技术与课堂教学的结合使人们学习的途径多样化，基于线上线下相结合的混合式教学模式成为研究者们关注的焦点，这有力地回击了“思想政治理论课无用论”的错误言论，提升了思想政治理论课的针对性和趣味性。

3.新冠肺炎疫情催生新的教学模式

2020年，由于新冠肺炎疫情，“线上教学”在全国大面积开展，这成为进一步推动教育现代化的重要转折点，为保证教学效果，提升思政课教学的针对性和实效性，探索新的教学模式成为各大高校关注的热点。

总之，混合式教学模式是基于时代发展的课题、基于思想政治理论课改革创

---

① 《习近平在全国高校思想政治工作会议上强调：把思想政治工作贯穿教育教学全过程　开创我国高等教育事业发展新局面》，《人民日报》2016年12月9日。

新和人才培养的需要而逐步发展起来的。混合式教学模式充分发挥了学生的主体性和主动性,更加关注学生的个体差异化,使学生在“认识+实践”中不断进步。

二、概念概述

“混合式教学”最初起源于美国,早期被称为“混合式学习”,主要针对的是受教育者的“学”,后来随着研究的深入,出现了“混合式教学”这一概念,主要针对的是教育者的“教”。二者相辅相成,互为一个整体。在多数研究者看来,对两者概念并未作严格区分,甚至在表述时会将两个概念等同,两者在实质上并没有本质区别,只是站在不同主体的角度进行表述。混合式学习是以学习者的角度来讨论一种新型的学习方式,而混合式教学是从教师教学的角度研究如何将传统与在线课堂结合,达到学习效果最优化。

(一)混合式学习

“混合式学习”的理念产生于20世纪60年代。当时,美国教育界对“有围墙的大学是否将被没有围墙的大学(网络学院)所取代”这一问题展开激烈的争论,支持者和反对者各执一词。直到2000年12月,《美国教育技术白皮书》中明确提出:“网络教学能很好地实现某些教育目标,但是不能代替传统的课堂教学,网络教学不会取代学校教育,但是会极大地改变课堂教学的目的和功能。”这一概念的提出吸引了众多学者的关注和研究,也为混合式教学理念的提出奠定了基础。关于混合式学习的概念,国外学者迈克尔·霍恩(Michael Horn)等人在《混合式学习:21世纪学习的革命》一书指出:“学生在进行在线学习的同时继续在传统的实体学校中学习的现象就是混合式学习。”[①]国内学者首次提出混合式学习概念的是北京师范大学教授何克抗。他在《从Blending Learning看教育技术理论的新发展(上)》一文中提出,所谓“Blending Learning”就是要把传统学习方式和E-Learning(即数字化或网络化学习)的优势集合起来,也就是说,既要发挥教师引导、启发、监控教学过程的主导作用,又要充分体现学生作为学习过程主体的主动性、积极性与创造性。[②] 这一概念被当时的国内学者广泛认同,也标志着教育技术理论的进一步发展。李克东教授等人在《混合学习的原理和应用模

---

① [美]迈克尔·霍恩、希瑟·斯特克:《混合式学习:21世纪学习的革命》,机械工业出版社2016年版,第4页。

② 参见何克抗:《从Blending Learning看教育技术理论的新发展(上)》,《电话教育研究》2004年第3期。

式》一文中指出:“混合式学习可以看成是面对面的学习与在线学习的有机整合。”[①]诸多国内学者纷纷对混合式学习作出阐释,综合研究文献,概言之,混合式学习是打破传统的教学模式,将传统课堂学习与网络在线学习相结合的一种学习方式。混合式学习将多种学习方式融为一体,创新单一的学习形式,实现线上、线下“双管齐下”的教学模式。

(二)混合式教学

混合式教学是在混合式学习理论的基础上,将混合式学习理论运用在实际教学过程中,混合式教学关注的是学生的学与教师的教两个方面,强调的是“以学生为主体,教师为主导、师生参与度高”的教学模式,教师更多的是引导学生,激发学生学习的主动性和积极性。

关于混合式教学的定义,学术界并无相对统一的界定。国内学者韦寿莲、裴芹等学者从教学内容、学习方式两个方面对混合式教学进行了定义,他们认为混合式教学能拓展学生的视野、深化对专业知识的学习,打破时间和空间的限制,实现“以学生为主体”的自主学习,从而有效地提升学生自主学习的能力、探究能力以及解决问题的能力。[②] 李逢庆认为混合式教学是“在适当的时间,通过应用适当的媒体技术,提供与适当的学习环境相契合的资源和活动,让适当的学生形成适当的能力,从而确定最优化教学效果的教学模式”[③]。

综上所述,所谓混合式教学并不是简单的技术混合,而是以现代信息技术手段创造一种高度参与性的、个性化的学习体验,是在学生的需求与教学现状的基础上,以传统课堂为阵地,以网络教学的平台为载体,实现传统教学与在线学习优势的有机融合,致力于提高学习效率的一种教学方式。

三、研究综述

(一)国外研究现状

国外对混合式教学的研究早于国内,在 2003 年之前,国外的研究在主要着眼于对混合式学习理论的研究,就其教学模式而言,不能称之为完全意义上的混合式教学。2003 年后,随着研究的深入和教学的发展,混合式教学成为人们关

① 李克东、赵建华:《混合学习的原理与应用模式》,《电化教育研究》2004 年第 8 期。

② 参见韦寿莲、裴芹等:《混合式教学模式的构建及其应用》,《肇庆学院学报》2014 年第 4 期。

③ 李逢庆:《混合式教学的理论基础与教学设计》,《现代教育技术》2016 年第 9 期。

注的热点。通过梳理文献，国外对于混合式教学的研究主要集中在混合式教学的理论基础、教学模式的研究。

1.关于混合式教学的理论基础研究

混合式教学的理论基础是埃里克·马祖尔(Eric Mazur)于20世纪80年代提出的同伴教学法，该教学方法是一种教师和学生共同探究的教学形式，其最大特点是学生通过电脑等现代信息技术手段参与教学过程，这种教学方式改变了以教师讲授为主的教学局面，突出了学生合作和学生自主学习，实际上是混合式教学法的初期雏形。最具影响力的是2001年由加拿大远程教育学者兰迪·加里森(Randy Garrison)、特里·安德森(Terry Anderson)和沃尔特·阿彻(Walter Archer)等人共同创建的探究社区模型。探究社区模型以建构主义理论为基础，将社会临场感、教学临场感和认知临场感作为混合式教学的三个关键要素，只有这三种要素达到较高的水平时，有效学习才会发生。除此之外，认知主义、共同体、连接主义等理论，也为混合式教学发展提供了支撑。

2.关于混合式教学模式的研究

国外学者对于混合式教学模式的研究，主要是波尼姆·魏利森(Purnim Valiathan)提出的技能驱动模式、态度驱动模式和能力驱动模式三种学习模式。技能驱动模式是一种将学生线上自主学习和教师在线指导相结合的模式，重在教师对学生学习的引导，通过技术和非技术的手段，解决学生问题，促进有效学习；态度驱动模式是一种将面对面教学和在线教学相结合的教学模式，教师提前传达教学任务，说明学习过程中的注意事项；能力驱动模式是学生与专家互动，学习者通过与专家型知识人才进行交互获取隐性知识的学习模式。① 希瑟·斯泰克(Heather Staker)等人提出转换模式、弹性模式、菜单模式以及增强型虚拟模拟四种混合式学习模式。② 总体而言，国外对混合是教学模式的研究虽涉及诸多方面，但每种模式的培养目标只侧重某一方面，只用于某一教学环节，线上教学与线下教学并未实现深度融合，只停留在表面。

综合以上文献资料，国外混合式教学研究领域主要集中在对教学理论基础、教学策略和教学模式的研究上，研究较为成熟，开始时间早于国内，研究内容侧重于基础理论研究，通过理论研究指导实践。近年来，国外混合式教学也开始加强实践教学的研究，并应用到实际高校的教学中，取得了一定成效，给我国思政课混合式教学提供了一定遵循。

---

① 参见郭凤莲：《高中思想政治课混合式教学研究》，上海师范大学硕士学位论文，2021年。

② 参见[美]迈克尔·霍恩、希瑟·斯特克：《混合式学习：用颠覆式创新推动教育革命》，聂风华、徐铁英译，机械工业出版社2015年版，第132页。

(二)国内研究

国内对于混合式教学的研究较晚，最早将混合式教学这一概念引到国内的是北京师范大学的何克抗教授，之后引起国内众多学者的关注研究，到 2002 年前后，国内对于混合式教学的研究逐渐上升，到 2011 年，与混合式教学相关的研究呈曲线式增长。国内对混合式教学的研究大致划分为三个阶段：第一阶段是 20 世纪 90 年代到 2006 年，混合式教学发展处在萌芽期，所谓混合式教学只是简单运用技术手段将面授学习与在线教育结合在一起，更多关注的是技术层面的可行性；第二阶段是 2006 年到 2013 年，混合式教学在技术上相对成熟，研究者将研究焦点放在教学策略和教学方法上，如何利用现代信息技术手段提高教学效果成为关注的重点；第三个阶段是 2013 年至今，随着互联网、信息技术的快速发展，在“互联网＋”背景下，混合式教学如何实现学生与学生之间、学生与教师之间的互动成为研究和关注的焦点。近年来，研究者的研究领域、研究内容逐渐深化，混合式教学更加注重人性化、实效性和针对性，取得了丰硕的研究成果。国内对于混合式教学的研究主要集中在以下几个方面：

1.关于混合式教学模式的研究

国内学者对混合式教学模式的研究并没有形成统一的看法，但大多数学者专家都是基于国外学者波尼姆・魏利森(Purnim Valiathan)所提出的技能驱动模式、态度驱动模式和能力驱动模式为研究依据。但国内学者也积极探索本土化的教学模式，北京师范大学黄荣怀等人认为混合式学习强调情境学习和活动学习。在教学过程中，通过观察学生的行为，使得自己的信念、习惯、个性等得到发展，以促进深层次的学习。基于混合式教学相关理论，他构建了前端分析、活动与资源设计、教学评价设计的三阶段混合式教学模式。① 余胜泉教授等人在《网络环境下的混合式教学——一种新的教学模式》一文中提出混合式学习应当按照建构性学习环境设计、课堂教学、在线教学和发展性教学评价这四个环节来进行。② 李逢庆在谈到混合式教学时，将掌握学习、主动学习、首要学习、深度学习作为混合教学开展的理论基础，构建了 ADDIE 教学设计模型③，将混合教学过程划分为课前、课中和课后三个维度对教师和学生的教学活动进行探讨。同时，在探讨三个维度时，他认为混合教学的教学环境主要由网络数字化学习环境

---

① 参见黄怀荣、马丁、郑兰秦、张海森：《基于混合式学习的课程设计理论》，《电化教育研究》2009 年第 1 期。

② 参见余胜泉、路秋丽、陈声健：《网络环境下的混合式教学——一种新的教学模式》，《中国大学教育》2005 年第 10 期。

③ 参见李逢庆、韩晓玲：《混合式教学质量评价体系的构建与实践》，《中国电化教育》2017 年第 11 期。

和课堂教学的学习环境两部门构成。近年来，随着研究的深入，专家学者对混合式教学模式的和教学设计的研究逐渐深入和多样化。

2.关于高校思想政治理论课混合式教学研究

高校思想政治理论课混合式教学的研究是近几年学者研究的热点和焦点，混合式教学模式在各类院校思政课的教学中已得到推广应用。综合文献研究，关于混合式教学模式与高校思想政治理论课结合的文章相对较少，高校思想政治理论课混合式教学研究主要集中在对高校思想政治理论课教学模式和教学平台等方面的研究。随着信息化的深入和思想政治理论课实践改革创新的需要，思政课教学模式逐渐脱离单一的线上、线下教学模式，开始探索“线上＋线下”相结合的混合式教学模式，由传统的“以教为为中心”向“以学为中心，师生共同参与”教学方式转变。杨志超将混合式教学模式与高校思想政治理论课的结合，利用数字化信息网络技术，构建数字化的网络教学空间，打破传统的教室课堂空间，从而将传统单项灌输的教学方式“教—学—考”的教学流程转变为“学—导—行”，即“学生自主学习→教师重点引导→学生参与实践”，进而增强高校思想政治理论课的吸引力，提升教育效果。[①] 宁德鹏等人认为混合式教学模式将传统教学中的几个板块都进行了全面的重构，例如，教学内容呈现方式、学习资源获取方式、师生交往互动样态、教学空间秩序格局、课程考核体系。[②] 刘海梅等人建立了“四维驱动”混合式教学模式，包括在智慧树平台进行的线上共享课程、理论课专题式讲授，构建学校、课堂、社会和家庭“四位一体”的实践教学体系，增强思政课的吸引力，从而达到“知行合一”的目的。同时，注重对学生学习过程的考评，采取多元立体综合性考评方式。[③] 总之，高校思政课混合式教学模式的建构从教学的实际出发，从教学设计、教学内容、教学考核上逐渐突出学生的参与性，逐渐实现线上学习、课堂学习、实践学习三个模块的结合，增强思想政治理论课的实效。自2015年，清华大学国内首门《毛泽东思想和中国特色社会主义理论体系概论》登录清华慕课平台和学堂在线后，国内高校开始不断探索混合式教学平台和智慧在线教学，慕课、超星、翻转课堂、雨课堂等教学平台如雨后春笋般铺开，在教学中取得了良好的效果，引起了各大高校和专家学者们的关注。经研究发现，大部分学生和教师对混合式教学平台比较认可，认为这种模式增强了思想

① 参见杨志超：《高校思想政治理论课混合式教学模式的建构路径探析》，《思想教育研究》2016年第6期。

② 参见宁德鹏、莫怀荣、葛宝山：《“互联网＋”时代高校思想政治理论课教学模式探析》，《广西社会科学》2017年第4期。

③ 参见刘海梅、何建东：《高校思政课“四维驱动”混合式教学模式探究——以湖北理工学院“思想道德修养与法律基础”课为例》，《湖北理工学院学报》(人文社会科学版)2019年第1期。

政治理论课的针对性和趣味性，增强了实践性和互动性，实现了教师与学生之间的线上线下的良性双向互动，智慧课堂很好地解决了高校思政课教学“抬头率”低、参与度弱、互动性差的瓶颈问题。[①] 虽然全国高校思想政治理论课都在进入混合式教学模式的良好势头上，但对混合式教学模式和教学平台的研究也需进一步深化，在教学内容和教学设计上下功夫，使学生真正将学到的知识和内化于心、外化于行，提高思想政治理论课的实效性。

四、研究趋势

高校思想政治理论课是落实立德树人根本任务的关键课程。不仅国内高校逐渐加强对思想政治理论课混合式教学法的探索和研究，混合式教学法也成为专家学者关注的热点和焦点，但仍存在以下问题：(1)对高校思想政治理论课混合式教学法的实践研究较多，缺乏理论研究。(2)思想政治理论课混合式教学研究主要针对高校思政课，对中小学思政课中混合式教学法的运用研究较少。(3)对思想政治理论课混合式教学模式和教学平台的研究较为集中，如何探究适合不同高校的混合式教学平台和教学模式是研究的难点和重点。总之，混合式教学法成为当前高校思想政治理论课普遍运用的教学方法之一，混合式教学法不仅克服了传统教学法的单一教学模式，更增强了学生学习的主动性和积极性，也有利于促进教师教学能力的提高。尽管全国高校的思想政治理论课都在积极探索混合式教学模式，但对混合式教学模式的探索和研究还需进一步深入。如何构建高校思政课混合式教学模式使得思政课的教学优化，更加符合思政课的特点，符合新时代思政课的标准，是更加值得深入研究的问题。

---

① 参见常城、李慧：《智慧教学软件在思政课教学中的应用》，《学校党建与思想教育》2020年第22期。

第二篇

教学设计

第一章　思想道德与法治

第一节　树立正确的人生观

一、概念与目标

(一)核心概念

1.人生观

人生观是人们在实践中形成的对于人生目的、人生态度、人生价值以及对人生道路、生活方式的总的看法和根本观点,它决定着人们实践活动的价值取向和人生道路的选择,也决定着人们的具体行为模式和对待生活的态度。人生观主要通过人生目的、人生态度和人生价值三个方面体现出来。人生目的、人生态度、人生价值三者相互影响、紧密关联。其中,人生目的决定着人们对待实际生活的态度和对人生价值的评判,人生态度影响着人们对人生目的的持守和人生价值的实现,人生价值制约着人们对人生目的和人生态度的选择。大学生只有深刻认识人生目的、人生态度、人生价值的内涵与意义,科学理解三者的辩证统一关系,才能准确把握人生方向,树立正确的人生观。人生观与世界观有密切的关系,受到世界观的制约,有什么样的世界观,就有什么样的人生观。世界观是人们对生活在其中的世界以及人与世界关系的总体看法和根本观点。树立正确的人生观,思考人生为了什么、该如何对待人生、怎样的人生才有意义等人生问题,离不开马克思主义科学世界观的指导。

2.人生目的

人生目的是指生活在一定历史条件下的人,在社会实践中关于自身行为的根本指向和人生追求，是人生观的核心，是对“人为什么活着”问题的回答。人生目的在人生实践中具有重要的作用。首先，人生目的决定人生道路。人生目的规定了人生的方向，对人们所从事的具体活动起着定向的作用。古今中外众多创造了辉煌人生的志士仁人，多在青年时期就有着明确的人生目的，从而在面对人生的一系列重大问题时能作出正确的选择，始终朝着正确的人生方向前进。其次，人生目的决定人生态度。人生道路上有时会一帆风顺，有时会崎岖不平，面对各种各样的矛盾和斗争，不同的人生目的会使人持有不同的人生态度。正确的人生目的可以使人无所畏惧、顽强拼搏、积极进取、乐观向上；错误的人生目的则会使人或是投机钻营、违法犯罪，或是虚度光阴、放纵人生，或是悲观消沉、厌世轻生。在历史上和现实生活中，许多事业有成者，无不是在正确的人生目的引导下，以昂扬乐观的人生态度正确对待人生道路上的顺逆曲直。最后，人生目的决定人生价值选择。正确的人生目的会使人懂得奉献，从而在工作中尽心、尽力、尽责；错误的人生目的则会使人只把个人私利视为人生的价值追求，漠视对国家、社会和集体的义务与责任。

3.人生态度

人生态度是指人们通过生活实践形成的对人生问题的一种相对稳定的心理倾向和精神状态。一个人有什么样的人生观就会有什么样的人生态度。一个人如果确立了高尚的人生观，往往会满怀希望和激情，热爱生活、珍视生命，勇敢坚强地战胜困难并不断开拓人生新境界。一个人如果持有碌碌无为的人生观，就不会认真思考人的生命应有的意义，对什么事都无所谓，“当一天和尚撞一天钟”。反之，一个人对人生的态度，往往又制约着他对整个世界和人生的看法，从而对个人的世界观、人生观产生重要的影响。一个人如果能够始终保持乐观向上的人生态度，世界在他眼中便是光明的，他就更能够珍惜韶华，在有限的人生中尽可能地实现更大的人生价值。一个人如果采取消极避世的人生态度，很可能就会在唯心主义的世界中寻求安慰，心灰意冷、无所事事，浪费光阴和生命。

4.人生价值

人生价值是指人的生命及其实践活动对于社会和个人所具有的作用和意义。选择什么样的人生目的，走什么样的人生道路。在处理个人与社会、理想与现实、付出与收获、生与死等一系列人生历程中的重大问题时，人们总会有所取舍、有所好恶，对于赞成什么、反对什么，认同什么、抵制什么，总会有一定的标准。这些都与人们对人生价值的看法密切相关。人生价值包含自我价值和社会价值两个方面。自我价值是个体的人生活动对自己的生存和发展所具有的价值，主要表现为对自身物质和精神需要的满足程度。而社会价值，是个体的实践活动对社会、他人所具有的价值。人的自我价值和社会价值，既相互区别，又密切联系、相互依存。一方面,自我价值是个体生存和发展的必要条件,人生自我价值的实现是个体为社会创造更大价值的前提。个体的活动不仅具有满足自我需要的价值属性,还必然地包含着满足社会需要的价值属性。个体通过努力提高自我价值的过程,也是其创造社会价值的过程。另一方面,人的社会价值是社会存在和发展的重要条件,社会价值的实现是个体自我完善、全面发展的保障。没有社会价值,自我价值就无法存在。人是社会的人,这不仅意味着个体物质和精神的需要必须在社会中才能得到满足,还意味着以怎样的方式和在多大程度上得到满足也是由社会决定的。

(二)内容框架

- 正确的人生观
  - 科学高效的人生追求——服务人民、奉献社会
  - 积极进取的人生态度
    - 认真
    - 务实
    - 乐观
    - 进取
  - 人生价值的评价与实现
    - 正确评价人生价值
      - 能力大小与贡献须尽力相统一
      - 物质贡献与精神贡献相统一
      - 完善自身与贡献社会相统一
    - 人生价值的实现条件
      - 社会客观条件
      - 个体自身条件
      - 不断增强实现人生价值的能力和本领

(三)学习目标

教学目标在于引导和帮助大学生准确掌握解决人生问题的科学方法,树立正确的人生观,明确人生目的、端正人生态度、认识人生价值,为创造有意义、有价值的人生奠定良好的基础。本部分是第一章的重点,在整个课程体系中也具有举足轻重的地位,是正确认识人生观的关键问题。在教学中,教师要引导学生正确认识人生观特别是人生目的对人生实践的指引作用,明确服务人民、奉献社会的人生观是科学的人生观;了解人生态度与人生观的关系,端正人生态度;正确把握评价人生价值的标准和实现人生价值的条件,立志在社会实践中创造有价值的人生。

二、学情分析

《思想道德与法治》是大学开设的第一门思想政治理论课，授课对象是大学一年级新生，其专业知识和专业能力还处于积淀阶段，情感、意志和性格还不够成熟稳定，具有很大的易变性和可塑性。大学一年级新生对大学生活既陌生又期待，对人际交往既忐忑又期盼，对校园文化既热情向往又有一些盲目，对社会热点关注较多、理性思考不足。同时，大一学生在高中阶段已经学习过《道德与法治》课程，这可以作为学生已有的知识基础和经验储备。

三、教学设计

（一）问题导入

2022 年 4 月 25 日，习近平总书记前往中国人民大学考察调研。习近平总书记代表党中央，向全国各族青年致以节日的祝贺，向中国人民大学全体师生员工、向全国广大教育工作者和青年工作者致以诚挚的问候。他希望全国广大青年牢记党的教诲，立志民族复兴，不负韶华，不负时代，不负人民，在青春的赛道上奋力奔跑，争取跑出当代青年的最好成绩！在新时代，什么样的成绩才是当代青年的最好成绩？我们应当如何发力，才能跑出当代青年的最好成绩？现在就让我们带着这些问题开始本节课的学习。

[诵读活动]

请同学们集体诵读《有的人——纪念鲁迅有感》

有的人——纪念鲁迅有感

臧克家

有的人活着
他已经死了；
有的人死了，
他还活着。

有的人
骑在人民头上："呵，我多伟大！"
有的人

俯下身子给人民当牛马。

有的人
把名字刻入石头想“不朽”；
有的人
情愿作野草，等着地下的火燃烧。

有的人
他活着别人就不能活；
有的人
他活着为了多数人更好地活。

骑在人民头上的
人民把他摔垮；
给人民作牛马的，
人民永远记住他！

把名字刻入石头的，
名字比尸首烂得更早；
只要春风吹到的地方，
到处是青青的野草。

他活着别人就不能活的人，
他的下场可以看到；
他活着为了多数人更好地活着的人，
群众把他抬举得很高，很高。

请同学们在朗诵后抒发个人感想。

[角色体验]

情景剧扮演：《郝书记的心愿》

剧本简介：大学生郝青毕业后放弃城市高薪工作回家乡静宁村做“第一书记”，想带领家乡脱贫致富，让家乡人民摘掉贫困的帽子，但是事实并不是她想的那么简单，顽固的刘老支书，墨守成规的赵队长……不能理解新时代信息交流的他们与郝青产生了很大的分歧，尽管脱贫路困难重重，郝青也没有放弃，在赵洛、刘刚等人的帮助下，她利用电子商务、直播等方式扩大家乡苹果的销售途径，打开销售渠道，带领家乡走向了致富的道路。

人物介绍：

郝青：名校毕业生，心系家乡，尽职尽责，带领家乡人民脱贫致富。

刘老支书：心高气傲，顽固保守，不服郝青的带领，反对她的做法。

赵队长：受到刘老支书的提携，和他一样保守顽固。

赵洛：宁静村村委会工作人员，有想法主见，帮助郝青一起完成工作。

刘刚：刘老支书儿子，爱玩直播，网络红人。

记者、萱萱、两位工作人员、旁白

第一幕：

（舞台侧面，两个板凳，访谈节目的布局）

记者：（面向观众）这里是《看见·直击扶贫一线》，欢迎大家收看今天的节目，我是主持人小李。脱贫攻坚是一项历史性工程，是全民关注的热点，走进扶贫一线，我们在行动。本期我们请来的嘉宾是驻静宁村"第一书记"郝青，这位带领静宁村全面脱贫的大学生"村官"，我们将走进她的扶贫故事。

（看向郝青）郝书记你好，从名校毕业却选择回村当"第一书记"，当时你是怎么作出这个决定的呢？

郝青：我是从大山里走出来的孩子，我深知贫苦带给人们的痛苦，我的一路成长都有家乡父老乡亲帮助，所以学到新技术、新本领后我更想回到家乡，帮助家乡摆脱贫困，与外面的世界接轨，让更多大山里的孩子看到与众不同的世界，对未来有更多的选择。

记者：但是一个人单枪匹马，毕业后直接走在扶贫一线，在工作中是不是也遇到了很多困难？

郝青：对，困难肯定是有的，上任后的每一件事我都还历历在目。

第二幕：

（舞台中间，静宁村村委办公室）

刘老支书、赵洛在办公室里坐着，赵队长从外面进来。

赵队长：（走向老支书）刘支书，郝青上任的这些天，没干啥正事，倒是天天去地里看苹果的收成，还挨家挨户去了解年收入，你说奇怪不，她在这长大还不了解咱这穷乡僻壤的地儿嘛，好好的大学生不做偏偏在这儿做无用功，跑来和您抢工作，真是白上那么多年学了。

刘老支书：（稍有不悦，阴阳怪气地说）人家现在是第一书记了，你直称人家名字像话嘛。是我老了，比不上年轻人有干劲，她自然要取代我。

赵队长：（谄媚）支书这是哪里的话，静宁村这些年要是没有您的话，哪会取得现在这样的成绩。

赵洛：(小声嘀咕)取得啥成绩了嘛，这地方还是一如既往的穷。

赵队长：(听见赵洛说的话，转头对赵洛说)你这娃娃啥都不懂，我们这地种其他东西都不太行，唯一的特产就是苹果，这些年要是没有刘支书联系苹果买家，就咱这偏远地区谁会来买。

赵洛：郝青姐已经跟我了解过关于苹果销售渠道的问题了，她在外面见过大世面，我相信她肯定会找到办法带我们脱贫的。对了，她还说今天来和我们讨论这个问题呢。

(正说着，郝青的声音从外面传来了)

郝青：刘叔、赵叔你们在吗？

赵队长：(轻蔑)哟，郝书记来啦，这小洛正夸你呢。

郝青：(连忙回答)您和刘叔都是我的长辈，看着我长大的，叫书记太拿我当外人了，还是叫我郝青，我们都是一家人嘛。

刘支书：不行，现在你的身份变了，我们必须得叫你书记。郝书记，嗯，听着就厉害。嗯，后生可畏啊，后生可畏！

郝青：刘叔，您是我的前辈，这静宁村的事，您知道的最多，很多事儿我还要向您请教学习，您啊，就别拿我开玩笑了。

刘支书：(见郝青服软，开心)那郝青啊，你今天找我们干啥？

郝青：两位叔叔，这些天我已经深入了解了咱们村的经济发展，落实精准扶贫更多的是产业扶贫，而苹果就是咱们村的产业，我们要让静宁苹果走出去，打出属于我们的品牌。

刘支书：(打断郝青的话)你说的这些道理我们都懂，我们有固定的销售渠道，这么些年都是这样过来的，你还能想啥办法。

赵队长：(附和)就是就是，你不要纸上谈兵，理想和现实是有差距的，你要从现实考虑问题。

赵洛：郝青姐话还没说完，咱们先听她讲完再发表看法吧。

郝青：我知道两位叔叔的意思，在考察中我也发现了，咱们的销售商实在太少了，咱们的收成好却卖不出去，苹果滞销问题严重，我来之前也学习过了其他脱贫村的办法，现在网络如此发达，我们可以发展电子商务，通过网络销售苹果，让电商平台与县区合作社建立电子商务合作关系，实现互利共赢。

赵洛：(开心，急忙回答)郝青姐这个我知道，我看网上好多示范村都这样干，咱们早就应该这样做了。

刘支书：啥是电子商务嘛，你这不是胡整嘛，网上都是骗人的，不可信，就是因为沉迷网络，我儿子刘刚连公务员都不考，天天拿着手机不务正业。网上能有现在固定渠道可靠嘛，咱不能因为要急于作出一番事业而害了乡亲们。

郝青：刘叔你别急，过两天我请专业人士来咱村先做个实验，也让大家了解一下电子商务。

刘支书：（气愤，边走边说）胡整啊胡整。

赵队长：（看见支书走了，急忙跟上）等等我支书，你不要气啊！

第三幕：

旁白：郝青虽然没有得到刘支书与赵队长的支持，但她没有气馁，找到了电商团队，共同商量卖出滞销苹果，这项工作如火如荼地进行着。

（村委办公室，桌子、椅子、电脑，路小阳，赵洛，两位工作人员、刘刚及其女朋友）

（两位工作人员、赵洛在电脑面前统计数据，郝青从外面入场）

郝青：（边入场边说）怎么样了，有什么进展吗？

工作人员1：郝书记，静宁苹果网的电商平台已经上线，同时按照你的需求在京东、淘宝网站上打造爱心助农计划，只是刚起步，宣传广告还不够，但还是很有发展潜力的。

赵洛：（开心地展示自己的订单记录）郝青姐你看，自从弄了电子商务，订单数快速增长，网络的力量真是太神奇了！

工作人员2：电子商务的好处就是交易效率高，交易透明化，洽谈、下单、支付、收货、成交等都是可以根据数据查询的，不会出现被欺骗的现象。

郝青：等过两天在村里办个宣讲，让乡亲们都能明白这种销售的好处，这样开展工作就更容易了。哎，刘支书和赵队长四处反对我们的做法，大家不懂网络，更信任他们。

工作人员1：郝书记，你就放心吧，老百姓都是明白人，谁能让咱富起来就跟谁走，你不要太担心了。

赵洛：对啊，郝青姐，不要想太多了。

郝青：好，当务之急是广告宣传我们的静宁苹果……

（刘刚和他女朋友萱萱上场，舞台侧面）

（刘刚一手拿着手机直播，一手牵着女朋友萱萱）

刘刚：（看着手机弹幕）感谢我龙哥送的飞机，谢谢！大家给龙哥点点关注，身边是萱萱吗？是，来，萱萱给大家打个招呼。

萱萱：（向直播间打招呼）大家好，谢谢大家的礼物。

刘刚：我大哥来了，感谢我大哥送的火箭，大家给榜一大哥也点点关注。那么今天的“带您看静宁”直播就结束啦，明天晚上八点，家人们请依旧锁定我的直播间，小刚继续陪您唠嗑，大家再见！

萱萱：（向直播间挥手）拜拜，明天见！

(大家听到声音看向刘刚那边)

赵洛:萱萱、刘刚,你们怎么跑这儿来直播了?

刘刚:这儿可是全村网最好的地方,我当然是顺着网线过来的了,再加上我家那老头子总认为我不务正业,我能在家里直播吗。

工作人员2:(笑)直播?真没想到这个小地方真是人才济济啊。

刘刚:哟,您可别笑话我,咱好歹也是有几十万粉丝的人,也是有点牌面的。

郝青:几十万,这么多?你都直播什么内容啊。

萱萱:(扑哧笑了)郝书记,其实也没什么,就拍拍农村日常,虽然土但大家也愿意看,主要是靠他那会说的嘴。

郝青:踏破铁鞋无觅处,得来全不费工夫。你们来的真是太及时了,我们可以通过你的直播间卖苹果,这是最好的宣传方式了,通过直播让咱的静宁苹果走出去。

刘刚:郝书记,这我还真想过,我也想为咱村的脱贫工作贡献力量,看着别的村脱贫的脱贫,致富的致富,我也眼红啊。

郝青:事不宜迟,我们赶紧动起来,准备直播策划方案。

刘刚:嘿嘿,只要咱成功了,我爸肯定对我刮目相看,他老人家也就能接受新时代的信息交流了。说不定我还能成为李佳琦、薇娅那样的大主播呢!

萱萱:你真是想得美。

(大家哄笑)

第四幕:

旁白:郝青和刘刚等人通过直播打开了苹果的销售通路,取得了不错的营业额,也让刘支书等人刮目相看,村民们团结一致,共同在脱贫致富的道路上奋斗着。

(静宁苹果直播间、桌子上摆着苹果)

(大家都在准备直播工作,刘支书走向刘刚)

刘支书:小刚啊,以前真是我的错,看到苹果销量越来越好,村子越来越富裕,我才知道郝书记是正确的,你今天在直播结束时一定要感谢郝书记,让大家都看到她的付出与努力。这个时代是你们年轻人的时代,好好干!

刘刚:(开心)知道了,爸!

刘刚:(拿着苹果在直播间介绍)这是我们静宁自产的苹果,你看这品相,绝对是高品质,好吃可口,安全绿色。看过我视频的朋友知道我绝对不会撒谎,我们不仅包装精美,而且价格实惠,大家放心果断拍,一会儿就抢没了哦!

今天直播最后,我想向大家介绍一个人,我们的“第一书记”郝青,是她带领我们摆脱贫困,她就像一朵向阳花,给我们每个人自信,她用她的热爱感染我们,让我们村走向更光明的未来。所以，希望大家都能给我们“第一书记”点个赞！同时为我们静宁苹果加油！

第五幕：

（回到访谈间）

记者：我看到过网友们说您是一朵有韧性的向阳花，了解了您的故事后我觉得这个比喻非常贴切。那您有没有什么话想对大家说？

郝青：我很感谢在工作中帮助过我的人，也很骄傲自己可以为家乡的建设作出贡献，第一书记，任重道远，但我依然会负重前行，为人民办好事，让人民好办事！当然啦，请大家继续支持我们的静宁苹果哦！

记者：（笑）对，我们要吃美味的静宁苹果。同时我们也感谢像郝书记一样默默付出的人们，因为有你们的执着与努力，我们才会打赢这场脱贫攻坚战。聚焦扶贫一线，走进百姓生活。欢迎收看本期节目，我们下期见！

（在音乐《感恩的心》中，定型，剧终）

（二）课堂讲授

1.新时代大学生应当如何确立自己的人生目的？

古往今来，人们对人生目的的探索从未停止过，思想家们孜孜以求，形成了各式各样的关于人生目的的思想。高尚的人生目的总是与奋斗奉献联系在一起。大学生只有把自己的人生目的与国家前途、民族命运、人民幸福联系在一起，才能自觉地投身于社会主义建设。

服务人民、奉献社会，代表了最先进的人生追求。人民群众是社会历史的主体，是社会物质财富和精神财富的创造者，是社会变革的决定力量。服务人民、奉献社会的人生追求，以历史唯物主义关于人民群众是历史的创造者的基本观点为理论基础，指明了人在成长和发展过程中应确立的人生目标和方向。不论在革命战争年代，还是在和平建设时期，服务人民、奉献社会这一高尚的人生追求，感染了一代代的革命者和建设者。新时代大学生要把为国家和人民的事业无私奉献作为人生的最高追求，在服务人民、奉献社会中收获成长和进步。

[视频材料]

播放视频《林俊德：一位院士的最后时刻》

为人民服务是社会主义道德的核心，决定并体现着社会主义道德建设的根本性质和发展方向，规定并制约着社会道德领域中的所有道德现象。为人民服务是中国共产党人把马克思主义基本原理与中国革命、建设和改革的具体实践相结合的伟大创造。为人民服务，不仅是坚持历史唯物主义的必然要求，是中国共产党践行的根本宗旨，也是社会主义道德观的集中体现，是全体中国人民共同遵循的道德要求。一个人确立了服务人民、奉献社会的人生追求，才能清楚地把握人生的奋斗目标，深刻理解人为了什么而活、应走什么样的人生道路。一个人的能力有大小、职业有不同，只有自觉把个人之小我融入社会之大我，不为狭隘私心所扰，不为浮华名利所累，不为低俗物欲所惑，才能够在推动社会进步中创造不朽的业绩。一个人确立了服务人民、奉献社会的人生追求，才能以正确的人生态度对待人生，始终对祖国和人民怀有高度的责任感，在服务人民、奉献社会中实现自己的人生价值。一个人只有确立了服务人民、奉献社会的人生追求，才能掌握正确的人生价值标准，才能自觉用真善美来塑造自己，不断培养高洁的操行和纯朴的情感，努力使自己成为一个高尚的人。

2.崇高的人生目标需要怎样的人生态度？

没有积极进取的人生态度，再崇高的人生目标也难以真正实现。走好人生道路，需要大学生正确认识、处理生活中各种各样的困难和问题，保持认真务实、乐观向上、积极进取的人生态度。

人生须认真。以认真的态度对待人生，就是要严肃思考人的生命应有的意义，明确生活目标和肩负的责任，既要清醒地看待生活，又要积极认真地面对生活。大学生要学会对自己负责，对亲人负责，对周围的人和更多的人负责，进而对国家和社会负责，做一个有担当、负责任的人。要正确认识和处理人生中遇到的各种问题，不能得过且过、游戏人生，否则就会虚掷光阴，甚至误入歧途。

人生当务实。古往今来，成功的人生既需要认真负责，也需要求真务实。务实，就是要遵循客观规律，一切从实际出发，不图虚名，不务虚功，以科学的态度看待人生，以务实的精神创造人生。要把远大的理想寓于具体的行动中，不能好高骛远、空谈理想、眼高手低、浅尝辄止，否则就会脱离实际、一事无成。要坚持实事求是的基本原则，正确面对人生目的与现实生活之间的矛盾，更好地把人生梦想与个人情况和社会实际结合起来，从小事做起，从身边的事做起，脚踏实地、一步一个脚印地实现人生目标。

人生应乐观。只有热爱生活的人，才能真正拥有生活。乐观豁达、热爱生活、对人生充满自信，这种态度是人们承受困难和挫折的心理基础。人生是丰富多彩的，既会收获成功、体验快乐，也会面临各种矛盾和问题。人生旅途中，许多事情不会总是尽如人意，也会有失望和暂时的困难、挫折。同学们要始终保持乐观向上的人生态度，不能因为没有满足自己的期望或者遇到困难和挫折，就消极悲观、畏难退缩，甚至颓废堕落、自暴自弃。要相信生活是美好的，前途是光明的，在生活实践中不断调整心态，磨炼意志，养成乐观向上的人生态度。

人生要进取。人生实践是一个创造的过程。适应历史发展的趋势，以开拓进取的态度迎接人生的各种挑战，才能不断领悟美好人生的真谛，体验生活的快乐和幸福。以不思进取的消极态度面对人生难题，可能会带来一时安逸，但无助于个人发展、无益于社会进步。人生如逆水行舟，不进则退。大学生要积极进取，不断丰富人生的意义，不能贪图安逸、满足现状、因循守旧，否则人生就会失去应有的光彩。

[小组活动]

小组辩论："躺平"还是"奋斗"，新时代大学生应当如何选择？

近年来，"躺平"在年轻人的社交网络上成为一个热词。关于"躺平"一词的确切含义，人们并无共识，甚至还有较大争议。"躺平"作为一种生活态度，往往与年轻人在压力面前主动选择放弃、回避与退却有关。个人在法律和道德允许的范围内选择自己生活方式的权利应受到尊重，但当代青年也应深入思考能否把"躺平"作为生活方式和人生道路来选择。人们在成长的过程中，总会面临各种各样的现实压力，甚至还会遭遇挫折，以"躺平"的方式主动退缩、选择放弃，无益于解决问题，甚至会使得问题更加复杂和严重。唯有树立积极面对、主动进取的人生态度，才能够克服前进道路上的种种困难。当代青年正处于探索与奋斗的大好时期，应该发扬自强不息、百折不挠的精神，保持年轻人的蓬勃朝气、昂扬锐气，在创新创造、不断奋斗中，成长为实现中华民族伟大复兴的先锋力量。

3.怎样的人生才是有价值的？

对人生价值及其相关问题的正确认识，是人们自觉朝着选定的目标努力前行，创造有价值的人生的重要前提。

(1)正确评价人生价值。评价人生价值的根本尺度，是看一个人的实践活动是否符合社会发展的客观规律，是否促进了历史的进步。在今天，衡量人生价值的标准，最重要的就是看一个人是否用自己的劳动和聪明才智为国家和社会真诚奉献，为人民群众尽心尽力服务。客观、公正、准确地评价社会成员人生价值的大小，除了要掌握科学的标准外，还需要掌握恰当的评价方法。

既要看贡献的大小，也要看努力的程度。评价一个人的人生有无价值或价值大小，最根本的是看他对社会是否作出贡献及贡献大小。每个人所处的环境各不相同，个体的生理状况、先天禀赋、努力程度各有差异，现实生活中每个人从事的职业不同、能力大小不同，对社会贡献的绝对量自然也不同。但是，不能简单地认为能力大的人人生价值就大，能力小的人人生价值就小。考察一个人的人生价值，既要看对社会贡献的大小，也要看他所对应的职责及努力的程度。任何人不论从事何种劳动，只要在自己的岗位上尽职尽责、兢兢业业，积极为社会进步作贡献，就应该对他的人生价值给予肯定的评价。

既要尊重物质贡献，也要尊重精神贡献。人的生产劳动是物质生产劳动和精神生产劳动的统一，在一定条件下，两种生产劳动成果还可以相互转化。现实生活中，人类社会劳动分工形成了不同职业，有的职业侧重于物质财富的创造，有的职业侧重于精神财富的创造，社会的发展与进步是物质文明和精神文明的共同发展与进步。在我们社会主义国家，一切劳动，无论是体力劳动还是脑力劳动，都值得尊重和鼓励。评价人生价值，既要看一个人对社会作出的物质贡献，也要看他对社会作出的精神贡献。既要注重社会贡献，也要注重自身完善。人生的社会价值是实现人生自我价值的基础，评价人生价值的大小应主要看一个人对社会所作的贡献，但这并不意味着要否认人生的自我价值。实现人的全面发展是社会发展的根本目标，人的全面发展和素质提升离不开人的自我完善。人生自我完善的过程，既是人生自我价值实现的过程，也是为社会创造价值的过程。因此，衡量人生价值，既要看他对社会贡献的大小，也要看他自身完善的程度。

(2)把握人生价值的实现条件。人们在实践中努力实现自己的人生价值。但是，人们的实践活动从来都不是随心所欲的，任何人都只能在一定的主客观条件下去实现自己的人生价值。因此，正确把握人生价值实现的条件至关重要。

实现人生价值要从社会客观条件出发。人生价值是在社会实践中实现的，人的创造力的形成、发展和发挥都要依赖于一定的社会客观条件。在人类历史上，因为缺乏一定的社会客观条件，一些有抱负、有才能的人未能实现自己的人生价值。随着社会的进步，实现人生价值的社会客观条件也在不断改善。改革开放以来，我国经济社会发展取得的巨大成就，中国特色社会主义制度的自我完善和发展，为人们实现人生价值提供了有利条件和机遇。大学生要珍惜难得的历史机遇，把自己的人生追求及人生价值的实现建立在正确把握当今中国社会发展实际的基础上。

实现人生价值要从个体自身条件出发。人的自身条件会有一定的差异，某一个具体的价值目标，对这个人来说是恰当的、比较容易实现的，而对另一个人来说却未必如此。大学生正处在自己一生中最美好的时期，长知识、长才干，每天都有新收获，每天都有新期待。但在这样一个特殊阶段，大学生也往往会受自身社会经验偏少、知识储备不够等方面的限制，容易把对自身条件的主观想象当作“真实”的存在，导致价值选择、行为倾向出现偏差。因此，大学生要客观地认识自己，准确把握影响人生价值实现的自身条件。

不断增强实现人生价值的能力和本领。实现人生价值，需要人们充分发挥主观能动性。个人的主观努力，在相当大的程度上决定着人生价值的实现程度。正如人们经常说的，没有条件可以创造条件。人的能力具有累积效应，能够通过学习、锻炼而得以提升。“一切劳动者，只要肯学肯干肯钻研，练就一身真本领，掌握一手好技术，就能立足岗位成长成才，就都能在劳动中发现广阔的天地，在劳动中体现价值、展现风采、感受快乐。”[①]同学们要通过各种方式和途径，增长才干、增强本领，全面提高自身各方面的能力，为实现人生价值做好充分准备，奠定扎实的基础。

[游戏体验]

参与虚拟仿真项目：青年的选择与担当

[有效提问]

在全国抗击新冠肺炎疫情的战斗中，有很多可歌可泣的故事，更涌现出很多让我们记住的名字，如“共和国勋章”获得者钟南山，“国家英雄”陈薇、张定宇，还有很多我们身边的无名英雄，如医务工作者“大白”，一线志愿者、社区工作者等，其中最让你感动的人物是谁？

(1)他最让你感动的一件事是什么？

(2)你认为我们应当向他学习什么？

(3)你认为我们应当如何学习他的优秀品质？

[选用故事]

黄文秀，女，1989年出生于广西百色市一个贫苦的农民家庭，2011年加入中国共产党。2016年从北京师范大学硕士毕业后，为响应党和国家脱贫攻坚的号召，黄文秀毅然加入广西选调生队伍，投入广西的扶贫事业。2018年3月，黄文秀主动请愿奔赴扶贫第一线，担任百坭村驻村第一书记。为解决交通问题，黄文秀熬夜做方案、跑项目，完成47盏路灯亮化、1.5公里道路硬化工程；为解决产业难题，她组织干部群众学经验、引技术，因地制宜发展砂糖橘等特色种植产业；为打通销售渠道，她带领村民探索出“党建＋电商＋扶贫”模式，建立百坭村电商服务站。在黄文秀的带领下，2018年百坭村的贫困率由22.88%降至2.71%，集体经济收入高达6.4万元，百坭逐渐展现新貌。然而，一场意外，让黄文秀年轻的生命永远定格在扶贫战场。2019年6月16日晚，黄文秀从百色返回百坭途中突遇山洪，不幸牺牲。遇难当天，黄文秀正在家里照顾刚做完肝癌手术的父亲。不料天气骤变。她担心暴雨会引发山洪，威胁村民的生命财产安全，便顾不上陪伴病床上的父亲，想连夜赶回百坭指导防灾工作。“天气预报说晚上有暴雨，现在开车回村里不安全，明早再回吧？”面对父亲的挽留，黄文秀坚持说：“正因为有暴雨更得赶回去，怕村里受灾，我马上得走了。”没想到，这竟成为黄文秀与父亲最后的对话。在回程路上，面对恶劣的行车环境，黄文秀仍不忘实时关注百坭灾情，指导村干部做好防洪工作。当晚11点，雨势越来越大，通往百坭的道路已被

---

① 习近平：《在庆祝“五一”国际劳动节暨表彰全国劳动模范和先进工作者大会上的讲话》，人民出版社2015年版，第10页。

山洪淹没。“我被困住了，两头都走不了。”这是黄文秀与家人最后的联络。在进退两难之际，她像当初奔赴扶贫战场一样，毅然选择了百坭群众。然而这一次，百坭人民却再没有等来黄文秀。17 日凌晨 1 点，黄文秀失联。18 日中午，搜救人员在河道下游发现了黄文秀的遗体。她将最美的韶华留在了扶贫路上。黄文秀逝世后，她的感人事迹引发了社会各界的广泛关注。许多党员干部、大学生和群众纷纷转发她的扶贫事迹，以缅怀这位扶贫英雄。2019 年 6 月，习近平总书记对黄文秀先进事迹作出重要指示：“广大党员干部和青年同志要以黄文秀同志为榜样，不忘初心、牢记使命，勇于担当、甘于奉献，在新时代的长征路上作出新的更大贡献。”此后，黄文秀先后被追授“时代楷模”“全国优秀共产党员”“全国脱贫攻坚楷模”和“七一勋章”等荣誉。黄文秀的青春已定格在扶贫战场。同黄文秀一样，还有 1800 多基层干部牺牲在扶贫一线。他们以忠诚践初心，以生命赴使命。同黄文秀一样，还有近 300 多万名驻村干部奋战在脱贫前线。他们深入群众、扎根农村，用实际行动创造了伟大的脱贫攻坚精神，延续着中国共产党人的红色基因，为新时代的共产党员筑起了一座座新的精神丰碑。

[视频体验]

（电影《小时代》片段）

《人民日报》曾观点鲜明地批评了电影《小时代》的拜金主义倾向：“如果仅仅停留在物质创造和物质拥有的层面，把物质本身作为人生追逐的目标，奉消费主义为圭臬，是‘小’了时代，窄了格局，矮了思想……今天，充斥耳目的如果都是《小时代》们，或者因为票房有利可图，就无条件地纵容《小时代》《小时代 2》《小时代 3》的出现，物质主义和消费主义引导社会思潮，小时代、小世界、小格局遮蔽甚至替代大时代、大世界、大格局，个人或者小团体的资本运作或许成功了，但是一个时代的人文建设和传播却失控了。”①

讨论主题：你怎么看待《小时代》“是‘小’了时代，窄了格局，矮了思想”？

如果社会中每个人只关注“小我”的私欲与享受，而缺乏面向大时代的格局和气魄，那将是一件非常可怕的事情。评价《小时代》，我们须透过现象看到本质，《小时代》的背后其实就是拜金主义在作祟。人作为个体生命的状态，内含许许多多的要素，各要素协调互动构成一个和谐平衡的系统。贡献与索取、社会与个人、精神与物质，在这些对称性要素中，一旦某一项被过分强调，就会导致人生天平的失衡，打破和谐。《小时代》中宣扬的物欲人生主要指向的是拜金主义。所谓拜金主义，就是盲目崇拜金钱，把金钱价值看作最高价值，一切价值都要服从于金钱的思想观念和行为。拜金主义者太过强调金钱的重要性，唯利是图，对

① 刘琼、徐鹏飞：《小时代和大时代（文艺点评）》，《人民日报》2013 年 7 月 15 日。

许多事物经常只能看到表面，看不到其中的内涵，精神层面也极为空虚。新时代大学生要树立正确的人生观，应明确人生目的，具有清晰的人生目标和高尚的人生追求，把为国家和人民事业无私奉献作为人生的最高追求，在奉献中成长。大学生需要保持积极乐观的人生态度，尊重他人，乐于助人，在脚踏实地、昂扬进取中创造有意义的人生。生活从不眷顾因循守旧、满足现状者，从不等待不思进取、坐享其成者，生活将更多机遇留给善于和勇于创新创造的人们。作为新时代的大学生，要正确看待得与失，苦与乐，顺与逆，生与死，荣与辱，成就璀璨人生！

[独立思考]

有人认为，有钱就是成功；有人认为，有名就是成功；有人认为，名利双收才是成功。什么样的人生才是成功的人生？衡量成功人生的标准到底应该是怎样的？

如何定义成功？这一问题有很强的现实针对性。在拜金主义、享乐主义、个人主义盛行的今天，人们难免有疑问和困惑。人生价值及其衡量标准，实际上是人生观与价值观的核心问题。

人生价值内在地包含了人的自我价值和社会价值两个方面。人的自我价值，是个体对自己的生存和发展所具有的价值，主要表现为外界对自身物质和精神需要的满足程度。而人的社会价值，是个体的人生活动对社会、他人所具有的价值。人生的自我价值和社会价值相互区别，很多时候，人们都在这两个方面的价值之间矛盾和挣扎。但同时，自我价值和社会价值又相互依存，人们最终在二者的统一中实现自己的人生价值。一方面，自我价值是个体生存和发展的必要条件，自我价值的实现是个体为社会创造更大价值的前提，个体通过努力提高自我价值的过程，也是其创造社会价值的过程。另一方面，社会价值是社会存在和发展的必然要求，社会价值的实现是个体自我完善、全面发展的保障，没有社会价值，个体就无法获得社会的认可与支持，无法获得社会的资源，无法获得生存与发展，其自我价值就无法存在。

人是社会的人，每一个人都无法脱离社会而独立存在，这意味着个体需要必须在社会中得到满足，而以何种方式、在多大程度上得到满足，也取决于社会，取决于个体对于社会与他人的贡献。任何个体的人生价值都必须在社会及社会关系中才能够实现。1845 年春，马克思在《关于费尔巴哈的提纲》中指出："人的本质不是单个人所固有的抽象物，在其现实性上，它是一切社会关系的总和。"[①]这也就是说，人具有社会性，这种社会关系具有整体性，即"一切社会关系的总和"，是诸多社会关系的有机统一。从这一点出发，我们就能理解为什么人不能只想

① 《马克思恩格斯选集》第 1 卷，人民出版社 2012 年版，第 135 页。

到自己，不能只顾及自己的利益与需要，还应该去自觉地关照他人与社会。此外，人的自然属性不是人的本质属性，它是人社会属性的物质承担者，社会属性才是人的本质属性，人生的价值不取决于个体对自我需要的满足，而取决于个体对于他人与社会的贡献。更进一步来说，社会对于一个人的价值评判，也主要以社会价值为标准。个体对社会和他人的生存发展贡献越大，其人生价值也就越大。只有具有全心全意为人民服务的精神、毫不利己专门利人的精神的人，才是“一个高尚的人，一个纯粹的人，一个有道德的人，一个脱离了低级趣味的人，一个有益于人民的人”①。

总结来说，评价人生价值，根本上是看一个人的社会活动是否符合社会发展的客观规律，是否通过实践促进了历史的进步。劳动以及通过劳动对社会和他人所作出的贡献，是社会评价人生价值的普遍标准。一个人对社会和他人所作的贡献越大，他在社会中获得的人生价值的评价就越高。劳动和贡献的尺度作为社会评价人生价值的基本尺度，正是对人生价值评价根本尺度的具象化。在社会主义社会中，衡量人生价值，最重要的就在于看一个人是否以自己的劳动和聪明才智为中国特色社会主义真心真意奉献，为人民群众尽心尽力服务。需要注意的是，很多时候，价值的实现与社会认可成正比，人的社会价值与自我价值成正比。自我价值的实现程度越高，社会认可的程度越高，所获得的社会资源就越多，自我需要的满足程度也越高。有些人直接把人生价值的评价标准与金钱、地位、权力等同起来，这种认识是片面的。

要比较客观、公正、准确地评价社会成员人生价值的大小，除了要掌握科学的评价标准之外，还需要掌握恰当的评价方法。首先，坚持能力与贡献相统一。每个人的职业不同、能力大小不同，对社会贡献的绝对量也不同，不能简单地认为能力大的人就有人生价值，而能力小的人就没有人生价值。只要人们在自己的岗位上尽职尽责，兢兢业业，就应该对其人生价值给予积极肯定的评价。其次，坚持物质贡献与精神贡献相统一。评价人生的价值，既要看一个人对社会作出的物质贡献，也要看其对社会作出的精神贡献；既要充分肯定从事脑力劳动的人对于社会的贡献，也要充分肯定从事物质生产劳动的人对于社会的贡献。最后，坚持完善自身与贡献社会相统一。人的社会价值是实现人的自我价值的基础，评价人生价值的大小主要看一个人对社会所作的贡献，而非个人所获得或拥有的金钱、地位、权力等，但这并不意味着要否认人生的自我价值。

人生价值的实现总是有条件的，任何人都不能随心所欲，只能在一定的条件下，通过正当的途径和渠道，运用恰当的方法和方式去实现自己的人生价值。实

① 《毛泽东选集》第2卷，人民出版社1991年版，第660页。

现人生价值要从社会客观条件出发，要从个体自身条件出发，不能够脱离现实、脱离实际，好高骛远或者妄自菲薄都会在一定程度上阻碍人生价值的实现。改革开放以来，我国为个体成才、展才、实现人生价值提供了广阔的舞台和机遇，新时代大学生正处于增长知识和才干的关键时期，更应该珍惜机会，努力奋进，坚持理论联系实际，积极投身于社会主义建设，自觉提高自身条件，不断增强实现人生价值的能力和本领，在实践中追求和创造有价值的人生。

(三)体验活动

通过在校园里做志愿者，感受志愿服务的价值，树立正确的人生观，在平凡的工作中发现自身的价值，培养学生踏实、敬业、干一行爱一行的品格。

1.实施步骤

(1)任课教师介绍本校大学生参与志愿服务活动的情况。(2)任课教师会同辅导员与学校后勤集团联系，确定参加校园志愿服务活动的时间、地点、活动内容和带班老师(含清洁工、食堂员工、宿舍管理员、保安人员等)。(3)以 7～8 名同学为一组，确定一名组长，并与带班老师见面。(4)在约定的时间跟随带班老师参加力所能及的志愿服务活动，由带班老师考勤，考察同学们的工作态度、出勤情况等并做好记录。(5)每位同学都必须认真写好《校园志愿服务日记》，记录每次志愿服务的情况和感想，活动结束后作为作业统一上交。(6)组织各组同学通过网络、电视、报纸等途径搜索普通劳动者在本职岗位上作出不平凡事业的事例，并结合在劳动过程中接触的身边的典型事例写心得体会。(7)举行座谈会，请每一位同学谈一谈在校园里参与志愿服务的体会(可择优推荐发表或结集成册)。

2.考核方法

依据学生参与志愿服务活动的表现和上交的《校园志愿服务日记》、感想等书面作业以及在座谈会上的发言等综合评定实践教学环节的成绩。

3.条件保障

(1)与后勤集团联系，安排合适的活动内容和带班老师。(2)准备劳动工具。

4.时间安排

讲完本节课后，在一个周内利用实践教学时间进行。

四、教学反思

本节课教学突出问题意识，采用诵读体验、声乐体验、视频体验、角色体验、游戏体验、活动体验等体验式教学法，激发了学生参与课堂活动的兴趣，让学生在沉浸式体验中明确新时代大学生应有的人生目的、人生态度、人生价值，懂得人生的自我价值必须通过为他人和社会创造价值来实现，体现“以学生为中心”的课程理念，让学生做课堂的主人，契合“主导性和主体性相统一”的思政课建设要求。体验活动设计充分考虑学生的专业背景和专业学习需要，能够突出创新精神和实践能力的培养，符合寓价值引导于知识传授之中的教学设计理念。体验活动以小组为单位开展，有利于增进学生的集体主义意识。学生通过参与体验活动，可以充分认识服务人民、奉献社会的重要价值，实现了引导和帮助大学生深刻理解人生观的科学内涵，正确认识人生目的、人生态度、人生价值之间的关系，树立正确人生观的教学目标。

五、学习拓展

（一）经典文献

1.青年的价值取向决定了未来整个社会的价值取向，而青年又处在价值观形成和确立的时期，抓好这一时期的价值观养成十分重要。这就像穿衣服扣扣子一样，如果第一粒扣子扣错了，剩余的扣子都会扣错。人生的扣子从一开始就要扣好。①

2.一代青年有一代青年的历史际遇。我们的国家正在走向繁荣富强，我们的民族正在走向伟大复兴，我们的人民正在走向更加幸福美好的生活。当代中国青年要有所作为，就必须投身人民的伟大奋斗。同人民一起奋斗，青春才能亮丽；同人民一起前进，青春才能昂扬；同人民一起梦想，青春才能无悔。②

3.青年是祖国的未来、民族的希望，也是我们党的未来和希望……全党要关注青年、关心青年、关爱青年，倾听青年心声，做青年朋友的知心人、青年工作的热心人、青年群众的引路人。全国广大青年要深刻了解近代以来中国人民和中华民族不懈奋斗的光荣历史和伟大历程，坚定不移跟着中国共产党走。勇做走在时代前列的奋进者、开拓者、奉献者，让青春在为祖国、为人民、为民族的奉献中焕发出绚丽光彩！③

4.青年在成长和奋斗中，会收获成功和喜悦，也会面临困难和压力。要正确对待一时的成败得失，处优而不养尊，受挫而不短志，使顺境逆境都成为人生的

① 《习近平谈治国理政》，外文出版社2014年版，第172页。
② 《习近平致全国青联十二届全委会和全国学联二十六大的贺信》，《人民日报》2015年7月25日。
③ 习近平：《在庆祝中国共产党成立九十五周年大会上的讲话》，人民出版社2016年版，第27页。

财富而不是人生的包袱。广大青年人人都是一块玉，要时常用真善美来雕琢自己，不断培养高洁的操行和纯朴的情感，努力使自己成为高尚的人。①

5.实现中华民族伟大复兴的中国梦，广大青年生逢其时，也重任在肩。广大青年既是追梦者，也是圆梦人。追梦需要激情和理想，圆梦需要奋斗和奉献。广大青年应该在奋斗中释放青春激情、追逐青春理想，以青春之我、奋斗之我，为民族复兴铺路架桥，为祖国建设添砖加瓦。②

6.新时代中国青年要勇于砥砺奋斗。奋斗是青春最亮丽的底色。自信人生二百年，会当水击三千里。民族复兴的使命要靠奋斗来实现，人生理想的风帆要靠奋斗来扬起。没有广大人民特别是一代代青年前赴后继、艰苦卓绝的接续奋斗，就没有中国特色社会主义新时代的今天，更不会有实现中华民族伟大复兴的明天。千百年来，中华民族历经苦难，但没有任何一次苦难能够打垮我们，最后都推动了我们民族精神、意志、力量的一次次升华。今天，我们的生活条件好了，但奋斗精神一点都不能少，中国青年永久奋斗的好传统一点都不能丢。在实现中华民族伟大复兴的新征程上，必然会有艰巨繁重的任务，必然会有艰难险阻甚至惊涛骇浪，特别需要我们发扬艰苦奋斗精神。奋斗不只是响亮的口号，而是要在做好每一件小事、完成每一项任务、履行每一项职责中见精神。奋斗的道路不会一帆风顺，往往荆棘丛生、充满坎坷。强者，总是从挫折中不断奋起、永不气馁。③

7.青年是国家和民族的希望。在这次抗疫斗争中，青年一代的突出表现令人欣慰、令人感动。参加抗疫的医务人员中有近一半是“90后”“00后”，他们有一句话感动了中国：2003年非典的时候你们保护了我们，今天轮到我们来保护你们了。长辈们说：“哪里有什么白衣天使，不过是一群孩子换了一身衣服。”世上没有从天而降的英雄，只有挺身而出的凡人。青年一代不怕苦、不畏难、不惧牺牲，用臂膀扛起如山的责任，展现出青春激昂的风采，展现出中华民族的希望！让我们一起为他们点赞！④

8.未来属于青年，希望寄予青年。新时代的中国青年要以实现中华民族伟大复兴为己任，增强做中国人的志气、骨气、底气，不负时代，不负韶华，不负党和

① 《习近平在中国政法大学考察时强调：立德树人德法兼修抓好法治人才培养　励志勤学刻苦磨炼促进青年成长进步》，《人民日报》2017年5月4日。

② 《习近平在北京大学考察时强调：抓住培养社会主义建设者和接班人根本任务　努力建设中国特色世界一流大学》，《人民日报》2018年5月3日。

③ 《习近平谈治国理政》第3卷，外文出版社2021年版，第335～336页。

④ 习近平：《在全国抗击新冠肺炎疫情表彰大会上的讲话》，《人民日报》2020年9月9日。

人民的殷切期望。[1]

9.“人生万事须自为，跬步江山即寥廓。”追求进步，是青年最宝贵的特质，也是党和人民最殷切的希望。新时代的广大共青团员，要做理想远大、信念坚定的模范，带头学习马克思主义理论，树立共产主义远大理想和中国特色社会主义共同理想，自觉践行社会主义核心价值观，大力弘扬爱国主义精神；要做刻苦学习、锐意创新的模范，带头立足岗位、苦练本领、创先争优，努力成为行业骨干、青年先锋；要做敢于斗争、善于斗争的模范，带头迎难而上、攻坚克难，做到不信邪、不怕鬼、骨头硬；要做艰苦奋斗、无私奉献的模范，带头站稳人民立场，脚踏实地、求真务实，吃苦在前、享受在后，甘于做一颗永不生锈的螺丝钉；要做崇德向善、严守纪律的模范，带头明大德、守公德、严私德，严格遵纪守法，严格履行团员义务。广大共青团员要认真接受政治训练、加强政治锻造、追求政治进步，积极向党组织靠拢，以成长为一名合格的共产党员为目标、为光荣。[2]

(二)典型习题

1.(　　)是指人的生命及其实践活动对于社会和个人所具有的作用和意义。

A.人生目的　　B.人生态度

C.人生价值　　D.人生理想

答案:C

2.一个人有什么样的人生观就会有什么样的人生态度，人生态度主要回答的问题是(　　)。

A.人为什么活着　　B.世界的本原是什么

C.什么样的人生才有意义　　D.人应当如何活着

答案:D

3.以下表述中，属于乐观向上的人生态度的是(　　)。

A.看破红尘　　B.当一天和尚撞一天钟

C.及时行乐　　D.珍惜韶华、只争朝夕

答案:D

4.人生目的在人生实践中具有重要作用，具体指的是(　　)。

A.人生目的决定人生道路　　B.人生目的决定人生成就

C.人生目的决定人生态度　　D.人生目的决定人生价值选择

---

① 习近平:《在庆祝中国共产党成立100周年大会上的讲话》,《人民日报》2021年7月2日。

② 习近平:《在庆祝中国共产主义青年团成立100周年大会上的讲话》,《人民日报》2022年5月11日。

答案：ACD

5.人生价值是自我价值和社会价值的统一，人生的自我价值是（　　）。

A.社会对个人的尊重和满足

B.个体的人生活动对自己的生存和发展所具有的价值

C.国家对个人的积极评价

D.个人通过劳动、创造为社会和人民所做的贡献

答案：B

第二节　中国精神是兴国强国之魂

一、概念与目标

本节课程内容为“中国精神是兴国强国之魂”，对应《思想道德与法治》第三章“继承优良传统　弘扬中国精神”第一节。教学内容主要包含三个部分：一是崇尚精神是中华民族的优秀传统；二是中国精神的丰富内涵；三是实现中国梦必须弘扬中国精神。教学目标在于引导学生继承优良的中华民族传统精神，正确理解爱国主义的内涵，将远大的理想与对祖国高度的责任感、使命感结合起来，努力践行社会主义荣辱观，将爱国志、强国行融入实际行动中，做一个坚定的爱国者。

（一）核心概念

1.精神

精神的内涵非常丰富，关于精神的概念界定也十分多样。精神有广义和狭义之分。广义的精神是指与物质相对的，人的意识、思维活动和一般心理状态，是人们对于物质世界和实践活动的反映。马克思主义认为，人们的精神根源于社会存在，是其社会存在的反映，但人们的精神也改变着物质世界。“发展着自己的物质生产和物质交往的人们，在改变自己的这个现实的同时也改变着自己的思维和思维的产物。”[①]狭义上的精神是人的精神世界的灵魂和核心，是指在心理、意识、观念等基础上形成的更为本质的东西，是人的气质、气节、灵魂、品格、境界等多种因素的集合体。

---

① 《马克思恩格斯选集》第1卷，人民出版社2012年版，第152页。

2.中国精神

中国精神作为国家和民族的集体意识，是近现代以后在与西方列强不断对立冲突的过程中逐渐萌生的。中国精神的思想内核在中华民族绵延几千年的历史和文化之中，成为中华文化发展的内在精神因素和集体意识。在中华民族的伟大进程中，开启了中国精神的构建过程。中国精神主要是指狭义上的精神，它是中华民族和中国人民在长期实践中形成的一种思想信仰、品格修养、道德观念、人生态度和气概情怀的综合体。中国精神是中国人民特有的精神气质、精神气概和精神气派。其内涵既具有共时性，也具有历时性。共时性的内涵是历史发展的血脉，它是各个时代共有的某种精神特质；历时性的内涵是时代精神的精华，不同的时代有不同的内涵，有着鲜明的时代烙印。实现中国梦必须弘扬中国精神，这就是以爱国主义为核心的民族精神，以改革创新为核心的时代精神。这种精神是凝心聚力的兴国之魂，强国之魂。中国精神和中国梦、中国道路、中国力量、中国智慧、中国方案系列“中国概念”联系在一起，赋予了中国精神以新的时代内涵，彰显了其共时性和历时性相统一的特征。

3.民族精神

民族精神蕴藏于深厚的民族文化中，是民族文化的精髓，是中国精神的重要组成部分，是反映在长期的历史进程和积淀中形成的民族意识、民族文化、民族习俗、民族性格、民族信仰、民族宗教，民族价值观念和价值追求等共同特质，是指民族传统文化中维系、协调、指导、推动民族生存和发展的精粹思想，是一个民族生命力、创造力和凝聚力的集中体现，是一个民族在长期生活和社会实践中形成的、为本民族大多数成员所认同的价值取向、思维方式、道德规范、精神气质的总和，也是一个民族赖以生存、共同生活、共同发展的核心和灵魂。爱国主义是民族精神的灵魂所在，是民族精神的核心；团结统一深深植根于中华大地，是中华民族的立身之本，是维护国家统一，民族团结的精神纽带；爱好和平是爱国主义精神在处理中华各民族以及世界各民族之间关系的体现；勤劳勇敢、自强不息是激励中国人民为实现中华民族伟大复兴不懈奋斗的优秀品质，五种精神相辅相成、相互促成，共同铸就了中华民族之魂。

4.时代精神

时代精神是一个国家和民族在新的历史下形成和发展的，是体现民族特质并顺应时代潮流的思想观念、价值取向、精神风貌和社会风尚的总和，是一种对社会发展具有积极影响和推动作用的集体意识。时代精神反映社会进步的发展方向，引领时代的进步潮流，是社会的主旋律和时代的最强音。改革开放以来，党领导人民在继承和弘扬伟大民族精神的基础上，立足新的时代条件，形成了以改革创新为核心的时代精神。

(二)内容框架

- 中国精神是兴国强国之魂
  - 崇尚精神是中华民族的优良传统
    - 苦难与辉煌
    - 崇尚精神是中华民族的优良传统
      - 表现为对物质生活和精神生活相互关系的独到理解
      - 表现为对理想的不懈追求
      - 表现为对品格养成的重视
  - 中国精神的丰富内涵
    - 伟大创造精神
    - 伟大奋斗精神
    - 伟大团结精神
    - 伟大梦想精神
  - 实现中国梦必须弘扬中国精神
    - 凝聚民族复兴的磅礴伟力
      - 凝聚中国力量的精神纽带
      - 凝聚创新创造的精神动力
      - 推进复兴伟业的精神支柱
    - 弘扬以爱国主义为核心的民族精神
      - 爱国主义的深厚情感
      - 爱国主义的基本内涵的表现
    - 弘扬以改革创新为核心的时代精神
      - 改革开放是中国的显著特征
      - 如何弘扬改革创新精神
        - 树立突破陈规、大胆探索、敢于创造的思想观念
        - 培养不甘落后、奋勇争先、追求进步的责任感和使命感
        - 保持坚韧不拔、自强不息、锐意进取的精神状态

(三)学习目标

1.知识目标

了解中国精神,理解中国精神的科学内涵,理解中国精神是民族精神和中国精神的统一,以及实现中国梦必须弘扬中国精神的必要性。

2.能力目标

通过中国人民奋起反抗等相关材料和视频的展示,引导学生理解中国精神是中华民族的优良传统,是推动国家发展的不竭动力。通过对各个历史时期中国精神的对比学习,引导学生提升爱国主义情感,提高大学生理性爱国的能力,提升改革创新的意识,在实际行动中践行爱国主义精神。

3.素养目标

引导学生提高辩证思维能力,培育爱国精神,在生活实践中自觉将中国精神转化为青春动力,勇做弘扬和践行中国精神的时代先锋,为实现中华民族的伟大复兴贡献自己的青春力量。

二、学情分析

本次授课对象为刚刚步入大学的大一新生,他们还处于对学校、学习和生活的适应阶段,不能很好地掌握学习方法,对理论知识的学习缺乏实践和对知识进

一步的理解，缺乏对时政热点的敏感度。但校园内、网络上开展的一些爱国主义栏目、爱国主义人物宣传以及校园的浓厚爱国氛围给本课程的学习打下了良好的基础。

三、教学设计

本节课采用混合式教学法，课前（线上）学生自主学习，学生通过在线上布置观看相关视频、阅读材料，教学案例等完成对基础知识的掌握，并制作完成相应的视频，提前了解课程。课中（课堂）教师对教学中的重难点进行分析，以讲授、小组讨论等方式完成课堂教学。课后（线下）学生将所学内容自觉投入实践，将其内化于心，外化于行（框架图如下）。

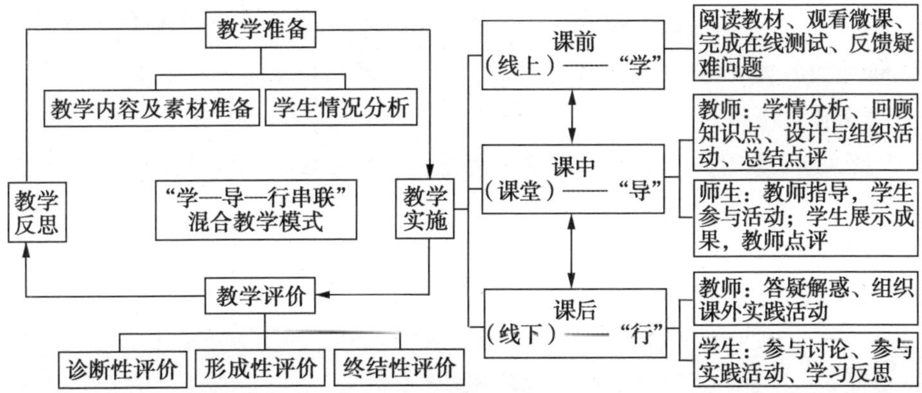

本节课开始之前学生在"智慧树"或者大学生慕课中学习微课，教师在社群内布置相关讨论题目，学生以小组为单位收集资料，制作以"你眼中的爱国主义""'00后'眼中的中国精神""弘扬新时代的爱国主义""中国力量"等为主题的微课、课件等，充分掌握中华民族精神、中国精神、爱国主义的内容。课堂上，教师围绕学生的困惑设计活动，进行成果展示，采用演讲以及情景剧表演等形式，分析为什么要弘扬中国精神，如何弘扬中国精神。课后，学生制作微电影，到革命战争纪念馆、爱国主义教育基地参观学习，切身感受中国力量的强大，提升爱国主义情感。

(一)线上学习

学生通过大学生慕课平台或者“智慧树”中“中国精神是兴国强国之魂”这一课,完成以下内容:

1.结合课本相关内容收集习近平总书记关于爱国主义精神的系列重要讲话和经典论述,了解习近平总书记的“七一重要讲话”“纪念五四运动100周年大会上的讲话”等相关文件精神,形成心得体会进行课堂展示和交流。

2.思考最让你钦佩的2022年感动中国人物,以多种方式进行分享。

(二)课程导入

结合课堂之前的学习任务,分享“最让你钦佩的2022年感动中国人物”,分析学生回答中涉及的感人故事、优秀事迹。虽然他们来自不同的领域、不同的岗位,但他们的勇敢无畏、无私奉献都彰显着同一种精神——中国精神。

[合作讨论]

请同学们思考中国精神的重要作用是什么?大家心中的中国精神是什么?为什么要弘扬中国精神?

[视频资料]

观看2021年《感动中国》颁奖典礼中——长津湖幸存志愿军战士“中国保尔”朱彦夫。他参加了抗美援朝的长津湖战役,是他们连的唯一幸存者。经过47次手术、93天的昏迷,朱彦夫失去了双手双脚,仅剩下一只0.3视力的右眼。但他不想躺在功劳簿上度过一生。他回到家乡,用残肢夹着粉笔,教乡亲们认字;他拄着拐、拖着假肢,一步一步带村民们走向致富之路。60岁时,他执笔写下《极限人生》,将他和曾经战友的故事捧给了世人……通过视频感悟革命精神,激励学生凝聚共识、汇聚磅礴力量。

[角色扮演]

对话杨振宇。通过了解杨振宇的故事,让学生进行现场角色扮演,了解杨振宇在科学研究领域的贡献以及在家国之间如何坚定信仰,奉献祖国,感悟他用亲身躬行和生命奉献诠释了中国精神的价值追求和现实意义。

(三)课堂精讲

[小组讨论]

讨论主题:范仲淹、屈原、林则徐、孟子等古代思想家的民族精神。

1.中国精神的内涵是什么？为什么要崇尚中国精神？

人无精神则不立，国无精神则不强，民族精神是一个民族赖以长久生存的灵魂，唯有精神上达到一定的高度，这个民族才能在历史的洪流中屹立不倒、奋勇向前。在中华民族的历史进程中，中华民族形成了崇尚精神的优良传统。首先，崇尚精神的优秀传统，表现在对物质生活和精神生活相互关系的理解上，中华民族自古以来就重视精神的养成；其次，崇尚精神的优良传统表现在中国古人对理想的不懈追求上，“为天地立心、为生民立命，为往圣继绝学，为万世开太平”。最后，崇尚精神的优良传统还表现在对品格养成的重视。作为中华民族的缔造者和领导者，中国共产党把“重精神”的优秀传统进一步传承和发扬，在发展、建设和改革的各个历史时期，重视发挥人的主观能动作用。中国精神作为兴国强国之魂，是实现中华民族伟大复兴不可或缺的精神支撑。

中华民族的伟大复兴不仅表现为经济腾飞，更要有中国精神的振奋和彰显；只有物质文明建设和精神文明建设都搞好，国家物质力量和精神力量都增强，全国各族人民物质生活和精神生活都改善，中国特色社会主义事业才能顺利向前推进。在实现中华民族伟大复兴的征程中，必须继承中华民族创造的一切精神财富，不断增强团结一心的精神纽带、自强不息的精神动力，提振全民族的精气神，以朝期蓬勃的精神状态迈向中华民族的光明未来。

[合作探讨]

讨论主题：感悟航天精神，托举飞天梦想

2021年10月16日，神舟十三号发射圆满成功之际，通过视频“中国航天高燃时刻”感受中国航天事业是靠一代代航天人的梦想坚持攻下来的，是靠全国各大行业、单位、几十万科技大军风餐露宿、废寝忘食走出来的，也让我们深深铭记住了，时代新人要以兴邦为己任，才能不负时代韶华。学生通过分享中国载人航天历程，从无到有，感受到伟大的创造精神；中国航天由弱到强，感受到伟大的奋斗精神；从中国航天由一到众，感受到伟大的团结精神；中国航天从古到今，感受到航天人满满的伟大梦想精神。

通过梳理航天事业的发展历程，引导学生深入思考和感悟中国精神的丰富内涵和中国精神的力量(发展历程图如下)。

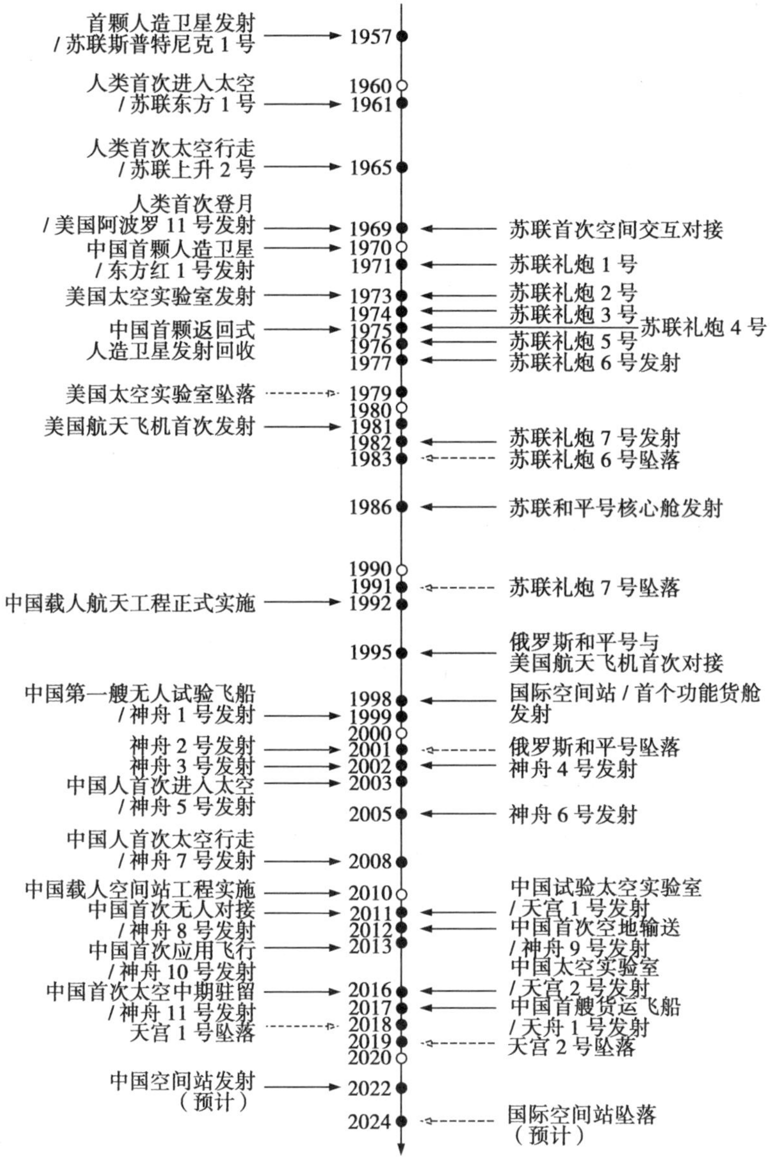

2.中国精神的丰富内涵有哪些？

中国精神是以爱国主义为核心的民族精神和以改革创新为核心的时代精神，中国精神是民族精神和时代精神的统一。民族精神是以爱国主义为核心的团结统一、爱好和平、勤劳勇敢、自强不息。中国人民是具有伟大创造精神的人民，是具有伟大奋斗精神的人民，是具有伟大团结精神的人民，是具有伟大梦想精神的人民。因此，也就形成了具有伟大创造精神、伟大奋斗精神、伟大团结精神、伟大梦想精神的中国精神。

中国人民是具有伟大创造精神的人民。今天，中国人民的创造精神正在前所未有地迸发出来，推动我国日新月异向前发展，大踏步走在世界前列。中国人民是具有伟大奋斗精神的人民。今天，中国人民拥有的一切，凝聚着中国人的聪明才智，浸透着中国人的辛勤汗水，蕴含着中国人的巨大牺牲。中国人民是具有伟大团结精神的人民。今天，中国取得的令世人瞩目的发展成就，更是全国各族人民同心同德、同心同向努力的结果。中国人民从亲身经历中深刻认识到，团结就是力量，团结才能前进，一个四分五裂的国家不可能发展进步。中国人民是具有伟大梦想精神的人民。今天，中国人民比历史上任何时期都更接近、更有信心和能力实现中华民族伟大复兴。

[视频资料]

《100 秒带你了解中国共产党人的精神谱系》

中国共产党是中国精神的忠诚继承者和坚定弘扬者。从中国共产党的发展历程中可以看出中国精神的丰富发展。百年前，中国共产党的先驱们创建了中国共产党，形成了坚持真理、坚守理想，践行初心、担当使命，不怕牺牲、英勇奋斗，对党忠诚、不负人民的伟大建党精神。百年来，在中国共产党的带领下，精神薪火代代相传。在新民主主义革命时期，中国共产党经历千辛万苦，从重重包围中杀出一条血路，开创了井冈山革命根据地，形成了井冈山精神。井冈山精神是一种信念，是 种艰苦奋斗精神，是一种坚信星星之火可以燎原的强大信念。在革命早期，中国共产党依靠群众敢闯敢干，勇于创新，走出了属于自己的新路。长征途中，中国共产党吃草根，过雪山，不畏路途遥远和艰难险阻，走过了两万五千里。他们这种吃苦耐劳的长征精神就是中国精神的最好体现。革命带来了苦难，也同样带来了希望，这种希望来自哪里，就来自在革命途中形成的不畏艰险的乐观精神。这种精神锻炼了共产党人的意志力，这是中华民族所特有的时代精神，具有鲜明的民族性和先进性。在社会主义革命和建设时期形成了“热爱祖国、无私奉献，自力更生、艰苦奋斗，大力协同、勇于登攀”的“两弹一星”精神、“特别能吃苦、特别能战斗、特别能攻关、特别能奉献”的载人航天精神；新时代在实现中华民族伟大复兴的征程中，形成了“生命至上，举国同心，舍生忘死，尊重科学，命运与共”的伟大抗疫精神等，构筑起中国共产党人的精神谱系，激励着一代又一代的中华儿女为之奋斗。

[有效提问]

请结合以下例子思考其中体现的中国精神？你认为自己应当从中学习些什么？

1.从“大包干”到现代农业发展——安徽凤阳县的经验与启示

1978年，安徽凤阳县开启了农村土地制度改革的先锋。以家庭承包为核心的农村基本经营制度，始于安徽凤阳县小岗村的“大包干”，自实行“大包干”以来，不仅激发了农民的积极性和创造性，还为其他领域的改革提供了物质基础和精神动力，粮食产量和人均收入普遍提高。此后，“包产到户”“包干到户”（后称“家庭联产承包责任制”）这一中国农民的伟大创造得到了普遍推行。

现在，随着互联网技术的发展，凤阳县开始探索新的发展模式，着重培育农机合作社等农业社会化服务主体，在各方面推进改革，实行新型农业生产方式。在培育新型农业经营主体的同时，凤阳县还注重多措并举、积极引导，大力推动新型农业经营主体的合作与联合，促其发展成为“为农服务”的产业集团或农业产业化联合体。采取“产业合作＋资金互助社”的“1＋1”双线运行模式，初步形成了涉农产业集团。例如，武店镇西圩村在养鸡和蔬菜两个合作社基础上，成立了资金合作社，不仅提高了成员的资金收益，还促进了养鸡和蔬菜产业发展。2018年，小岗村开始推行“互联网＋大包干”的发展模式，紧跟时代步伐，发扬伟大创造精神，全面深化改革。

2.苏翊鸣、谷爱凌最高处相见

苏翊鸣、谷爱凌这两个“00后”在本届冬奥会上已各自收获一金一银，从小一起训练到携手峰顶相见，少年有志，未来可期。两人有着共同的目标，14岁的谷爱凌说想当一名职业的滑雪选手：“滑雪为我带来最大的收获就是顽强的精神，在我摔倒的时候我先确定我没有受伤，然后站起来，总结经验、再试一次”尽管当时已经参演过《智取威虎山》《林海雪原》等多部影视剧，但13岁的苏翊鸣说：“如果有机会的话我也想把滑雪当成职业，我会继续努力下去把它做到最好，我必须把百分之百的精力，投入到我想要做的事中，这样自己的梦想才能更快更好地实现。”

3.为什么实现中国梦必须弘扬中国精神？

实现中华民族伟大复兴，是中华民族伟大的梦想。需要我们以高昂的精神旗帜和强大的精神支柱，团结、凝聚、激发全体人民的智慧和力量。这就必须弘扬中国精神。

中国精神是凝聚中国力量的精神纽带。推进中华民族伟大复兴的时代伟业，开启全面建设社会主义现代化国家的新征程，我们必须有万众一心、众志成城的强大精神凝聚力。坚持和发展中国特色社会主义，实现中华民族的伟大复兴，最根本的力量在人民，最强大的力量在团结凝聚起来的人民。

中国精神是激发创新创造的精神动力。改革开放40多年的经验证明，落后就要挨打，创新是推动事业发展的动力，创新是赢得我国未来的必然要求，推进新时代的伟大事业，面对当前的事业局势，必须有创新创造、向前向上的强大精神动力，使我国屹立于世界民族之林。中国精神能激发中华民族强大的精神动力。

中国精神是推进复兴伟业的精神支柱。实现中华民族伟大复兴要坚定自信和信心，需要正确认识当代世界和中国发展大势，增强民族自信心和自尊心，坚定“四个自信”，坚定不移走自己的路，要有坚如磐石的信仰力量，把中国特色社会主义事业不断推向前进。

[有效提问]

中国近代史上的两次战争，甲午中日海战和全民族抗战战争，前者失败的主要教训是什么？后者为什么能取得成功？

[小组探讨]

为什么要弘扬爱国主义精神？爱国主义精神的基本内涵是什么？

4.民族精神的核心是什么？爱国主义的具体表现有哪些？

爱国主义是民族精神的核心，也是中国精神的重要内容。爱国主义的基本内涵主要表现在四个方面。一是爱祖国的大好河山。祖国的大好河山不只是自然风光，还是主权、财富、民族发展和进步的基本载体。维护祖国领土的完整和统一，是每个人神圣的使命。二是爱祖国的骨肉同胞。骨肉同胞之爱反映了对民族利益共同体的自觉认同。三是爱祖国的灿烂文化。文化是一个国家、民族的灵魂，是一个国家得以延续的精神基因，是民族凝聚力的重要基础。爱祖国的灿烂文化，体现为对祖国优秀历史文化传统的认同和尊重、传承和发扬。四是爱自己的国家。国家是个体成长发展的基本屏障和坚实依托，个体与国家之间相互依存、密不可分。

爱国主义是具体的、历史的，在社会发展的不同历史阶段、不同时期，爱国主义具有不同的内涵。在新时代的历史方位中，要坚持爱党、爱国和爱社会主义的统一，要紧紧围绕坚持和发展中国特色社会主义这一主线，围绕实现中华民族伟大复兴中国梦的主题，把爱国主义教育贯穿始终，使其在新时代焕发历久弥新的生命力，凝聚起实现实现中华民族伟大复兴中国梦的磅礴力量。

[有效提问]

时代精神和民族精神有什么样的关系？新时代条件下如何弘扬时代精神？

5.时代精神是什么？如何弘扬时代精神？

改革开放以来，在中国共产党的坚强领导下，我们取得了举世瞩目的成就。科技创新、经济飞跃，人民生活水平大幅度提升，我们实现了从站起来到富起来再到强起来的伟大飞跃。改革开放是决定当代中国命运的关键一招。新时代条件下，弘扬以改革创新为核心的时代精神，深刻地蕴含了中国共产党和中国人民的基本价值理念，坚持改革创新，是当代中国不断发展进步的强大动力。实现中华民族伟大复兴的中国梦，必须大力弘扬以改革创新为核心的时代精神。

弘扬以改革创新为核心的时代精神，必须以中国特色社会主义理论体系为指导，坚持走中国特色社会主义道路，不断推进理论创新、制度创新、文化创新和实践创新。弘扬以改革创新为核心的时代精神，也应成为全民族、全社会的自觉行动。中国梦归根到底是人民的梦，必须紧紧依靠人民来实现，要树立突破陈规、大胆探索、敢于创造的思想观念；要培养不甘落后、追求进步的责任感和使命感；要保持坚韧不拔、自强不息、锐意进取的精神状态，增强广大群众改革创新的责任感、使命感和紧迫感，激发广大群众改革创新的智慧和潜能，使弘扬以改革创新为核心的时代精神成为每个人的自觉行动，为实现中国梦提供强大精神力量。

以爱国主义为核心的民族精神和以改革创新为核心的时代精神紧密联系，都是中华民族赖以生存和发展的精神支撑，都是中国精神的重要组成部分。二者相辅相成，相互支撑，共同统一于中国特色社会主义的伟大实践。一方面，民族精神为时代精神提供生长根基和发展动力，是时代精神形成的重要基础和依托。民族精神赋予中国精神以民族特征，是中华民族的精神独立性得以保持的重要保证。弘扬和培育民族精神，必须自觉回应时代的要求，推动民族精神的不断革新，推动民族精神的创新性发展和创造性转化，从而为当下的实践提供精神力量。另一方面，时代精神是民族精神的时代性体现，牵引着民族精神的发展方向，并赋予民族精神新的内涵，是中国精神引领时代前行、拥有鲜明时代性和强大生命力的重要根源。弘扬和培育时代精神，必须立足民族精神的根基，接续民族精神的血脉，承接民族精神的基因，使得时代精神既面向未来，又不忘本来，始终具有引领民族前行的强大吸引力和感召力。总之，民族精神和时代精神的交融会通，使得中国精神既具有鲜明的民族性，又洋溢着强烈的时代性，成为中华民族筑就共有精神家园、奋力实现伟大复兴的强大精神力量（民族精神与时代精神关系图如下）。

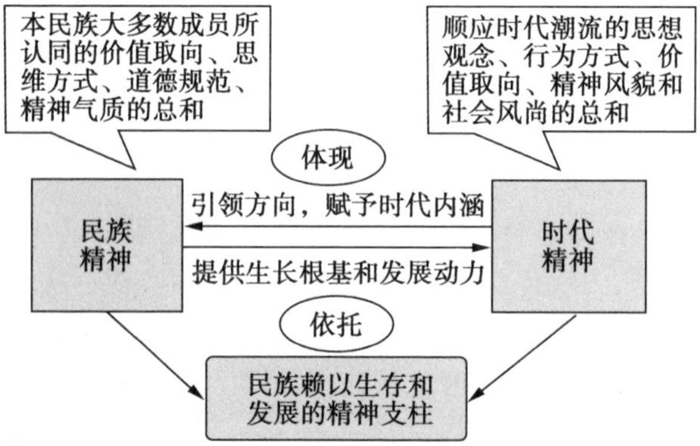

[小组展示]

演讲时代人物和时代精神主题演讲。

(四)课后讨论

在经济全球化的时代，有人说不需要爱国主义了，有人说我们“00后”不爱国了，你如何看待这个问题。

这种观点是完全错误的。

虽然经济全球化和经济的快速发展使我们国家实现了跨越式发展，但并不意味着不需要弘扬爱国主义了，也不意味着爱国主义已经过时。爱国是最深层次、最持久的情感，是一个人立德之源。爱国主义是我们民族精神的核心，是中华民族团结奋斗、自强不息的精神纽带，是民族精神的脊梁。在中国共产党的领导下，无数革命先辈抛头颅洒热血，用鲜血和生命换来我们今天的幸福生活。在革命征程中，无数革命先烈和仁人志士点燃了星星之火，也点亮了革命的新征程，才有了今天的中国。我们要牢记历史，不忘初心，继续奋斗。爱国是一种坚不可摧的信念，不会随着时间的推移而消磨，永远不会随着历史变迁而消亡。

当下我们将面临越来越多的新情况、新问题、新挑战。推进我国改革开放的伟大事业，加快社会主义现代化建设的进程，更要不断弘扬爱国主义的优良传统。爱国主义是具体的、历史的，在新时代的历史方位中，爱国主义又被赋予了崭新的内容和鲜明的特色。新时代爱国主义的本质就是爱中国共产党、爱中国特色社会主义。爱国主义不能停留在口号上，要落实到具体行动中，在任何时候，我们都要与时代同频共振，将爱国主义融入我们的血液和行动中。

每个时代有每个时代的英雄，每个时代有每个时代的精神。当代中国青年是与新时代同向同行、共同前进的一代，生逢盛世，肩负重任。广大青年要努力学习科学文化知识，要始终保持昂扬向上、奋发有为的精神风貌，要坚定理想信念、练就过硬本领、勇于创新创造、矢志艰苦奋斗、锤炼高尚品格，不断增强做中国人的志气、骨气、底气，力争为实现中华民族伟大复兴的中国梦贡献自己的青春力量。

四、教学反思

本课采用混合式教学法，课前学生在线上学习相关知识并收集有关爱国主义和中国精神的素材，形成观点。课堂上，教师对重点知识讲解，学生参与讨论，体现“以学生为主”的教学理念，以问题为导向，实现了由教材内容向教学内容的有效转化。教学内容重点、难点把握到位，能够充分调动学生主动学习的积极性，再结合贴近日常生活的案例，培养学生的爱国主义情感。

五、学习拓展

（一）经典文献

1.要认真汲取中华优秀传统文化的思想精华和道德精髓，大力弘扬以爱国主义为核心的民族精神和以改革创新为核心的时代精神，深入挖掘和阐发中华优秀传统文化讲仁爱、重民本、守诚信、崇正义、尚和合、求大同的时代价值，使中华优秀传统文化成为涵养社会主义核心价值观的重要源泉。要处理好继承和创造性发展的关系，重点做好创造性转化和创新性发展。①

2.新时代中国青年要听党话、跟党走，胸怀忧国忧民之心、爱国爱民之情，以一生的真情投入、一辈子的顽强奋斗来体现爱国主义情怀，让爱国主义的伟大旗帜始终在心中高高飘扬！②

3.在五千多年文明发展中孕育的中华优秀传统文化，在党和人民伟大斗争中孕育的革命文化和社会主义先进文化，积淀着中华民族最深沉的精神追求，代表着中华民族独特的精神标识。我们要大力弘扬以爱国主义为核心的民族精神和以改革创新为核心的时代精神，大力弘扬中华优秀传统文化，大力发展社会主义先进文化，不断增强全党全国各族人民的精神力量。③

4.爱国，是人世间最深层、最持久的情感，是一个人立德之源、立功之本。孙中山先生说，做人最大的事情，“就是要知道怎么样爱国”。我们常讲，做人要有气节、要有人格。气节也好，人格也好，爱国是第一位的。我们是中华儿女，要了解中华民族历史，秉承中华文化基因，有民族自豪感和文化自信心。④

（二）典型习题

1.兴国强国之魂是（　　）。

A.爱国主义　　B.人类精神

C.社会主义精神　　D.中国精神

答案：D

---

① 《习近平在中共中央政治局第十三次集体学习时强调：把培育和弘扬社会主义核心价值观作为凝魂聚气强基固本的基础工程》，《人民日报》2014 年 2 月 26 日。

② 习近平：《在纪念五四运动 100 周年大会上的讲话》，《人民日报》2019 年 4 月 30 日。

③ 《习近平关于社会主义文化建设论述摘编》，中央文献出版社 2017 年版，第 15～16 页。

④ 习近平：《在北京大学师生座谈会上的讲话》，人民出版社 2018 年版，第 11～12 页。

2.爱国主义的本质是（　　）。
A.坚持爱国、爱党与爱社会主义的高度统一
B.坚持爱国、爱人民与爱社会主义的高度统一
C.为人民谋幸福、为中华民族谋复兴
D.解放和发展生产力
答案：A
3.中国精神作为兴国强国之魂，主要表现为（　　）。
A.凝聚中国力量的精神纽带　　B.激发创新创造的精神动力
C.推进复兴伟兴的精神定力　　D.提升综合国力的重要保证
答案：ABCD
4.爱国主义的基本内涵包括（　　）。
A.爱祖国的大好河山　　B.爱自己的骨肉同胞
C.爱祖国的灿烂文化　　D.爱自己的国家
答案：ABCD
5.中国精神的科学内涵包括（　　）。
A.伟大创造精神　　B.伟大奋斗精神
C.伟大团结精神　　D.伟大梦想精神
答案：ABCD

第三节　抗疫故事里的中国精神

一、概念与目标

（一）核心概念

中国精神是凝心聚力的兴国之魂、强国之魂。人类历史证明，一个民族的复兴需要强大的物质力量，也需要强大的精神力量。中国发展到今天，靠的是一代又一代人的顽强拼搏，靠的是中华民族自强不息的奋斗精神。今天，中国进入社会转型期、改革攻坚期，精神力量的作用也愈加凸显。面对纷繁复杂的世界，需要不断增强团结一心的精神纽带，需要持续激发自强不息的精神动力，才能在多元中立主导，在多样中谋共识。一个民族没有优秀的精神品格，就不可能屹立于世界先进民族之林；一个国家，没有凝聚人心的民族精神和与时俱进的时代精神，就不会有旺盛的生命力、强大的凝聚力和卓越的创造力。实现中国梦，必须

弘扬中国精神。中华民族生生不息、薪火相传、奋发进取，靠的就是这样的精神；中华民族抵御外来侵略、赢得民族独立和解放，靠的就是这样的精神；在新的历史时期，抓住机遇，加快发展，由贫穷走向富裕，靠的也是这样的精神；展望未来，实现“两个一百年”奋斗目标、实现中华民族伟大复兴中国梦，还是要靠这样的精神。全国各族人民一定要弘扬伟大的民族精神和时代精神，不断增强团结一心的精神纽带、自强不息的精神动力，永远朝气蓬勃地迈向未来。

中国精神就是以爱国主义为核心的民族精神和以改革创新为核心的时代精神。民族精神是民族文化最本质、最集中的体现。中华文明有着5000多年的历史，中国人独特而悠久的精神世界，让中国人具有很强的民族自信心，也培育了以爱国主义为核心的民族精神。作为一个民族漫长历史的积淀与升华，以爱国主义为核心的伟大民族精神，已经深深地融入民族意识、民族品格、民族气质之中，成为各族人民团结一心、共同奋斗的价值取向。爱国主义是中华民族精神的核心，始终是把中华民族坚强团结在一起的精神力量。历史证明，爱国主义是中华民族最深厚的思想传统，最能感召中华儿女团结奋斗。在漫长的奋斗中，爱国主义精神已经深深植根于中华民族心中，是中华民族的精神基因，激励着一代又一代中华儿女为祖国发展繁荣而不懈奋斗。中华民族之所以能够经受住无数难以想象的风险和考验，始终保持旺盛生命力，生生不息，薪火相传，同中华民族有深厚持久的爱国主义传统是密不可分的。实现中华民族伟大复兴的中国梦，是当代中国爱国主义的鲜明主题。创造中国人民的幸福生活，使中华民族巍然屹立于世界民族之林，是全体中华儿女的共同目标。实现中华民族伟大复兴，离不开全体中华儿女的团结奋斗，也是全体中华儿女义不容辞的职责。在实现中华民族伟大复兴的征程上，一定要大力弘扬爱国主义精神，巩固和加强全国各族人民的大团结，巩固和加强海内外中华儿女的大团结，巩固和壮大最广泛的爱国统一战线，广泛凝聚中华民族一切智慧和力量，团结一切可以团结的力量，万众一心，为实现中华民族伟大复兴而奋斗，形成推动社会发展进步的强大正能量。

以改革创新为核心的时代精神，是马克思主义与时俱进的理论品格、中华民族富于进取的思想品格与改革开放和现代化建设实践相结合的伟大成果，已经深深地融入中国经济、政治、文化、社会、生态文明建设的各个方面，成为中华民族不断开创中国特色社会主义事业新局面的强大精神力量。改革创新是时代精神的核心，是当代中国最鲜明的时代特征，最能激励中华儿女锐意进取。改革开放以来，从农村改革的兴起，到深圳等特区的创立；从社会主义市场经济体制的发展，到中国特色社会主义多项事业的开拓，改革创新精神激荡神州，造就了历史的巨变，成就了今天的中国。当今中国，改革已经进入攻坚期和深水区，无论是冲破思想观念障碍，还是打破利益固化藩篱；无论是破解发展难题，还是释放改革红利，都需要继续发扬改革创新精神，逢山开路、遇水搭桥，迈过沟沟坎坎、越过发展陷阱，才能赢得更加光明的前景。当今世界，机遇和挑战并存。风云变幻，最需要的是战略定力；竞争激烈，最重要的是激流勇进；迎接挑战，最根本的是改革创新。改革最本质的要求就是创新，必须始终把改革创新精神贯彻到治国理政各个环节，进一步增强改革创新意识，敞开思想谋划新思路，放开手脚追求新突破，不断推进中国特色社会主义制度自我完善和发展。通过不断改革创新，使中国特色社会主义在解放和发展社会生产力、解放和增强社会活力、促进人的全面发展上更有效率，激发全体人民的积极性、主动性、创造性，为社会发展提供有利条件，把中国特色社会主义制度的优越性充分体现出来。

（二）内容框架

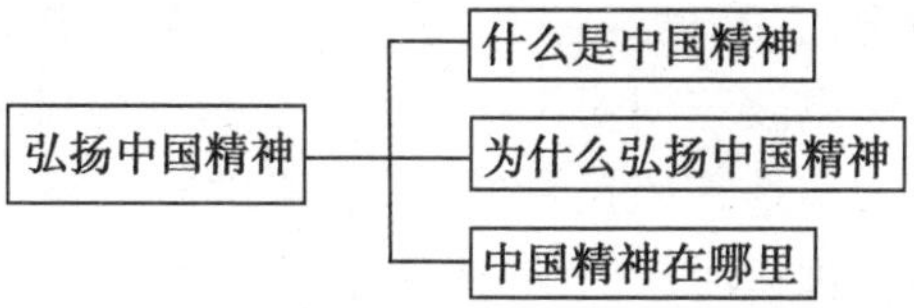

（三）学习目标

中国精神是中国优良传统文化与时代要求相结合的重要体现，对当代大学生实现自由而全面的发展具有极其重要的意义。本课程旨在帮助大学生树立坚定的政治信仰和理想信念、提升大学生的品德素质和心理素质，引导大学生形成正确的价值取向。

二、学情分析

本课程教学对象为大学一年级学生，经过中学的学习，学生已经初步具备了一定的自学和合作能力。所以在教师的引导与激励之下，学生是有能力解决学习中遇到的问题的。教师通过创设教学情境的方式，充分让每位学生展示学习成果，使课堂成为学生展示自我的平台，提高他们的学习兴趣，培养他们的合作意识，激发他们的爱国情怀。

三、教学设计

(一)课堂讲授

1.什么是中国精神?

理想信念的坚持需要精神力量,这种精神力量对于个人来说是仰慕浩然之气,对于国家来说是关乎国家生死存亡的内在精神。显而易见,一个民族非常需要精神的凝聚。在中华民族5000多年的曲折历史中我们深刻地认识到"人无魂不立,国无魂不兴",这个魂就是中国精神。中国精神是中华民族的魂,国之魂者立国之本,中国精神作为一个国家所体现出来的精神即是当代中国客观存在的思想凝结的精神升华,也是传统中国历史发展和文化积淀的精神表达和价值彰显。中国精神具有历史性,是贯穿过去、途经现在、走向未来的精神。以爱国主义为核心的民族精神和以改革创新为核心的时代精神构成了中国精神的基本内容。民族精神赋予了中国精神以民族特征,表明中国精神与中华文化一脉相承的时代精神赋予中国精神以时代内涵,表明中国精神与改革创新使命息息相关。正是民族精神和时代精神的交融贯通,使中国精神既具有鲜明的民族性又洋溢着强烈的时代性。唯有推崇中国之精神,才能化为中国之力量。

2.为什么要弘扬中国精神?

首先"重精神"是中华民族的优秀传统。新时代我们要继承和弘扬中华民族的优良传统,一是在物质生活与精神生活相互关系的独到理解中弘扬中国精神;二是在对理想的不懈追求中弘扬中国精神;三是对道德修养和道德教化的提升中弘扬中国精神;四是在对理想人格的推崇中弘扬中国精神。其次,中国精神具有三种力量。这三力是精神凝聚力、精神动力和精神定力。中国精神的三力决定了我们必须弘扬中国精神。第一,中国精神是凝聚中国力量的精神纽带,推进民族复兴的时代伟业我们必须有万众一心,众志成城的强大精神凝聚力。习近平总书记指出:中国要飞得高、跑得快,就得依靠13亿人民的力量,没有强大的精神力量,就会重演中国近代以来四分五裂、一盘散沙的悲剧,弘扬中国精神对于维系中华民族的生存与发展,维护国家统一和民族团结,发挥着重要的凝聚作用。第二,中国精神是激发创新创造的精神动力。中国特色社会主义事业是一项伟大的创造性事业,中国精神的价值和意义更为凸显,推进新时代的伟大事业必须有创新、创造、向上、向前的强大精神。第三,中国精神是推进复兴伟业的精神定力。世界上没有一个民族能够亦步亦趋地走别人的道路,实现自己的发展振兴,也没有一个民族会在心神不定、犹豫彷徨中成就自己的光荣与梦想,只有自觉弘扬中国精神，增强民族自尊心、自信心，坚定不移地走自己的路，才能使全体人民在实现复兴伟业的征途中拥有坚如磐石的精神和信仰。中国精神团结凝聚全体人民的智慧和力量为实现中国梦而努力奋斗。

3.中国精神在哪里？

2020年的春节，突如其来的新冠肺炎疫情让整个中国按下了暂停键，在抗击新冠肺炎疫情的这场没有硝烟的战役中，我们中华儿女向世界展现了中国精神。中国精神在哪里？中国精神在一批批抗疫医疗队的主动请缨中。他们来自五湖四海但有着统一的口号“中国加油”。他们有一致的信念，“中国必胜”；他们有一样的誓言，“若有战、召必回、战必胜”。中国精神在哪里？中国精神在广大党员的日夜工作中。从城市社区到边远山区，各地中共党员随时准备为党和人民的利益牺牲一切，携手共同抗疫。中国精神在哪里？中国精神在快递员、货车司机以及各行各业志愿者们奔波劳碌之中，他们都是最美的人，为抗击新冠肺炎疫情贡献着自己的力量。他们看似平凡但又那样的不平凡，这种不平凡体现的不是中国精神又是什么呢？作为当代大学生，为中华之崛起而读书是大学生群体要展现出来的中国精神。青年一代是中国精神的继承者和延续者，要努力弘扬以爱国主义为核心的民族精神和以改革创新为核心的时代精神，将中国精神转化为青春行动，勇做弘扬和践行中国精神的时代先锋，要为国家富强、民族振兴、人民幸福贡献自己的力量。

[选用故事]

中国精神是兴国强国之魂，是凝聚中国力量的精神纽带、激发创新创造的精神动力、推进复兴伟业的精神定力。为坚决打赢新冠肺炎疫情防控的总体战、阻击战，中国人民坚韧不拔、不怕牺牲、攻坚克难，弘扬了伟大创造精神、伟大奋斗精神、伟大团结精神和伟大梦想精神，彰显了中国精神的磅礴力量。在这场没有硝烟的战斗中，每个人都是战士，都通过各种方式为新冠肺炎疫情防控作贡献。火神山、雷神山从无到有的横空出世，防护物资从严重紧缺到库存充足，中国人民以智慧与汗水书写着改天换地的伟大创造精神；一封封炙热的请战书，一个个逆行的身影，抒发着中国人民越是艰险越向前的伟大奋斗精神；一批批白衣战士，一台台装满防护物资与生活物资的车辆飞驰湖北武汉，结对帮扶、共同抗疫，彰显着中国人民万众一心、众志成城的伟大团结精神。青年兴则国家兴，青年强则国家强。青年一代有理想、有本领、有担当，国家就有前途，民族就有希望。在这场抗击疫情的斗争中，无论是在前线，还是在后方，年轻的面孔、青春的身影总是让我们深深感动。那些嘴上说着“不想长大”的“90后”“00后”，一转身就成了战士。经过抗疫斗争的洗礼，年轻的群体已然长大，稚嫩的肩膀已经可以扛起大梁。大青年学生要奋发有为，只争朝夕，不负韶华，为实现中国梦注入青春能量。

[合作讨论]

在新冠肺炎疫情防控中,中国精神体现在哪里?

(二)课堂展示

主题:重温抗疫故事,寻找中国精神

动人的故事和细节一一被展现,心灵深处的感动也一层一层地荡漾开来。通过重温抗击疫情的感人故事,聚焦"弘扬中国精神,有我青春担当"主题深化思想政治教育,赓续红色血脉,以战"疫"生动实践为鲜活教材,大力宣扬疫情防控先进事迹和英模典型,教育引导大学生珍惜现有生活,主动走进历史和时代交汇点,深刻感悟中国精神穿越时空精神伟力,不断强化自觉传承的政治责任,争做优良传统的坚定信仰者、积极传播者和模范实践者。

(三)体验活动

鼓励大学生做"抗疫"志愿者,为防控疫情贡献自己的力量。虽然不能像医护工作者一样奋战在抗疫一线,但大学生也可以用自己的实际行动,在基层防疫一线践行着新时代青年的初心和使命,不再做羽翼下的雏鸟,为迎接美好的春天奉献一份青春力量,青春有担当,志愿正当时。

四、教学反思

本节课材料选取时效性较强。为了让学生认识"中华民族精神不是一成不变的,而是随时代不断发展而不断丰富"这一思想,选取了抗击新冠肺炎疫情的相关故事。问题设计紧扣教学目的,学生能集中观点,交流看法。材料选取贴近学生实际,注重材料和问题的结合。课堂展示活动中,"重温抗疫故事,寻找中国精神"这一内容是本节课的重点。通过学生体验和收集故事等手段,锻炼大学生的自我探究能力和发现问题的能力。

五、学习拓展

(一)经典文献

实现中国梦必须弘扬中国精神。这就是以爱国主义为核心的民族精神,以改革创新为核心的时代精神。这种精神是凝心聚力的兴国之魂、强国之魂。爱国主义始终是把中华民族坚强团结在一起的精神力量,改革创新始终是鞭策我们在改革开放中与时俱进的精神力量。全国各族人民一定要弘扬伟大的民族精神和时代精神，不断增强团结一心的精神纽带、自强不息的精神动力，永远朝气蓬勃迈向未来。①

(二)典型习题

1.在几千年的历史进程中，中国人民用勤劳和智慧书写了辉煌的中华历史，也培育铸就了独特的中国精神，其丰富内涵包括(　　)。

A.伟大创造精神　　B.伟大奋斗精神

C.伟大团结精神　　D.伟大梦想精神

答案：ABCD

2.新时期，我们仍需要弘扬井冈山精神、长征精神、延安精神、西柏坡精神、沂蒙精神，主要是因为(　　)。

①民族精神不具有时代性，任何时代都不会过时

②中华民族精神是中华文化的精髓

③这些精神作为中国共产党人的革命精神，已成为现代中华民族精神的主体

④这些精神具有浓厚的民族性、鲜明的时代性和先进性

A.①②　　B.②④　　C.②③　　D.③④

答案：D

3.弘扬和培育中华民族精神与文化建设之间的关系是(　　)。

A.弘扬和培育中华民族精神是文化建设的重要任务

B.社会主义文化建设是社会主义现代化建设的重要任务

C.文化建设就是中华民族精神建设

D.只有弘扬和培育中华民族精神，才能使全体人民始终保持昂扬向上的精神状态

答案：A

4.在以中国式现代化全面推进中华民族伟大复兴的新的发展阶段，继续丰富和发展民族精神，是我们必须面对的时代课题，这是因为(　　)。

①丰富和发展民族精神是以中国式现代化全面推进中华民族伟大复兴的题中之义

②丰富和发展民族精神为以中国式现代化全面推进中华民族伟大复兴提供精神动力和智力支持

---

① 习近平：《在十二届全国人民代表大会第一次会议上的讲话》，《人民日报》2013年3月18日。

③建设新时代中国特色社会主义伟大实践要求丰富和发展民族精神

④弘扬和培育民族精神是我国当前的中心工作

A.①②③　　B.②③④　　C.①②④　　D.①③④

答案:A

5.在以中国式现代化全面推进中华民族伟大复兴过程中,对中小学生弘扬和培育民族精神的作用在于(　　)。

①继承和发扬中华民族优良传统

②提高中小学生的综合素质

③为中华民族的生存和发展强基固本

④是我国当前各项工作的中心

A.①②④　　B.①③④　　C.①②③　　D.②③④

答案:C

第四节　社会主义道德的核心和基本原则

一、概念与目标

(一)核心概念

1.道德

道德是一种特殊的社会意识形态,它以善恶为评价方式,主要依靠社会舆论、传统习俗和内心信念来发挥作用的行为规范的总和。劳动是道德起源的首要前提,社会关系是道德赖以产生的客观条件,人的自我意识是道德产生的主观条件。马克思主义在人类思想史上第一次科学而全面地论述了道德的起源和本质问题,强调道德属于上层建筑的范畴,是一种特殊的社会意识形态,为正确认识和理解道德奠定了基础。马克思主义认为,道德是反映社会经济关系的特殊意识形态。道德的产生、发展和变化,归根结底源于社会经济关系。首先,道德的性质和基本原则,反映了与之相应的社会经济关系的性质和内容。有什么样的社会经济关系,相应地就有什么样的道德。其次,道德随着社会经济关系的变化而变化。一般来说,新旧经济关系更替之后,新的道德必将取代旧的道德而居于主导地位。在人类道德史上,一切道德上的兴衰起伏、进退消长,从根本上说都是源于社会经济关系的变革。道德作为一种社会意识,在阶级社会里总是反映着一定阶级的利益,因而不可避免地具有阶级性。同时,不同阶级之间的道德或多或少有一些共同之处，反映着道德的普遍性。作为社会意识的道德一经产生，便有相对独立性。这种相对独立性既表现为道德的历史继承性，也表现为道德对社会发展具有能动的反作用。马克思主义认为，道德是社会利益关系的特殊调节方式。作为一种调整人与人、人与社会、人与自然以及人与自身之间关系的特殊的行为规范，道德与法律规范、政治规范的不同之处在于，它是用善恶标准去评价，依靠社会舆论、传统习俗、内心信念来维持的，因此是一种非强制性的规范。道德是处于同一社会或同一生活环境中的人们在长期的共同生活过程中逐渐积累形成的要求、秩序和理想，它通过社会的道德风尚和个人的道德风范来调节利益关系。马克思主义认为，道德是一种实践精神。作为实践精神，道德是一种旨在通过把握世界的善恶现象而规范人们的行为，并通过人们的实践活动体现出来的社会意识。具体来说，道德是一种以指导人的行为为目的、以形成人的正确行为方式为内容的精神，在本质上是知行合一的。道德把握世界的方式不是被动地反映世界，而是从人的需要出发，从特定的价值出发来改造世界；不是简单地再现世界或描述世界，而是对世界进行价值评价。道德立足现实而追求理想，并以理想来改造和提升现实。

2.社会主义道德

社会主义道德是人类社会道德的一种特殊形态，它根植于社会主义经济基础，是以社会主义公有制为主体的经济基础的反映；社会主义道德在本质上从属于共产主义道德体系，是共产主义道德在社会主义历史阶段的具体体现，它是在无产阶级自发形成的朴素的道德基础上，以马克思主义世界观为指导，由无产阶级自觉培养起来的道德；社会主义道德与社会主义的经济、政治、文化状况相适应，它是以社会主义的集体主义为道德原则，以实现共产主义为道德理想，以诚实守信为重点，以社会主义公民基本道德规范和社会主义荣辱观为主要内容，代表无产阶级和广大劳动人民根本利益和长远利益的先进道德体系。与以往社会的道德形态相比，社会主义道德具有显著的先进性特征。这种先进性主要体现在以下几个方面。首先，社会主义道德是社会主义经济基础的反映。在以生产资料公有制为主体的社会主义社会，广大人民不仅在政治上实现了当家作主，而且在道德上实现了由被动到主动的转变。其次，社会主义道德是对人类优秀道德资源的批判继承和创新发展。以当代中国的社会主义道德体系为例，我们今天倡导的社会主义道德规范，不仅与中华传统美德相承接，与中国共产党人在革命战争年代创立的革命道德相延续，同时也是对人类优秀道德成果的吸收和借鉴。最后，社会主义道德克服了以往阶级社会道德的片面性和局限性，坚持以为人民服务为核心，坚持以集体主义为原则，展现出真实而强大的道义力量。

3.为人民服务

为人民服务指的是“为人民的利益而工作的思想和行为”，是由毛泽东同志最先提出的共产主义道德的基本特征和规范之一，也是中国共产党党员和中华人民共和国国家机关及其工作人员的法定义务。为人民服务是社会主义道德的核心，决定并体现着道德建设的根本性质和发展方向，规定并制约着道德领域中的所有道德现象。为人民服务是中国共产党人把马克思主义基本原理与中国革命、建设、改革的具体实践相结合的伟大创造。为人民服务，不仅是坚持历史唯物主义的必然要求，是中国共产党应当践行的根本宗旨，也是社会主义道德观的集中体现，是全体中国人民共同遵循的道德要求。为人民服务的内涵表现在三个方面。第一，为人民服务是马克思历史唯物主义的基本观点。生产力观点和群众观点是历史唯物主义的基本观点。群众观点认为，人民群众是历史的主体，是创造历史和推动历史发展的动力。坚持为人民服务是坚持马克思历史唯物主义观点的必然要求。第二，为人民服务是中国共产党的根本宗旨。中国共产党之所以能够带领全国各族人民取得新民主主义革命、社会主义革命和建设、改革开放和社会主义现代化建设、新时代中国特色社会主义的伟大胜利，一步步取得全面脱贫的历史性成就，全面建成小康社会，就是因为中国共产党始终代表了中国人民的根本利益和根本愿望，得到了最广大中国人民的拥护和支持。为人民服务作为中国共产党的根本宗旨，是由党的使命和性质所决定的。所谓“宗旨”，就是必须坚决、坚定、坚持，不能改变的东西，全心全意为人民服务就是中国共产党的根本宗旨。第三，为人民服务作为社会主义道德的核心，是社会主义道德区别于和优越于其他社会形态道德的显著标志。践行为人民服务，就是要弘扬为人民服务的精神，尊重人、理解人、关心人，为人民、为社会、为国家多做好事、多做贡献。

4.集体主义

集体主义是指一切从集体利益出发，把集体利益放在个人利益之上，当集体利益与个人利益发生冲突时，坚持集体利益高于个人利益的价值观念和行为准则。集体主义与个人主义相对，是主张个人从属于社会，个人利益应当服从集体、民族和国家利益的思想理论。集体主义是一种精神，其最高标准是一切言论和行动符合人民群众的集体利益。集体主义通常指无产阶级的集体主义，是共产主义道德的基本原则，贯穿于共产主义道德各项规范要求，它从无产阶级的根本利益出发，在处理个人与集体、个人与社会之间的关系时，强调无产阶级的集体利益高于个人利益，要求个人利益服从集体利益、眼前利益服从长远利益、局部利益服从全局利益。

(二)内容框架

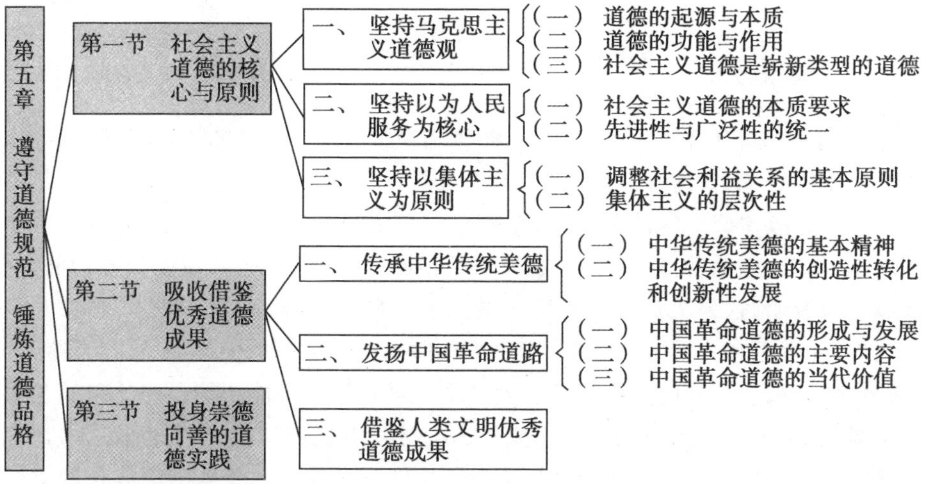

(三)学习目标

本课内容在整个课程体系中具有举足轻重的地位,是深刻把握社会主义道德的关键问题。在教学中,教师要引导学生树立正确的道德价值观和规范意识,能够正确处理国家、集体和个人的关系;要深刻阐释弘扬社会主义道德必须坚持以为人民服务为核心、以集体主义为基本原则,帮助大学生理解社会主义道德的价值属性。

二、学情分析

本课授课对象是大学一年级新生,其专业知识和专业能力还处于积淀阶段,情感、意志和性格还不够成熟稳定,具有很大的可塑性。大学一年级新生对大学生活既陌生又期待、对人际交往既忐忑又期盼、对校园文化既热情向往又有一些盲目、对社会热点心怀关注较多、理性思考不足。同时,大一学生在高中阶段已经学习过《道德与法治》课程,这可以作为学生已有的知识基础和经验储备。

三、教学设计

(一)问题导入

《资治通鉴》有言:“夫才与德异,而世俗莫之能辨,通谓之贤,此其所以失人也。夫聪察强毅之谓才,正直中和之谓德。才者,德之资也;德者,才之帅也。……是故才德全尽谓之圣人,才德兼亡谓之愚人,德胜才谓之君子,才胜德谓之小人。”这句话的意思是说,才与德是不同的,而世俗之人不能分辨它们,一概称之为贤明,这是人们找不到贤人的原因。聪慧明察、刚强坚毅才叫“才”,正义耿直、公道平和才叫“德”。才,是德的辅助;德,是才的统帅。《资治通鉴》的“德才之辩”饱含深刻的人生智慧。大学生在成长过程中能不能正确处理德与才的关系,关乎每个人的未来发展方向。2018 年“五四”青年节,习近平总书记在与北京大学师生座谈时引用了这句名言,强调立德对于大学生健康成长的重要意义。在新时代,我们需要什么样的道德?为什么需要这种道德?如何弘扬和践行这种道德?现在就让我们带着这些问题开始本节课的学习。

[声乐体验]

播放音乐并组织合唱《学习雷锋好榜样》。

(二)课堂精讲

1.我们为什么需要社会主义道德?

道德是一种特殊的社会意识形态,随着生产力的发展和人类社会的进步,建立在一定经济基础之上的道德也是不断发展的。总体而言,人类道德演变呈现出波浪式前进、螺旋式上升的发展趋势。迄今为止,人类社会先后出现了原始社会道德、奴隶社会道德、封建社会道德、资本主义社会道德、社会主义社会道德。在社会主义社会,有一部分先进分子践行共产主义道德。我国是社会主义国家,与我国社会经济基础相适应的道德形态就是社会主义道德。社会主义道德是一种具有先进性的、崭新的道德,其先进性主要表现在以下几个方面:首先,社会主义道德据以产生的社会制度基础是社会主义制度,而社会主义制度是实现了对以往少数人剥削多数人的社会制度的超越,实现了广大人民的当家作主。其次,社会主义道德是对人类优秀道德资源的批判继承和创新发展。我们今天所倡导的社会主义道德,是对中华优秀传统美德的传承,是对革命道德的赓续,也是对人类优秀道德成果的借鉴。最后,社会主义道德是共产主义道德的初级形态,社会主义道德以为人民服务为核心,以集体主义为原则,克服了以往阶级社会道德的片面性，具有强大的真理力量和道义力量。

2.社会主义道德的核心是什么？

为人民服务是社会主义道德的核心，决定并体现着社会主义道德建设的根本性质和发展方向，规定并制约着社会道德领域中的所有道德现象。为人民服务是中国共产党人把马克思主义基本原理与中国革命、建设和改革的具体实践相结合的伟大创造。为人民服务，不仅是坚持历史唯物主义的必然要求，是中国共产党践行的根本宗旨，也是社会主义道德观的集中体现，是全体中国人民共同遵循的道德要求。

[视频材料]

播放视频《雷锋精神：穿越时代的能量》。

3.为什么说为人民服务是社会主义道德的核心？

首先，为人民服务是社会主义经济基础和人际关系的客观要求。在社会主义社会，每个劳动者和建设者都在为社会、为他人同时也是为自己而劳动和工作。各行各业的劳动者和建设者，只是社会分工不同，没有高低贵贱之分。权利和义务不再分属于两个对立的阶级，而是统一于人民自己身上，每个人都是服务对象，又都为他人服务，全体人民通过社会分工和相互服务来实现共同利益。在我国，以公有制为主体、多种所有制经济共同发展，以按劳分配为主体、多种分配方式并存，社会主义市场经济体制等社会主义基本经济制度是为人民服务的根本制度保证，在此基础上逐步形成的团结互助、平等友爱、共同进步的人际关系，是为人民服务的基础。

其次，为人民服务是社会主义市场经济健康发展的要求。在社会主义市场经济条件下，市场主体必须通过向社会和他人提供一定数量和质量的产品以建立起满足社会和他人需求的良好信誉。换句话说，社会主义市场经济，不仅不排斥为社会和他人服务，而且需要通过服务甚至是优质服务，才能实现市场主体的利益。为人民服务与社会主义市场经济并不对立。社会主义市场经济本质上要求为人民服务，不仅在于人们在一切经济活动中，应正确处理个人与社会、竞争与协作、效率与公平、先富与共富、经济效益与社会效益等关系，形成健康有序的经济和社会生活规范；更在于强调在社会主义物质文明和精神文明的引导下，每个市场主体都要有为人民服务的思想，自觉积极地为人民服务、为社会服务，更好地把自身的特殊利益同国家和人民的共同利益结合起来。

最后，为人民服务作为社会主义道德的核心，是社会主义道德区别和优越于其他社会形态道德的显著标志。大学生践行为人民服务，就是要弘扬为人民服务的精神，尊重人、理解人、关心人，为人民、为社会、为国家多做好事、多做贡献。

4.社会主义道德的基本原则是什么?

集体主义是社会主义道德的基本原则。道德原则是道德规范体系的总纲,它最直接最集中地反映着一定社会经济关系和利益关系的根本要求,代表着一定阶级的根本利益和长远利益。社会主义道德的原则是集体主义。首先,集体主义强调国家利益、社会整体利益和个人利益的辩证统一。在社会中,人既作为个体而存在,又作为集体的一员而存在,集体和个人是不能分割的。个人离不开集体,集体也离不开个人,个人与集体之间是相互依赖、互为前提的辩证统一关系,偏废任何一方,都会造成大损失。因此,我们应当力求做到集体利益和个人利益共同发展、相互增益、相得益彰。其次,集体主义强调国家利益、社会整体利益高于个人利益。在实际生活中,国家利益、社会整体利益和个人利益之间难免发生各种各样的矛盾,但集体主义强调,当个人利益与国家利益、社会整体利益发生矛盾时,必须坚持国家利益、社会整体利益在个人利益之上,在必要时牺牲个人利益以维护国家利益和社会整体利益。当然,个人为国家和社会作出牺牲并不是随意的,只有在不牺牲个人利益就无法保全国家利益和社会整体利益的时候,才要求个人作出牺牲。最后,集体主义重视和保障个人正当利益。集体利益促进和保障个人正当利益的实现,使个人的才能、价值得到充分发挥。只有在国家、社会之中,个人才能有真正的自由,个人的健全人格、鲜明个性和创新精神才有道义上的保障,个人的尊严和价值才能真正实现。

[视频材料]

播放首届社工微电影大赛入围作品《我只记得你》首届社工微电影大赛入围作品。

5.为什么说集体主义是社会主义道德的基本原则?

从理论维度来看,人类社会有“真正的共同体”和“虚幻的共同体”之分,“虚幻的共同体”打着全体成员利益的旗号,实则是只代表一部分人的利益,而“真正的共同体”则是坚持个体与集体之间的辩证统一关系。社会主义集体主义道德原则所说的集体,指的是“真正的共同体”,个人离不开集体,个人只有在集体中,才能获得真正的发展。

从历史维度来看,中国共产党历来重视发扬集体主义道德精神。在革命时期,集体主义道德精神表现为始终把革命利益放在首位,以个人利益服从革命利益的革命道德精神。在建设时期,集体主义道德精神表现为始终把国家建设利益放在首位,以个人利益服从国家建设利益的爱国主义精神。在改革开放新时期,集体主义道德精神表现为始终把国家发展利益放在首位,以个人利益服从国家发展利益的爱国主义精神和改革创新精神。

[游戏体验]

参与虚拟仿真项目:青年的选择与担当。

从现实维度来看,我国是人民当家作主的社会主义国家,在我国,国家利益、社会整体利益和个人利益在根本上的一致性,使得集体主义应当而且能够在全社会范围内贯彻实施。社会主义制度具有集中一切力量办大事的优越性,这种制度优越性的充分发挥有赖于发扬集体主义道德精神。党的十九大提出要"更好构筑中国精神、中国价值、中国力量",就是要更好构筑集体主义精神和价值观,更好凝聚实现中华民族伟大复兴、把我国建设成为社会主义现代化强国的中国力量。

从文化维度来看,坚持集体主义道德原则,与中华优秀传统文化有千丝万缕的联系。中华优秀传统文化是一种以集体为本位的价值关怀,其中的"尚和合"和"求大同"思想更是中华优秀传统文化的优秀因子和精神基因。"和"指和谐、祥和,"合"是合作、融合,"和合"一是指人与自然的和谐,二是指人际关系和谐。"大同社会"是中国传统儒家政治理想和社会理想的最高表现。《礼记·礼运》有言:"大道之行也,天下为公。选贤与能,讲信修睦。故人不独亲其亲,不独子其子,使老有所终,壮有所用,幼有所长,鳏、寡、孤、独、废疾者皆有所养,男有分,女有归。货恶其弃于地也,不必藏于己,力恶其不出于身也,不必为己。是故谋闭而不兴,盗窃乱贼而不作,故外户而不闭,是谓大同。"反对自私自利,是以"利群"为价值内核的道德追求。

6.如何弘扬和践行社会主义道德的核心和基本原则?

为人民服务是先进性要求和广泛性要求的统一。为人民服务,可以是毫不利己、专门利人、无私奉献,也可以是顾全大局、先公后私、办事公道、爱岗敬业,还可以表现为热心公益、助人为乐、见义勇为、遵纪守法、诚实劳动。事实上,为人民服务不仅是共产党员的道德原则,也是人民群众应当践行的道德要求。一个人只要时时处处想到他人、想到社会、想到国家,从而推己及人、与人为善,服务他人、奉献社会,使他人能够因自己的所作所为而得到益处,使社会可以因自己的努力而发生积极改变,这就是在践行为人民服务。同样,集体主义也可以分为三个层次:一是无私奉献、一心为公,即时时处处为集体利益着想,甘愿为集体牺牲一切,这是集体主义的最高层次;二是先公后私、先人后己,即自觉把集体利益放在个人利益之上,在维护集体利益的前提下,实现个人的正当利益;三是顾全大局、遵纪守法、热爱祖国、诚实劳动,以正当合法的手段保障个人利益,这是对公民最基本的道德要求。集体主义离我们并不遥远,体现于具体的学习工作生活之中。人人都可以并且应当践行集体主义道德原则,沿着道德的阶梯循序渐进地向上攀登。当代大学生应正确认识和处理国家利益、社会整体利益和个人利益之间的关系，自觉坚持个人利益服从国家利益和社会整体利益，局部利益服从全局利益，当前利益服从长远利益，反对小团体主义、极端个人主义和个人本位主义。

[有效提问]

1.在革命、建设和改革的各个历史时期，都涌现出很多为国家、为民族、为人民而无私奉献的楷模，其中你最钦佩的人物是谁？

2.你最钦佩他身上的哪一种品质？

3.你认为当前我们是否还需要学习他的优秀品质？

4.你认为我们应当如何学习他的优秀品质？

[选用故事]

大学生志愿服务活动是现代社会文明进步的重要标志，也是践行为人民服务和社会主义集体主义道德价值观的重要载体和有效途径。山东青年政治学院社会工作专业学生以专业为依托，以"晨之曦"社工协会为平台，与济南山青社会工作服务中心、济南市基爱社会工作服务中心、鲍山街道社会工作站等多家单位合作，深入济南市鲍山街道社区广泛开展敬老爱老志愿服务活动，在实践中践行为人民服务和社会主义集体主义道德价值观，把个人梦、青年梦同中国梦紧紧相连，用学科优势服务社会，实现了社会工作专业人才培养目标、志愿服务活动价值追求、培育和践行社会主义集体主义道德价值观三者的契合，用实际行动践行着新时代大学生的时代责任与青春担当。面对不断加速的人口老龄化进程，如何提升老年人的获得感、幸福感、安全感，让老年人老有所养、老有所依，是全社会共同关注的话题。山东青年政治学院社会工作专业学生依托"晨之曦"社工协会，携手济南山青社会工作服务中心和鲍山街道社会工作站，为鲍山街道的老人们带去丰富多彩的志愿服务活动。其中"祖孙游乐场""重阳茶话会"等活动获得了社区长者们的广泛好评。社会工作专业学生在服务老年人的同时也收获了个人成长。"晨之曦"社工协会的志愿者王凯说："老年群体是社会工作者重点关注的对象之一，老年人是社会的财富而不是累赘。在我国老年群体物质生活需要基本得到满足的大背景之下，我们也要重点关注老年群体的精神需求。用实际行动为爷爷奶奶们服务，为祖国的社会建设添砖加瓦，我由衷地感到自豪。"

类似的服务活动是山东青年政治学院"晨之曦"社工协会经常开展的活动。近年来，"晨之曦"社工协会频获殊荣。社团"'隐形的翅膀'候鸟儿童权益保护实践团"获得联合国儿童基金会颁发的"暑期支教带上联合国"社会实践证书、第二届山东省青年志愿服务项目大赛银奖及山东省大中专学生社会志愿者暑期文化科技卫生"三下乡"社会实践活动"优秀服务队"。"'爱晚'城市锦囊——济漂老年人城市融入服务项目"获得第三届山东省青年志愿服务项目大赛金奖，并入选参加中国青年志愿服务项目大赛；社团"'以爱防艾'青少年同伴互助项目"获得第二届济南市青年志愿服务项目大赛铜奖，并入选参加中国青年志愿服务项目大赛。"晨之曦"社工协会先后被授予"全国高校社工社团发展促进会授权社团""山东省百佳社团""山东省志愿服务先进集体""济南市优秀志愿服务团体""山东省优秀志愿服务团体"等荣誉称号。

[合作讨论]

有一种观点认为，当前我国实行社会主义市场经济，重点在于个人利益的满足，是"为人民币服务"，为人民服务已经过时了。你如何看待这个问题？

这种观点是完全错误的。回答这个问题的关键在于如何科学认识社会主义市场经济和社会主义集体主义的关系。第一，我们发展的是社会主义市场经济，基本的社会制度基础是社会主义制度，因此我们发展的社会主义市场经济在本质上具有社会主义属性。改革开放前，我们对市场经济的理解还不够全面，多数人习惯于把社会主义和市场经济对立看待。自党的十一届三中全会提出改革开放、党的十二届三中全会提出发展有计划的商品经济、党的十四大提出发展社会主义市场经济以来，人们逐渐摆脱了过去把社会主义与计划经济、资本主义与市场经济一一对应的思维定式，逐步认识到市场只是资源配置的一种手段，与社会制度并没有必然联系。因此，社会主义社会也可以运用市场来配置资源。不过不可否认的是，市场经济与不同的社会制度相配合，其目的是不同的。我国发展的社会主义市场经济是以公有制为基础的市场经济、是以共同富裕为目标的市场经济。作为社会意识形态的集体主义在根本上是由社会经济基础所决定的，而社会主义公有制仍是我国基本经济制度的基础，因此在社会主义市场经济条件下，集体主义没有变。同时，社会主义市场经济的运行机制与为人民服务具有可通约性。社会化大生产要求人们分工合作、相互服务以满足人们多元化的需求，市场竞争也要求人们为他人提供优质的服务和物美价廉的产品才能立于不败之地。因此，在社会主义市场经济条件下，为人民服务并没有过时。

不过，发展社会主义市场经济条件下，社会主流价值观建设的确会受到多元价值观挑战。因此，在社会主义市场经济的框架内，提倡集体主义和为人民服务不仅没有过时，反而更有必要，这也是我们大力培育和弘扬社会主义核心价值观的原因之一。必须指出的是，社会主义道德观并不排斥"利"，正确理解的个人利益，是整个道德的基础。

[独立思考]

有一种言论认为，实施集体主义就是对"个性的束缚"，这种说法对吗？为什么？

这种认识是对社会主义集体主义道德原则的错读和误解，其错误的根源在于没有正确理解社会主义集体主义的科学内涵。我们提倡的社会主义集体主义的内涵主要体现在以下三个方面。第一，社会主义集体主义的基本要义在于国家利益、社会利益和个人利益的辩证统一关系，这是我们认识社会主义集体主义道德原则的基础。在社会主义社会，国家利益、社会利益和个人利益在根本上是统一的。俗语讲的"大河有水小河不干"，就是说的这个道理。第二，国家利益、社会利益相对于个人利益来说具有优先性。坚持国家利益、社会利益和个人利益的统一性并不意味着否认国家利益、社会利益和个人利益产生矛盾的可能性。在某些特殊情形下，国家利益、社会利益和个人利益相互之间也会产生矛盾，甚至会产生严重冲突。社会主义集体主义道德原则要求我们，在不牺牲个人利益就无法保全国家利益和社会利益的情况下，要以大局为重，自觉牺牲个人利益来保全国家利益和社会利益。但是，这种牺牲是相对的、有条件的，这个条件就是不牺牲个人利益就无法保全国家利益和社会利益，是国家利益、社会利益和个人利益无法兼顾的无奈之举。第三，切实保障个人正当利益的实现，是社会主义集体主义的题中之义。集体主义促进和保障个人正当利益的实现，使个人的才能和价值得到充分发挥，这正是集体主义思想的应有之义。只有在国家和社会中，个人才能获得全面发展，才可能有真正的个人自由。事实上，正是集体主义为培养个人的健全人格、鲜明个性和创新精神提供了道义保障。但是，社会主义集体主义保障的是个人正当利益，对于损人利己、损公肥私的行为，集体主义是强烈反对和禁止的。所以说，社会主义集体主义不是对"个人的压制"和"个性的束缚"，那种把集体主义看作是对"个人的压制"和"个性的束缚"的思想，是与集体主义的本意相违背的。相反，只有在全社会大力提倡和实施社会主义集体主义道德原则，个人才会得到自由的发展，个人的正当利益才能得到应有的保障和实现。

（三）体验活动

青春扶桑榆·科技暖夕阳：长者服务智能手机小课堂

数字化时代，面对功能日趋复杂的智能手机和五花八门的手机 App，老年群体如何跟得上时代步伐，与信息时代接轨，引发全社会广泛关注。本活动以"青春扶桑榆·科技暖夕阳——长者服务智能手机小课堂"为主题，依托山东青年政治学院"晨之曦"社工协会，联合鲍山街道社区，组织学生在课余时间以小组合作形式完成，旨在提升老年人信息化能力，消弭年龄差距带来的"数字鸿沟"，让老年人搭上"智能列车"，共享美好数字生活。

活动流程：社区调研。与鲍山街道社区负责人沟通，组织学生收集社区 60 岁以上长者人口数据，调研长者对智能手机的使用程度，主要内容包括：年龄、学历、职业、居住情况、空闲时间、对智能手机的认识、希望学到的手机知识等。汇总分析调研数据，组织学生在社区广场设宣传点，介绍本次活动的目的，进一步调研长者对智能手机的应用需求。

活动内容：

智能手机网购小课堂——让长者学会使用手机 App 网上购物并掌握甄别网络虚假宣传的基本技巧。

智能手机娱乐小课堂——让长者学会浏览手机新闻、看短视频，丰富闲暇时光。

智能手机通信小课堂——让长者学会用微信、QQ 等与子女亲友线上聊天、视频通话，减少长者的孤独感。

智能手机出行小课堂——让长者学会用手机 App 定位、导航，以安全出行。

智能手机防诈小课堂——宣传网络诈骗案例和后果，提高长者的反诈意识。

智能手机养生小课堂——科普健康养生知识，回答长者提问，帮助长者排忧解难，保持健康乐观心态。

四、教学反思

本课程运用体验式教学法，通过创设情境，激发了学生参与课堂活动的兴趣，体现“以学生为中心”的课程理念，让学生做课堂的主人，契合“主导性和主体性相统一”的思政课建设要求。课堂讲授内容以问题为导向，通过精心设计的问题链实现了教材内容向教学内容的有效转化，重点、难点把握到位，能够充分调动学生主动学习的积极性。体验活动设计充分考虑学生的专业背景和专业学习需要，能够突出创新精神和实践能力的培养，符合寓价值引导于知识传授之中的教学设计理念。体验活动以小组为单位开展，有利于增进学生的集体主义意识。学生通过参与体验活动，可以充分认识为人民服务和集体主义道德原则的重要价值，实现了引导和帮助大学生深刻理解社会主义道德核心和基本原则科学内涵，正确理解集体和个人之间的关系，树立正确道德价值观的教学目标。

五、学习拓展

（一）经典文献

1.要坚持“两手抓、两手都要硬”，以辩证的、全面的、平衡的观点正确处理理物质文明和精神文明的关系，把精神文明建设贯穿改革开放和现代化全过程、渗透社会生活各方面，紧密结合培育和践行社会主义核心价值观，大力倡导共产党人的世界观、人生观、价值观，坚守共产党人的精神家园；大力加强社会公德、职业道德、家庭美德、个人品德建设，营造全社会崇德向善的浓厚氛围；大力弘扬中华民族优秀传统文化，大力加强党风政风、社风家风建设，特别是要让中华民族文化基因在广大青少年心中生根发芽。①

2.人民有信仰，国家有力量，民族有希望。要提高人民思想觉悟、道德水准、文明素养，提高全社会文明程度。广泛开展理想信念教育，深化中国特色社会主义和中国梦宣传教育，弘扬民族精神和时代精神，加强爱国主义、集体主义、社会主义教育，引导人们树立正确的历史观、民族观、国家观、文化观。深入实施公民道德建设工程，推进社会公德、职业道德、家庭美德、个人品德建设，激励人们向上向善、孝老爱亲，忠于祖国、忠于人民。②

3.广大青年要把正确的道德认知、自觉的道德养成、积极的道德实践紧密结合起来，自觉树立和践行社会主义核心价值观，带头倡导良好社会风气。要加强思想道德修养，自觉弘扬爱国主义、集体主义、社会主义思想，积极倡导社会公德、职业道德、家庭美德。③

4.新时代中国青年要自觉树立和践行社会主义核心价值观，善于从中华民族传统美德中汲取道德滋养，从英雄人物和时代楷模的身上感受道德风范，从自身内省中提升道德修为，明大德、守公德、严私德，自觉抵制拜金主义、享乐主义、极端个人主义、历史虚无主义等错误思想，追求更有高度、更有境界、更有品位的人生，让清风正气、蓬勃朝气遍布全社会！④

5.要锤炼品德，自觉树立和践行社会主义核心价值观，自觉用中华优秀传统文化、革命文化、社会主义先进文化培根铸魂、启智润心，加强道德修养，明辨是非曲直，增强自我定力，矢志追求更有高度、更有境界、更有品位的人生。⑤

（二）典型习题

1.（　　）强调国家利益、社会整体利益和个人利益的辩证统一。

A.实用主义　　B.集体主义　　C.功利主义　　D.个人主义

---

① 《习近平谈治国理政》第2卷，外文出版社2017年版，第324页。

② 《习近平谈治国理政》第3卷，外文出版社2020年版，第33～34页。

③ 《习近平谈治国理政》，外文出版社2014年版，第52～53页。

④ 《习近平谈治国理政》第3卷，外文出版社2020年版，第337页。

⑤ 《习近平在清华大学考察时强调：坚持中国特色世界一流大学建设目标方向　为服务国家富强民族复兴人民幸福贡献力量》，《人民日报》2021年4月20日。

答案:B

2.集体主义原则强调国家利益、社会整体利益高于个人利益的同时,也强调(　　)。

A.维护小团体的利益　　B.先私后公

C.先己后人　　D.重视和保障个人的正当利益

答案:D

3.集体主义离我们并不遥远,在具体的学习工作生活中,(　　),以正当合法的手段保障个人利益,是对公民最基本的道德要求。

A.顾全大局　　B.遵纪守法　　C.热爱祖国　　D.诚实劳动

答案:ABCD

4.当代大学生应正确认识和处理国家利益、社会整体利益和个人利益的关系,自觉坚持(　　)。

A.个人利益服从集体利益

B.局部利益服从整体利益

C.当前利益服从长远利益

D.反对小团体主义、本位主义和极端个人主义

答案:ABCD

5.集体主义强调,在个人利益与国家利益、社会整体利益发生矛盾冲突的时候,要(　　)。

A.坚持国家利益、社会整体利益服从个人利益

B.坚持国家利益、社会整体利益高于个人利益

C.为国家利益、社会整体利益无条件牺牲个人利益

D.为个人利益暂时放弃国家利益、社会整体利益

答案:B

第二章　中国近现代史纲要

第一节　为什么说中国共产党是中国人民抗日战争的中流砥柱

一、概念与目标

(一)核心概念

中国人民抗日战争是近代以来中国人民反抗外敌入侵持续时间最长、规模最大、牺牲最多的民族解放斗争，也是第一次取得完全胜利的民族解放斗争。1931年，日本帝国主义制造九一八事变，开始大举侵占中国东北，中国人民奋起抵抗，成为中国人民抗日战争的起点，同时揭开了世界反法西斯战争的序幕。1937年7月7日，日本侵略军发动卢沟桥事变(七七事变)，中国军队奋起抵抗，日本帝国主义开始全面侵华战争，从此开始全民族抗战。中国的全民族抗战是世界反法西斯战争的重要组成部分，在世界东方开辟了第一个大规模反法西斯战场。中华民族为世界反法西斯战争的胜利作出了巨大的贡献和牺牲。抗日战争的胜利，使台湾回到祖国怀抱。中国共产党及其领导的人民抗日力量，是团结抗战的中流砥柱。中国人民抗日战争赢得了近代以来中国反抗外敌入侵的第一次完全胜利。抗日战争的胜利，为中华民族由近代以来陷入深重危机走向伟大复兴确立了历史转折点，为中国共产党团结带领全国各族人民实现民族独立和人民解放、建立新中国奠定了重要基础，也对世界各国人民取得反法西斯战争的胜利、争取世界和平的伟大事业产生了巨大影响。

抗日民族统一战线是中国共产党为团结全国各民族一切抗日力量，打败日本侵略者而制定的路线和策略。1931 年九一八事变后，日本帝国主义的军事进攻使中日民族矛盾上升为主要矛盾。1935 年，中国共产党发表了《为抗日救国告全体同胞书》（即《八一宣言》），号召停止内战，一致对外，建立抗日民族统一战线。同年 12 月，中共中央在瓦窑堡召开政治局扩大会议，通过了《中央关于目前政治形势与党的任务决议》。毛泽东作了《论反对日本帝国主义的策略》的报告，系统地论述了建立抗日民族统一战线的理论、路线和策略，批评了党内"左"倾关门主义的错误。1936 年 5 月，毛泽东和朱德发出《停战议和一致抗日通电》，并与当时在西北进攻红军的国民党东北军张学良和第十七路军杨虎城实现了停战。同年 12 月，西安事变的和平解决，迫使国民党停止内战。1937 年抗日战争全面爆发后，中共中央于 7 月 15 日将《中国共产党为公布国共合作宣言》交付国民党，9 月 23 日蒋介石发表谈话，实际上承认了中共的合法地位，实现了国共合作，正式形成了全国的抗日民族统一战线。抗日民族统一战线是由中国共产党直接发起、推动下建立起来的，是一个包括进步力量（工人、农民、革命知识分子和其他小资产阶级）、中间力量（民族资产阶级、民主党派、一部分地方实力派和其他爱国分子）和顽固力量（以国民党内的英美派大地主、大资产阶级为代表）的广泛的统一战线。在统一战线中，中国共产党坚持独立自主原则，放手发动群众，建立人民武装和敌后抗日根据地；贯彻执行"坚持抗战，反对投降；坚持团结，反对分裂；坚持进步，反对倒退"和"发展进步势力，争取中间势力，孤立顽固势力"的方针，"又团结又斗争，以斗争求团结"和"有理、有利、有节"的策略，对顽固派的反共行为进行坚决斗争，巩固和壮大了人民抗日力量，保证了抗日战争的胜利。

毛泽东发表讲演《论持久战》。全面分析了中日战争所处的时代和中日双方的基本特点，阐明中国抗日战争的持久战总方针，指出胜利一定是中国的，批驳了亡国论和速胜论。文章预测中国持久抗战将经历的三个阶段，即战略防御、战略相持和战略反攻阶段。阐述"兵民是胜利之本"的人民战争思想，提出"官兵一致、军民一致、瓦解敌军"是人民军队政治工作的三大原则。探讨实行持久战总方针所应采取的具体作战方针和原则。强调在客观条件限度之内发挥战争中自觉的能动性的重要意义。《论持久战》是毛泽东军事思想的经典著作之一。

（二）内容框架

为什么说中国共产党是抗日战争的中流砥柱？

- 一、关于中国共产党在抗日战争中的地位作用的争论
  - 1. 单纯以数量论功劳错误观点
  - 2. “八年抗战”的错误观点
  - 3. “游而不击”错误观点
- 二、中国共产党是抗日战争的中流砥柱的基本依据
  - 1. 率先举起抗战的旗帜
  - 2. 倡导、推动和维护抗日民族统一战线
  - 3. 实行全面的抗战路线和持久的战略总方针
  - 4. 游击战在抗日战争中发挥了巨大的作用
  - 5. 抗日根据地领导和开辟了广阔的敌后战场
  - 6. 中国共产党的自身建设
- 三、明确中国共产党是抗日战争的中流砥柱的现实意义
  - 1. 坚定党的领导核心地位的政治自信
  - 2. 坚信人民群众是历史创造者的唯物史观
  - 3. 坚定中华民族伟大复兴的民族自信

（三）学习目标

通过学习本专题内容，引导学生了解日本侵略中华民族的残暴罪行及其给中华民族造成的深重灾难，了解中国人民抗日战争的发展历程，了解中国共产党的抗日路线方针。引导学生把握中国共产党在中国抗日战争中所发挥的中流砥柱作用，提高学生通过现象看本质、综合评价历史问题的能力。通过学习，增强学生拥护中国共产党领导的信念和决心，增强民族自豪感和自信心。

二、学情分析

本课程教学对象为大一年级的学生，他们在以前的学习中已经对抗日战争的基本史实有一定的了解。学生具备基本的历史、国情知识以及政治理论素养，求知欲旺盛，政治参与热情较高。但是，对于中国共产党抗战中的中流砥柱作用的依据是什么，对于现实的意义是什么，还不能进行正确的分析，还需要进行学习和理解。

三、教学设计

(一)课堂导入

习近平在纪念中国人民抗日战争暨世界反法西斯战争胜利75周年座谈会上的讲话中指出:“中国共产党自成立之日起就把实现中华民族伟大复兴作为自己的历史使命,捍卫民族独立最坚定,维护民族利益最坚决,反抗外来侵略最勇敢。在抗日战争时期,在民族危亡的历史关头,中国共产党以卓越的政治领导力和正确的战略策略,指引了中国抗战的前进方向,坚定不移推动全民族坚持抗战、团结、进步,反对妥协、分裂、倒退。中国共产党高举抗日民族统一战线的旗帜,坚决维护、巩固、发展统一战线,坚持独立自主、团结抗战,维护了团结抗战大局。中国共产党人勇敢战斗在抗日战争最前线,支撑起中华民族救亡图存的希望,成为全民族抗战的中流砥柱!”①

但是,历史虚无主义通过夸大、编造历史等手段,宣扬国民党才是抗日战争中真正的中流砥柱,我们必须旗帜鲜明地反驳错误言论,正本清源,还原历史真相。

(二)课堂讲授

1.关于中国共产党在抗日战争中的地位作用的争论

1945年4月,毛泽东在党的七大报告《论联合政府》中再次强调:“没有中国共产党的努力,没有中国共产党人做中国人民的中流砥柱,中国的独立和解放是不可能的,中国的工业化和农业近代化也是不可能的。”②“中流砥柱”,既是对中国共产党在中国革命中历史作用的概括,更是对中国共产党在抗日战争中的贡献与地位的客观总结。但是,无论在历史上,还是在现实中,一些人对这一客观历史结论很不认同。抗日战争胜利后,国民党方面从其政治立场出发,企图独揽抗日战争胜利的功劳,贬低乃至否定中国共产党在抗日战争中的贡献。当下,历史虚无主义沉渣泛起,抗战史领域是“重灾区”。多种观点争论的焦点在于立场的不同,而形成正确观点的根本在于必须站在马克思主义的立场上客观辩证地分析问题。

---

① 习近平:《在纪念中国人民抗日战争暨世界反法西斯战争胜利75周年座谈会上的讲话》,《人民日报》2020年9月4日。

② 《毛泽东选集》第3卷,人民出版社1991年版,第1098页。

[课堂展示]

以小组为单位进行课堂展示，展示课前准备的关于历史虚无主义者宣扬的错误观点，找寻资料进行驳斥，然后教师分析总结。

(1)驳斥——历史虚无主义者单纯以数量论功劳

历史虚无主义者认为，在抗日战争中，国民党的战果比共产党辉煌，“国民党军队在正面战场组织了22次大规模战役，1117次重要战斗，38万多次小规模战斗……而共产党自我吹嘘了半个世纪的抗战功绩，仅有平型关和百团大战而已”[①]。国民党在八年全国抗战中打了22场百万人以上的大会战，10万人以下、1万人以上的战役达1117次，共产党领导的抗日军民累计作战12.5万余次，规模一般不大，这是由正面战场和敌后战场的不同性质决定的。[②] 敌后战场处于日伪军占领区，环境极端险恶，适合游击战，战斗规模大小都是为消灭敌人，不能以战斗规模论功劳。

就伤亡代价而言，历史虚无主义者认为国民党在抗战中的牺牲比共产党大，“国军将领阵亡206人，而共产党方面仅有左权将军1人”，“国民党军队伤亡341万，共产党军队伤亡61万”[③]。判断国共两党在抗战中的地位与作用，应尊重历史事实。客观而论，在全面抗战的过程中，国民党领导的正面战场付出了重大牺牲，大量官兵伤亡，其中还包括相当数量的高级将领。但国民党军伤亡大主要是因为战略上机械地打阵地防御战。而在抗战中，共产党军队除初期的平型关战斗、中期的百团大战等阵地战，主要采取的是游击战的方式。游击战最大的特点就是既能消灭敌人的有生力量，又能比较有效地保存自己。至于国民党高级军官牺牲比共产党多的问题，主要是因为国民政府给共产党军队的编制少。抗战后期共产党军队发展到接近100万人的时候，依然还是抗战初期1个集团军(第十八集团军)加1个军(新四军)的编制，因而这样的比较没有实际意义。

国民党军队共歼灭日军80万人，基本上没有伪军，中国共产党抗日军民歼灭日军52万人，歼灭伪军118万人，国民党部队中有相当多的将领选择了投降。[④] 如第三十九军军长兼鲁西行政署主任孙良诚、新编第四师师长吴化文、第二十四集团军总司令兼太行山游击总司令庞炳勋、新编第五军军长孙殿英等，均纷纷率部向日军投降。有126名日军将官阵亡于国民党军队的会战中，3名日军将官死于跟八路军的战斗中。中国共产党军队歼灭日伪军人数是国民党的两

---

① 转引自罗平汉：《中共党史知识问答》，人民出版社2021年版，第125页。

② 参见杨近平：《国民党抗战的历史虚无主义言论及教学应对》，《课程教学》2014年第3期。

③ 转引自罗平汉：《中共党史知识问答》，人民出版社2021年版，第126页。

④ 参见杨近平：《国民党抗战的历史虚无主义言论及教学应对》，《课程教学》2014年第3期。

倍多，历史虚无主义不承认歼灭伪军数，但伪军是日军的帮凶，同样是抗战的敌人。

(2)“八年抗战”的错误观点

历史虚无主义片面强调抗日战争是从1937年开始，只讲八年抗日，而不承认是十四年抗日，抹杀中国共产党率先举起抗日大旗的历史事实。习近平总书记在纪念抗日战争胜利70周年大会上的讲话中指出：“70年前的今天，中国人民经过长达十四年艰苦卓绝的斗争，取得了中国人民抗日战争的伟大胜利……”虽然习近平总书记已经向全世界宣告了中国的抗日战争是十四年，但为了掩盖国民党军队在九一八事变中不抵抗的不光彩历史，掩盖蒋介石领导的国民政府对日寇妥协卖国的罪恶行径，同时也是为了否定中国共产党领导下的东北抗日武装率先举起抗日大旗的历史事实，历史虚无主义者不仅置东北义勇军以及后来的东北抗日联军英勇抗日的历史事实于不顾，甚至否认黑龙江省代主席兼军事总指挥马占山率领爱国官兵英勇保卫黑龙江嫩江铁桥的“江桥抗战”打响了抗日第一枪，到处宣扬抗日战争只有八年，甚至称1937年七七事变之前并不存在真正的抗日斗争，中国的抗日战争是从七七事变正式开始的，一开始就是由国民党主导的。

(3)“游而不击”错误

抗日战争时期，中共开展的敌后游击战可谓世界战争之奇观，但长期以来却不断有人质疑这一事实，批评中共打游击战而非正规战，是“借游击为名，离开正面战争”，是为了“避免作战，保存实力”。针对这种观点，我们从三个方面进行分析：为什么要游击战？如何进行游击战？游击战产生了什么影响？

抗日战争时期八路军、新四军之所以将游击战作为主要作战方式，从根本上讲是敌强我弱这一客观形势所决定的。同时，我国地域广大，日本侵略者兵力有限，只可能占领城市与重要交通沿线，这就为八路军、新四军开展独立自主的游击战提供了生机和发展空间。中共在抗战中长期以游击战为主是战略选择，并非是消极避战。这恰恰充分展示了中共坚定的抗战必胜决心和高明过人的战略战术。

如何进行游击战？最主要的一点就是要保存自身实力。毛泽东在《论持久战》一文中即曾阐述，“保存自己的目的，在于消灭敌人；而消灭敌人，又是保存自己的最有效的手段”①，但“战争目的中，消灭敌人是主要的，保存自己是第二位的，因为只有大量地消灭敌人，才能有效地保存自己”②。由此可见，那种将保存

---

① 《毛泽东选集》第2卷，人民出版社1991年版，第498页。

② 《毛泽东选集》第2卷，人民出版社1991年版，第482页。

实力与消灭敌人割裂开来，认为中共开展游击战就是为了“避免作战，保存实力”的观点，显然失之于偏颇。1938 年 5 月，毛泽东《论持久战》一文又针对对游击战的质疑作进一步澄清：“不要以为少打大仗，一时显得不像民族英雄，降低了资格，这种想法是错误的。游击战争没有正规战争那样迅速的成效和显赫的名声，但是‘路遥知马力，事久见人心’，在长期和残酷的战争中，游击战争将表现其很大的威力，实在是非同小可的事业。”[①]八路军实行独立自主的游击战争，其原则一是有依照情况使用兵力之自由；二是有发动群众、创造根据地、组织义勇军之自由，地方政府与邻近友军不得干涉；三是国民政府只作战略规定，八路军有执行此战略之一切自由；四是依傍山地，不打硬仗。[②]

战略统一下的独立自主的游击战争，是在抗日战争条件下发挥人民军队政治优势和军事优势最好的作战形式。首先，独立自主的游击战争，是在抗日民族统一战线的原则规定下，服从于民族革命战争的总体战略。所谓独立自主，即在政治上坚持党对军队的绝对领导，也包含人民军队在作战中根据实际情况灵活行动与自主指挥。其次，抗日游击战争是广大民众的革命战争。分散的作战形式，便于广泛发动群众，动员群众参加战争，这是任何集中作战很难办到的。最后，抗日游击战争有利于在党的统一领导下，实行军民结合、军政统一，创建抗日根据地，壮大革命力量，实现有根据地、有后方的持久作战。抗日战争的实践证明，独立自主的游击战争，是中国共产党领导的人民军队坚持抗日民族统一战线，坚持持久抗战的唯一正确的方针。[③]

游击战所取得的这种神出鬼没的效果甚至引起了国民党的关注。1938 年 10 月，蒋介石在武汉召开高级将领会议，邀请朱德参加。朱德在会上提出了国共两党举办游击干部训练班的建议，被蒋介石所采纳，并要求拟出具体实施计划。其后，周恩来和叶剑英研究制定了游击干部训练班教育计划大纲，由周恩来提交给蒋介石。为此，蒋介石命令各战区划分出若干游击区，指派部队担任游击。为了培养游击战的指挥人才，国民政府军委会还专门在衡山举办了三期南岳游击干部训练班，蒋介石任主任，白崇禧、陈诚任副主任，聘请叶剑英等中共将领为教官，传授游击战战略战术和政治工作，周恩来也曾到训练班视察与授课。开辟和扩大敌后游击战争配合正面战场作战，牵制日军主力，对扭转战局、争取抗战胜利发挥了决定性作用。

---

① 《毛泽东选集》第 2 卷，人民出版社 1991 年版，第 499～500 页。

② 参见中共中央党史研究室编著：《中国共产党历史(1921～1949)》第 1 卷下册，中共党史出版社 2011 年，第 478 页。

③ 参见中共中央党史研究室编著：《中国共产党历史(1921～1949)》第 1 卷下册，中共党史出版社 2011 年，第 480 页。

2.中国共产党是抗日战争的中流砥柱的基本依据

面对日本法西斯的疯狂进攻，中国共产党始终秉持民族大义，自觉肩负历史重任，大力倡导并积极促成了抗日民族统一战线，使得百年来一盘散沙的旧中国形成各族人民万众一心、同仇敌忾、英勇抗战的新局面，中国共产党的中流砥柱作用是抗战胜利的关键。

(1)中国共产党率先举起抗战的旗帜，是中华民族的抗日先锋队。九一八事变后的第三天，中共中央即发表宣言，率先提出了武装抗击日本侵略的主张。中国共产党深刻揭露日本企图把中国变为殖民地的罪恶目的，强烈谴责国民党当局“不抵抗”的卖国政策；提出“以民族革命战争驱逐日本帝国主义出中国，以求得中华民族彻底的解放和独立”的政治主张；号召全国人民动员起来，武装起来，奋起抗击日本侵略者；宣布中国工农红军准备与日本侵略者直接作战。为履行武装抗日的政治承诺，中国共产党迅速派出杨靖宇、周保中等一批重要干部到东北，组织抗日游击队直接打击日本侵略者。中国共产党还对淞沪抗战、察哈尔抗战、绥远抗战等给予坚决支持，并派出红军北上抗日先遣队，指挥红军为进入抗日前线东征。中国共产党的武装抗日言行，得到了全国人民的拥护和响应，为抗日民族统一战线形成奠定了舆论基础和群众基础。没有中国共产党，就没有全民族的警醒和奋起。中国共产党不愧是中华民族的抗日先锋。

(2)中国共产党倡导、推动和维护抗日民族统一战线，凝聚了中华民族的抗日力量。近代以来，中国人民历次反侵略战争失败的一个重要原因，是政治统治集团的腐朽无能和民族内部软弱涣散。正如毛泽东所说：“日本敢于欺负我们，主要的原因在于中国民众的无组织状态。”①九一八事变特别是华北事变后，中国共产党以民族利益为重，毅然捐弃前嫌，倡导和推动第二次国共合作，呼吁建立以国共合作为基础的抗日民族统一战线，并为之作出了不懈的努力。1935年8月，中国共产党发表《八一宣言》，呼吁停止内战，集中一切力量为抗日而奋斗，12月瓦窑堡会议确立了抗日民族统一战线的战略方针。1936年西安事变后，中国共产党全力促成西安事变的和平解决。在中国共产党积极努力和推动下，以国共两党合作为基础，中国各族人民、各民主党派、各爱国军队、各阶层爱国人士以及海外华侨的抗日民族统一战线形成并发展起来。无论条件多么艰苦、形势多么险恶、战争多么残酷，中国共产党矢志不渝地坚持抗战、反对妥协，坚持团结、反对分裂，坚持进步、反对倒退。中国共产党提出的抗日民族统一战线策略和政策的贯彻执行，广泛地团结了中华民族一切可以团结的力量，筑成了全民族抗战的坚固长城，使全国团结抗战的局面得以坚持和发展，直至取得全民族抗战

---

① 《毛泽东选集》第2卷，人民出版社1991年版，第511页。

胜利。没有中国共产党，就没有抗日民族统一战线；没有抗日民族统一战线，就没有抗日战争的胜利。

(3)中国共产党实行全面的抗战路线和持久战的战略总方针为抗日战争提供战略指导。百年来，中国积贫积弱，在反抗外来侵略的战争中屡战屡败。面对更加凶残的日本侵略者，中国军民能不能战而胜之，又如何能战而胜之？这是抗战爆发之际，摆在整个中华民族面前的一个大问题。以毛泽东为代表的中国共产党人，给出了明确的答案。抗战时期，中国共产党科学总结两次国内革命战争的经验教训，形成了指导抗战的正确理论、路线、方针和政策。这些都集中体现在毛泽东撰写的《论持久战》《抗日游击战争的战略问题》等著作中。这些论著科学回答了当时人们头脑中存在的种种疑虑，高瞻远瞩描绘了抗战胜利的路线图，极大地增强了中国人民争取抗战胜利的信心，为全国军民夺取抗日战争的胜利指明了正确的方向。1937 年 8 月，中共中央政治局扩大会议(即洛川会议)分析了中日战争敌强我弱的形势，指出抗日战争具有艰苦性和持久性的特点，正式确定了全面全民族的抗战路线和持久战的战略总方针。在中国共产党的影响下，国民政府军事委员会也在作战指导计划中确定了以持久战为主旨的战略方针。中国共产党提出实施的全面抗战路线、持久战的战略总方针和独立自主的游击战的军事战略方针，指明了争取抗战胜利的正确道路，从思想上武装了中国共产党领导下的广大抗日军民，进而坚定了全国军民争取抗战胜利的信心和决心。整个抗日战争特别是敌后战场抗战的实践，正是按照毛泽东全民抗战、持久抗战的战略思想及相关理论一步步走向胜利的，成为世界战争史上的一大奇观。没有中国共产党提出的正确的抗战路线，没有中国共产党实施的正确的战略指导，就不可能取得抗日战争的伟大胜利。

(4)游击战在抗日战争中发挥了巨大的作用。开展敌后游击战争，是夺取抗战胜利的中坚力量。全面抗战爆发后，中国共产党从敌我力量对比悬殊的现实出发，明确提出共产党领导的敌后战场主要进行游击战的战略方针。在这一战略方针指导下，人民军队大胆深入敌后，广泛发动群众，开展机动灵活的游击战，不断消耗敌人，使日本侵略者陷入了人民战争的汪洋大海。敌后游击战争的坚持，把大量的日军、伪军拖在了敌后战场，从战略上有力地配合了国民党的正面战场，集聚和发展了人民抗日力量，逐步改变敌我力量对比，成为最后战胜敌人的强大战斗力量。

(5)抗日根据地领导和开辟了广阔的敌后战场，为抗战胜利作出了巨大贡献。开辟广大敌后战场，是夺取抗战胜利的坚强堡垒。抗战爆发后，中国共产党审时度势，利用日军长驱直入、后方空虚的弱点，领导抗日武装深入敌后，在华北、华中、华南等地创建了晋察冀、晋冀豫、晋绥、晋鲁豫等 19 块抗日民主根据地，开辟了广大的敌后战场，形成了敌后战场和正面战场互相配合、互相支援的战略局面，并逐渐成为中国人民抗日战争的主战场。敌后战场牵制和歼灭了大量的日军兵力，使侵华日军陷入两面作战的前后牵制与内外夹击之中，沉重打击了日军的嚣张气焰，为坚持全民族持久抗战并夺取最后胜利发挥了决定性的作用。

(6)中国共产党的自身建设为抗日战争的胜利提供了坚实的领导基础。中国共产党在抗日斗争实践中有力地推进党的建设，形成了以毛泽东为核心的中央领导集体，确立了正确的思想路线、政治路线和组织路线，实现了全党在思想上、政治上、组织上前所未有的团结，党的力量也获得空前的发展和壮大。中国共产党在抗日战争中的杰出表现，使越来越多的人民群众了解、认识和支持中国共产党。党的团结和统一，增强了党的战斗力，使中国共产党进一步成为成熟的马克思主义政党，支撑起全民族救亡图存的希望，成为中国人民革命事业当之无愧的领导核心。

[合作讨论]

以小组为单位，通过线上课堂互动，明确中国共产党是抗日战争的中流砥柱的现实意义，增强“四个自信”，汲取红色基因，为实现中华民族的伟大复兴贡献青年力量。

3.明确中国共产党是抗日战争的中流砥柱的现实意义

长城内外、大江南北，到处燃起抗日的烽火，中华大地掀起了惊天地、泣鬼神的反侵略战争。中华儿女同仇敌忾、众志成城，为国家生存而战，为民族复兴而战，为人类正义而战。正面战场节节抵抗，敌后战场步步深入，形成陷敌人于汪洋大海的包围之势，社会动员之广泛、民族觉醒之深刻、战斗意志之顽强、必胜信念之坚定，都达到空前的高度。抗击侵略、救亡图存，成为全体中国人民的共同意志和行动。在波澜壮阔的全民族抗战中，中国共产党以最坚定的态度、最坚决的意志、最勇敢的斗争，成为全民族抗战的中流砥柱。

(1)坚定党的领导核心地位的政治自信。抗日战争的历史表明，中国共产党之所以成为抗战的中流砥柱，是因为中国共产党的路线、方针和政策，始终都是从中华民族的利益出发，在民族危亡的时候，一切行动都围绕着抗日救亡而进行。正是由于中国共产党的一心为中华民族奉献的精神，推动了抗日民族统一战线的形成，凝聚了人心和力量，全民一心同日本帝国主义进行斗争，中国共产党因此成为抗日战争的中流砥柱。而中国共产党也因此受到了全国人民的拥护，发展壮大，为民主革命的胜利奠定了基础。历史证明，坚持党的全面领导，是国家和民族兴旺发达的根本所在，是全国各族人民幸福安康的根本所在。

(2)坚信人民群众是历史创造者的唯物史观。在抗日战争过程中，在军事上处于劣势的中国最终战胜日本侵略者，依靠的就是人民战争的威力。正如毛泽东所说，“兵民乃胜利之本”。中国共产党主张坚持人民战争，进行持久战，深入敌后，开展敌后游击战，把根深深地扎在群众当中，把人民的力量充分调动起来，最终促成了全民族抗战的局面，把日本拖入战争的泥潭而不能自拔，这是中国能够打败日本侵略者的关键。在新的历史时期，要实现中华民族的伟大复兴，也必须依靠广大人民群众的力量，调动各阶层、各团体的积极性，这就需要中国共产党充分发扬群众路线，凝聚人心，团结力量，才能战胜前进道路上的各种险阻，实现伟大的民族复兴。如果脱离了群众，不尊重群众利益，不调动群众积极性，必然会一事无成。

[选用故事]

播放电影《地道战》片段。地道战是在中国抗日战争时期，在华北、冀中平原上抗日军民利用地道打击日本侵略者的作战方式。地道战从晋察冀边区保定清苑的冉庄开始经过不断的发展，从单一的躲藏成为能打能躲、防水防火防毒的地下工事，并逐渐形成了内外联防，互相配合。地道战使原本无坚可守的冀中平原成为中国军民打击日本侵略军的重要作战区域。

(3)坚定中华民族伟大复兴的民族自信。中国共产党高举抗日民族统一战线的旗帜，坚决维护、巩固、发展统一战线，坚持独立自主、团结抗战，维护了团结抗战大局。在艰苦卓绝的抗日战争中，全体中华儿女为国家生存而战，为民族复兴而战，为人类正义而战。中国共产党团结带领全国各族人民艰苦创业，创造了举世瞩目的发展成就，成功开辟了中国特色社会主义道路，今天，中国特色社会主义进入新时代，中华民族伟大复兴迎来了光明前景。我们也清醒认识到，在前进道路上，我们仍然会面临各种各样的风险挑战，会遇到各种各样的荆棘坎坷。我们要弘扬伟大抗战精神，以压倒一切困难而不为困难所压倒的决心和勇气，敢于斗争，善于创造，锲而不舍为实现中华民族伟大复兴而奋斗，直至取得最后的胜利。

四、教学反思

本专题内容注重问题导向，以学生为中心精心设计问题，针对网络上历史虚无主义的错误，正本清源，还原历史真相，引导学生运用历史唯物主义立场分析问题。随时关注学生课堂反应，增强学生的参与度。本着以学生为本的课堂教学原则，紧紧围绕教学目标选择教学案例和有关的多媒体资料，根据课堂教学反馈情况来看，还需要进一步完善学习效果评价机制。并从学情出发，及时调整问题内容及引导方法。

五、学习拓展

(一)经典文献

1.中日矛盾变动了国内的阶级关系,使资产阶级甚至军阀都遇到了存亡的问题,在他们及其政党内部逐渐地发生了改变政治态度的过程。这就在中国共产党和中国人民面前提出了建立抗日民族统一战线的任务。我们的统一战线是包括资产阶级及一切同意保卫祖国的人们的,是举国一致对外的。[①]

2.我们的战争不是任何别的战争,乃是中日两国在二十世纪三十年代进行的战争。在我们的敌人方面,首先,它是快要死亡的帝国主义,它已处于退步时代,不但和英灭印度时期英国还处于资本主义的进步时代不相同,就是和二十年前第一次世界大战时的日本也不相同。此次战争发动于世界帝国主义首先是法西斯国家大崩溃的前夜,敌人也正是为了这一点才举行这个带最后挣扎性的冒险战争。所以,战争的结果,灭亡的不会是中国而是日本帝国主义的统治集团,这是无可逃避的必然性。[②]

3.中国人民抗日战争的伟大胜利,彻底粉碎了日本军国主义殖民奴役中国的图谋,有力捍卫了国家主权和领土完整,彻底洗刷了近代以来抗击外来侵略屡战屡败的民族耻辱!

中国人民抗日战争的伟大胜利,重新确立了中国在世界上的大国地位,中国人民赢得了世界爱好和平人民的尊敬,中华民族赢得了崇高的民族声誉!

中国人民抗日战争的伟大胜利,坚定了中国人民追求民族独立、自由、解放的意志,开启了古老中国凤凰涅槃、浴火重生的历史新征程![③]

4.中国人民抗日战争胜利是中国共产党发挥中流砥柱作用的伟大胜利。中国共产党自成立之日起就把实现中华民族伟大复兴作为自己的历史使命,捍卫民族独立最坚定,维护民族利益最坚决,反抗外来侵略最勇敢。在抗日战争时期,在民族危亡的历史关头,中国共产党以卓越的政治领导力和正确的战略策略,指引了中国抗战的前进方向,坚定不移推动全民族坚持抗战、团结、进步,反对妥协、分裂、倒退。中国共产党高举抗日民族统一战线的旗帜,坚决维护、巩

---

① 《毛泽东选集》第1卷,人民出版社1991年版,第253页。

② 《毛泽东选集》第2卷,人民出版社1991年版,第451页。

③ 习近平:《在纪念中国人民抗日战争暨世界反法西斯战争胜利75周年座谈会上的讲话》,《人民日报》2020年9月4日。

固、发展统一战线，坚持独立自主、团结抗战，维护了团结抗战大局。中国共产党人勇敢战斗在抗日战争最前线，支撑起中华民族救亡图存的希望，成为全民族抗战的中流砥柱！[①]

(二)典型习题

1.1931 年 9 月 20 日，中共中央发表宣言，响亮提出(　　)。

A.“反对华北自治”

B.“停止内战，一致对外”

C.“坚持抗战到底——反对中途妥协”

D.“反对日本帝国主义强占东三省”

答案:D

2.中国共产党直接领导了东北人民的抗日武装斗争，先后选派(　　)等到东北，加强中共满洲省委及各级地方党组织的领导力量。

A.吉鸿昌　　B.赵尚志　　C.赵一曼　　D.杨靖宇

答案:BCD

3.中国共产党直接领导了东北人民的抗日武装斗争，1936 年 2 月后，中国共产党领导的东北抗日武装力量陆续改建为(　　)。

A.东北抗日联军

B.奉军

C.中国人民解放军东北野战军

D.国民革命军东北边防军

答案:A

4.1935 年 8 月 1 日，中共驻共产国际代表团草拟(　　)并公开发表，主张停止内战，组织国防政府和抗日联军，对日作战。

A.《中国人民对日作战的基本纲领》

B.《对目前时局的宣言》

C.《中国共产党抗日救国十大纲领》

D.《中国苏维埃政府、中国共产党中央为抗日救国告全体同胞书》

答案:D

① 习近平:《在纪念中国人民抗日战争暨世界反法西斯战争胜利 75 周年座谈会上的讲话》,《人民日报》2020 年 9 月 4 日。

第二节 中国共产党对革命新道路的艰苦探索

一、概念与目标

(一)核心概念

1.工农武装割据

“工农武装割据”是毛泽东提出的关于中国革命新道路理论的一个科学概念。它是指在中国共产党领导下,以武装斗争为主要形式、以土地革命为中心内容、以农村革命根据地为战略阵地的三者密切结合。

2.农村包围城市

以毛泽东为代表的中国共产党人在领导新民主主义革命实践中逐步摸索出来的具有中国特色的革命发展道路。其基本内容是革命首先在敌人统治力量比较薄弱的农村,发动农民武装暴动,建立人民军队,建立革命根据地,把武装斗争、土地革命、建立政权结合起来,使之建成支持长期革命战争的战略基地。依托根据地积累发展革命力量,随着革命战争、人民武装和根据地的发展,逐步造成农村包围城市的战略态势,最后夺取全国胜利。

(二)内容框架

中国共产党对革命新道路的艰苦探索

- 1. 开辟新道路的背景和过程
- 2. 新道路“新”在何处
- 3. 开辟新道路的意义

(三)学习目标

1.知识目标

了解中国革命新道路开辟的背景、过程。了解其“新”在何处以及开辟的意义,对以毛泽东为代表的中国共产党人开辟新道路经历形成充分认识。

2.能力目标

了解中国革命新道路开辟的实践探索和理论总结,能够正确理解有关中国革命新道路的核心理论,工农武装割据、农村包围城市和武装夺取政权的真正内涵。

3.价值目标

结合习近平总书记系列讲话,深刻领会和认同在中国革命新道路开辟过程中形成的系列精神的时代价值,并在学习生活中自觉传承和坚持伟大的新道路开辟精神。

二、学情分析

本课的授课对象是大学一年级学生,在以往学习过程中,学生对有关历史事实、重大事件和重要人物已有一定的了解,但对历史脉络、历史发展规律和历史唯物主义的基本观点还不能系统准确地把握,对中国历史和人民的"四个选择"还缺乏深入的理解,对马克思主义中国化的历程和历史经验还不太清楚,需要进一步学习。

三、教学设计

本课内容主要涉及中国共产党成立后极为关键的阶段。在这一阶段里,中国共产党实现了从幼稚到成熟的蜕变,探索开辟出了适合中国国情的革命道路。该阶段是马克思主义中国化及其理论成果——毛泽东思想形成的初始阶段。

(一)课程导入

[视频导入]

观看视频(节选大型政论片《复兴之路》),了解大革命失败、国民党统一全国的大致过程以及国民党政权的性质。

[合作讨论]

国民党政权的性质是什么?

[案例导入]

播放经典红歌《没有共产党就没有新中国》,根据歌词,思考中国共产党是怎样为人民指出解放道路的?

(二)课堂讲授

我们党指出的是一个大方向。1922 年中共二大明确提出了最低纲领"打倒军阀,推翻帝国主义",因此找到了中国革命的真正对象——帝国主义、封建主义这两座大山。我们党也开辟出中国革命的具体道路——走农村包围城市、武装夺取政权的道路。

1.开辟新道路的背景和大致过程

[选用故事]

"红军"称谓的由来

党在湖北领导发动了数万人参加的黄麻起义,起义部队当时统称为"农民自卫军"。起义当天,经过激战一举攻克敌人盘踞的红安县城,建立了工农民主政权。第二天清晨,原国民党县衙门前挂起了绣有镰刀、铁锤的红旗。当地著名书法家吴兰阶情不自禁地挥毫疾书,写了一副对联贴在县衙的大门上。这副对联为:

痛恨绿林兵,假称青天白日,黑暗沉沉埋赤子

光复黄安城,试看碧云紫气,苍生济济拥红军

"痛恨绿林兵,假称青天白日,黑暗沉沉埋赤子"正是我们开辟革命新道路的背景,这也是人民军队历史上第一次喊出"红军"的称号。

这个故事中,"绿林兵"指军阀,"青天白日"指国民党反动派,此前的大革命由于以蒋、汪为代表的右派叛变革命而失败后,新军阀蒋介石在形式上统一了中国,蒋介石实施白色恐怖屠杀共产党员和革命群众,中国革命陷入低潮。但我们党没有被反动派的恐怖屠杀吓倒,而是以一系列武装起义来反抗回击。其中南昌起义、秋收起义、广州起义是影响最大的,然而这一时期由于敌强我弱,力量对比悬殊,以占领中心城市为目标的武装起义几乎全部失败了。当时的客观环境迫使革命力量深入农村坚持革命斗争。

开辟新道路的过程,主要有实践和理论两大方面。实践方面主要是八七会议的召开和"三大起义"的失败。1927年8月7日,党在汉口召开了紧急会议(即八七会议)。毛泽东在发言中讲了三个问题:一是领导权问题;二是农民问题;三是军事问题。关于领导权问题,他将国共两党的合作比喻为共同建造了一座房子。我们虽然勉强搬进了房子里,但始终没有当这个房子主人的决心,即忽视了争取革命领导权。关于农民问题,他批评了忽视农民运动的倾向。关于军事问题,他强调党"以后要非常注意军事,须知政权是由枪杆子中取得的"①。

八七会议确定了土地革命和武装反抗国民党反动派的总方针,会议明确指出,党的现实最主要的任务是有系统地、有计划地、尽可能地在广大区域内准备农民的总暴动。在此精神指导下,党先后组织了秋收起义、广州起义等百余次武装起义。但由于这些起义都以攻打中心城市为目标,以卵击石,所以都遭遇惨败。在领导秋收起义攻打长沙失败后,毛泽东没有按照党中央的指示继续攻打

① 《毛泽东军事文集》第1卷,军事科学出版社、中央文献出版社1993年版,第2页。

长沙，认为攻占长沙已是一项“不可能完成的任务”，他果断决定退兵文家市，当时队伍驻扎在里仁学堂，经过激烈的讨论，毛泽东的正确意见得到认可，放弃“取浏阳直攻长沙”的原定计划，“议决退往湘南”，到敌人统治力量薄弱的农村山区寻找落脚点，并于10月7日抵达江西省宁冈县（已撤消）茅坪，开始创建井冈山农村革命根据地的斗争。1928年春，第一个农村根据地建立起来了，工农武装割据的星星之火被点燃了。

[有效提问]

当时为什么要选择井冈山做栖身之处？

在实践上，井冈山有四大独特优势，其中敌人弱（远离中心城市）、基础强（群众基础强）是中国的独特国情，地势险（易守难攻）、山林好（物产丰富）则是井冈山自身的地理因素。这里既可养兵又能御敌，有水稻、村庄，可以自给自足；地势险要、丛林茂密，只有几条狭窄小道通往山上。有老同志回忆说，如果我们在山上，敌人在山下转一圈得一个星期，而我们一天就可以从这边到那边。

在理论上，主要是开辟新道路的理论探索。毛泽东在《中国的红色政权为什么能够存在》中这样概括中国红色政权发生和存在的原因：“第一，它的发生不能在任何帝国主义国家，也不能在任何帝国主义直接统治的殖民地，必然是在帝国主义间接统治的经济落后的半殖民地的中国。第二，中国红色政权首先发生和能够长期地存在的地方，不是那种并未经过民主革命影响的地方，例如四川、贵州、云南及北方各省，而是在一九二六和一九二七两年资产阶级民主革命过程中工农兵士群众曾经大大地起来过的地方，例如湖南、广东、湖北、江西等省。第三，小地方民众政权之能否长期的存在，则决定于全国革命形势是否向前发展这一个条件。第四，相当力量的正式红军的存在，是红色政权存在的必要条件。第五，红色政权的长期的存在并且发展，除了上述条件之外，还须有一个要紧的条件，就是共产党组织的有力量和它的政策的不错误。”①

2.新道路“新”在何处

[案例导入]

井冈山时期的著名观点和故事。

“红旗到底能打多久”？

自1927年10月起，毛泽东领导工农革命军在罗霄山脉中段开展游击战争，革命形势迅猛发展。然而，在强敌进攻面前，总有些人思想悲观，怀疑革命根据地发展的前途，提出了“红旗到底能打多久”的疑问。这一思潮的代表人物就是

① 《毛泽东选集》第1卷，人民出版社1991年版，第49～50页。

林彪。

这个二十来岁的“毛头娃”，在1929年5月18日召开的前委会议上就提出过这一悲观论调，当时受到毛泽东严肃批评。古田会议前后，趁着过新年，林彪给近在咫尺的毛泽东写了一张“贺年信”，字里行间仍保留他那种悲观情绪。

元旦过后，毛泽东意识到，对革命前途悲观的思想，不仅是林彪的个人主张，而是存在于红四军党内的“一般紧要的问题”。在新年过后第5天，毛泽东给林彪回了信。

除了给中共中央写的汇报信外，毛泽东很少写长信，这封回信7000多字，他花了整整一天的时间。在信中，他运用唯物辩证法，分析了国内政治形势和敌我力量对比，明确指出“红军、游击队和红色区域的建立和发展，是半殖民地中国在无产阶级领导之下的农民斗争的最高形式”，“是促进全国革命高潮的最重要因素”。“星星之火，可以燎原”——毛泽东用这8个字来形容当时的革命形势，指出革命的力量虽然小，但它的发展是很快的。此后半年间，红军在奔袭夺胜中不断壮大。

毛泽东在《星星之火，可以燎原》中进一步阐明中国革命、红军游击队和红色区域的建立和发展，是半殖民地的中国在无产阶级领导之下农民斗争的最高形式，是半殖民地农民斗争发展的必然结果，是促进全国革命高潮的最重要因素。这些论述实际上提出了“党把工作重心由城市转移到农村，在农村开展游击战争，深入进行土地革命，建立和发展红色政权，待条件成熟时，再夺取全国政权的中国革命新道路”的思想。因此，新道路“新”在突破了苏联模式，走农村包围城市、武装夺取政权的道路。

3.开辟新道路的意义

[合作讨论]

开辟新道路的意义是什么？

中国特色革命道路的开辟具有重大的历史意义和现实价值，主要表现在以下四个方面：第一，揭示了中国革命发展的规律，指导中国革命取得了最后的胜利；第二，丰富和发展了马克思主义关于暴力革命的学说，为殖民地半殖民地国家的人民革命斗争提供了重要经验；第三，中国特色革命道路理论是马克思主义普遍原理与中国革命具体实际相结合的光辉典范，是毛泽东思想形成的重要标志；第四，对中国特色社会主义理论体系的形成和发展起到了启迪作用。

四、教学反思

在教学效果分析上，要抓住重点，使思想政治理论课的教学目的落到实处。学习过程中，要始终注意突出农村包围城市的革命新道路的思想和方法论意义——实事求是思想路线与马克思主义中国化思想原则的确立。

在教学经验上，一是要合理运用多媒体信息技术等现代化教学手段。紧扣教学内容，适当放映影视歌曲、录像资料，形成视听立体、丰富多样的教学形式，使学生在轻松愉快的气氛中学习和思考，掌握学习重点。二是要充分调动学生自主学习的积极性。本课相关内容有一些视频资料，课前的预习要求学生收集相关资料，准备精彩故事，课后进行延展阅读，这都充分调动了学生自主学习的积极性，增强了教学效果。三是要科学地运用讲授教学方法，实现师生互动，活跃了课堂气氛，增强了学习效果。教师讲授与学生课堂辩论、讨论相结合。实现“教”与“学”的双向互动，既发挥教师的主导作用，又充分发挥学生的主体作用，激发学生的思想活力，以达到培养学生独立发现、思考、分析问题能力的目的。

五、学习拓展

(一)经典文献

1.奋斗是曲折的，“为有牺牲多壮志，敢教日月换新天”，要奋斗就会有牺牲，我们要始终发扬大无畏精神和无私奉献精神。①

2.办好中国的事情，关键在党。中华民族近代以来180多年的历史、中国共产党成立以来100年的历史、中华人民共和国成立以来70多年的历史都充分证明，没有中国共产党，就没有新中国，就没有中华民族伟大复兴。历史和人民选择了中国共产党。中国共产党领导是中国特色社会主义最本质的特征，是中国特色社会主义制度的最大优势，是党和国家的根本所在、命脉所在，是全国各族人民的利益所系、命运所系。②

(二)典型习题

1.1930年1月，毛泽东在《星星之火，可以燎原》一文中写道：“我所说的中国

---

① 习近平：《在2018年春节团拜会上的讲话》，《人民日报》2018年2月15日。

② 习近平：《在庆祝中国共产党成立100周年大会上的讲话》，《求是》2021年第14期。

革命高潮快要到来，决不是如有些人所谓‘有到来之可能’那样完全没有行动意义的、可望而不可即的一种空的东西。它是站在海岸遥望海中已经看得见桅杆尖头了的一只航船，它是立于高山之巅远看东方已见光芒四射喷薄欲出的一轮朝日，它是躁动于母腹中的快要成熟了的一个婴儿。”这段话是针对当时党内和红军中存在的（　　）。

A.“在全国范围内先争取群众后建立政权”的理论

B.“御敌于国门之外”的主张

C.“红旗到底能打多久”的疑问

D.“一省或数省的首先胜利”的设想

答案：C

2.中国共产党在领导人民革命的过程中，积累了丰富的经验，塑造出了有效克敌制胜的武器，武装斗争就是中国共产党在中国革命中战胜敌人的重要法宝之一，其实质是（　　）。

A.无产阶级的反帝国主义战争

B.资产阶级领导的反封建战争

C.工农联合的反军阀战争

D.工人阶级领导的农民战争

答案：D

3.1928 年底，国民党在全国范围内建立了自己的统治，国民党政权的性质是（　　）。

A.民族资产阶级的统治

B.地主阶级和买办性的大资产阶级的统治

C.工人、农民、城市小资产阶级和民族资产阶级革命联盟的统治

D.封建地主阶级的统治

答案：B

4.1928 年到 1930 年毛泽东撰写的有关中国革命道路理论的重要著作有（　　）。

A.《中国的红色政权为什么能够存在》

B.《井冈山的斗争》

C.《星星之火，可以燎原》

D.《战争和战略问题》

答案：ABCD

5.1928 年 12 月，毛泽东在井冈山主持制定了中国共产党历史上第一个土地法，以立法的形式，首次肯定了广大农民以革命的手段获得土地的权利。但是由于

缺乏经验，这个土地法中存在着并不适合中国农村实际的规定，主要有（　　）。

A.没收一切土地归苏维埃政府所有

B.禁止土地买卖

C.保存富农经济

D.按劳动力而不是按人口平分土地

答案：AB

第三节　为建立新中国而奋斗

一、概念与目标

（一）核心概念

1921年中国共产党成立后，确立了新民主主义革命的正确道路，让灾难深重的中国人民看到了新的希望、有了新的依靠。我们党探索出农村包围城市、武装夺取政权的正确革命道路，“唤起工农千百万，夺过鞭子揍敌人”，经过土地革命战争、抗日战争、解放战争，中国共产党推翻了压在中国人民头上的帝国主义、封建主义、官僚资本主义“三座大山”，建立了人民当家作主的中华人民共和国，彻底结束了近代以来中国内忧外患、积贫积弱的悲惨境地，开启了中华民族发展进步的新纪元。中国共产党是中国工人阶级的先锋队，同时是中国人民和中华民族的先锋队，是中国特色社会主义事业的领导核心，代表中国先进生产力的发展要求，代表中国先进文化的前进方向，代表中国最广大人民的根本利益。党的最高理想和最终目标是实现共产主义。中国共产党以马克思列宁主义、毛泽东思想、邓小平理论、“三个代表”重要思想、科学发展观、习近平新时代中国特色社会主义思想作为自己的行动指南。中国共产党领导是中国特色社会主义最本质的特征。

解放战争，亦称“第三次国内革命战争”，是1946年6月至1950年6月中国人民解放军在中国共产党的领导下，为推翻国民党统治、解放全中国而进行的战争。这是一场事关中国前途命运的决战。1947年7月，解放军由战略防御转入战略进攻，接着连续进行了辽沈、淮海、平津三大战役，基本上消灭了国民党军主力。1949年4月，解放军横渡长江，解放南京，基本宣告了国民党统治的覆灭。1949年10月1日，在解放军向全国进军途中，中华人民共和国在北京宣告成立。到1950年6月，残存在东北、华东、中南、西南、西北战场上的国民党军被全部歼灭，仅有少量逃往台湾。1951 年西藏和平解放。至此，解放军完成了解放全国大陆和近海岛屿的任务，中国人民解放军取得第三次国内革命战争胜利，统一了中国大陆。

重庆谈判，是抗日战争胜利之际，中国共产党和中国国民党两党就中国未来的发展前途、建设大计在重庆进行的一次历史性会谈。从 1945 年 8 月 29 日至 10 月 10 日，经过 43 天谈判，国共双方达成《政府与中共代表会谈纪要》，即《双十协定》。重庆谈判及达成的《双十协定》给中国人民带来了和平、民主、团结的希望和曙光。虽然国民党统治集团违背全国人民迫切要求休养生息、和平建国的意愿，在 1946 年 6 月底全面撕毁《双十协定》，但其历史意义和启示仍是非常重大的。

（二）内容框架

- **为建立新中国而奋斗**
  - **第一节　从争取和平民主到击退国民党的军事进攻**
    - **1. 中国共产党争取和平民主的斗争**
    - **2. 国民党发动全面内战和解放区军民的坚决反击**
  - **第二节　全国解放战争的发展和第二条战线的形成**
    - **1. 解放战争的胜利发展**
    - **2. 解放区的土地改革运动与农民的广泛发动**
    - **3. 第二条战线的形成和发展**

（三）学习目标

1.知识目标

了解抗日战争胜利后国际国内的政治形势以及中国面临的三种政治力量、三种建国方案，两种命运、两个前途的较量；领会中国共产党为争取和平民主而进行的努力以及人民自卫战争的历史意义；了解国民党政权的垮台及其原因。

2.能力目标

通过对内战背景的研讨交流、相关材料的研习展示，引导学生分析历史发展趋势，认识国民党政权垮台的必然性；引导学生从文字资料、图片影像中运用马克思主义阶级分析的观点分析抗战胜利后中国存在的三种政治力量、三种建国方案之间的斗争，并透过历史的迷雾认识和掌握历史和人民如何选择了中国共产党；引导学生正确认识历史问题、抵制历史虚无主义等不良社会思潮的能力。

3.素养目标

引导学生运用辩证唯物主义和历史唯物主义的方法论正确分析抗战胜利后至中华人民共和国成立前中国的历史局势与时代选择。

二、学情分析

本课的授课对象是大学一年级学生，在以往学习过程中，部分学生已基本了解中国近现代史的相关内容，但他们对知识的掌握没有达到一定的广度和深度，认识上还没有上升到一定的高度，分析问题也缺乏科学的方法论指导。所以，在讲授教学中要应用创设情境、问题设置、启发式分析和讨论等，激发学生的学习兴趣，培养和提高学生的历史思维能力。

三、教学设计

本节课主要讲述1945年抗战胜利到新中国成立前夕的历史。抗日战争胜利后，中国存在着三种政治势力、三种建国方案的较量。以蒋介石为首的国民党政权凭借其执政地位，企图独吞抗战的胜利果实，准备发动内战，同时又以和平谈判为幌子进行政治欺骗。中国共产党坚持和平、民主的目标，在重庆谈判和政治协商会议的斗争中与民盟等中间势力进行合作，赢得了民心的支持。但国民党统治集团却坚持独裁、内战的方针，撕毁了政协协议，发动了反共反人民的内战。中国共产党领导人民被迫进行自卫战争并转为人民解放战争。

课程的核心理念是使学生深刻掌握“没有共产党就没有新中国”的历史，具体而言，是让学生正确认识抗日战争胜利后的国内外局势，国内各派政治势力的政治主张，引导学生充分认识中国共产党争取和平民主建国的方针，使学生正确认识人民解放战争胜利的过程、原因及第二条战线形成的历史作用，正确认识民主党派倡导的走资产阶级共和国的方案在中国是行不通的，感悟毛泽东思想的伟大之处。

在保证对学生进行党史、国史教育的前提下，开阔学生的知识视野，使其从多维度了解中国历史，开拓思维，提高自身的综合素质。为了更好地贯彻这一理念，在教学设计中要做到理论讲解和案例分析相结合，做到以学生为中心，围绕学生全程参与课堂教学，真正提高思想政治教育的实效性。

(一)课程导入

2021年7月1日，习近平总书记在庆祝中国共产党成立100周年大会上的讲话指出："为了赢得新民主主义革命的胜利，中国共产党团结起一切可以团结的力量，调动起一切可以调动的积极因素，动员起中华民族的整体力量，汇聚成推翻帝国主义、封建主义、官僚资本主义三座大山无坚不摧的革命洪流。"①

［合作讨论］

新民主主义革命胜利证明了什么？

（二）课堂讲授

抗日战争胜利后，帝国主义力量被削弱，社会主义国家、民族解放运动的力量有了新的发展，世界反动势力已经难以集中起来干涉中国革命。中国面临三种政治力量、三种建国方案的选择。

［有效提问］

今天我国各民主党派通过政治协商会议参政议政，而在抗日战争胜利后他们怎样表达政治主张的，表达了什么，在当时的中国他们的主张会有哪些结果？

中国人民客观上面临两个中国命运的选择：继续半殖民地半封建的统治，或者创建新民主主义的新中国。国民党的根本目的是坚持蒋介石独裁统治，继续走半殖民地半封建社会的老路。因此，蒋介石既准备内战，又表示愿意与中共进行和平谈判。1945 年 8 月 14 日、8 月 20 日、8 月 23 日，蒋介石三次电邀毛泽东到重庆共商"国际国内各种重要问题"。

［选用故事］

1945 年日本宣布投降之后，蒋介石迫于内外压力，于 8 月 14 日、8 月 20 日、8 月 23 日连续三次电邀毛泽东赴重庆谈判。毛泽东对蒋介石的意图有着非常清楚的认识，但是为了避免内战爆发与生灵涂炭，也为了揭露蒋介石"假谈判，真独裁"的虚伪伎俩，毛泽东遂于 8 月 24 日回复蒋介石的电文中同意飞赴重庆，进行和平谈判。

8 月 28 日，毛泽东与周恩来、王若飞在蒋介石的代表张治中、美国驻华大使赫尔利的陪同下，乘飞机于下午 3 时许抵达重庆，举世瞩目的重庆谈判正式拉开序幕。

8 月 30 日，毛泽东在住地桂园分别会晤柳亚子、陈枢铭、沈钧儒、王昆仑、傅斯年等人。柳亚子当时为三民主义同志联合会负责人，他与毛泽东算是故人重逢。早在 1926 年，作为国民党中央监察委员的柳亚子就在广东第一次与毛泽东见面。毛泽东当时担任国民党中央宣传部代理部长，两人一见如故，纵谈国事，柳亚子为时年 34 岁的毛泽东的胸襟与才华所折服，遂引为知己，而毛泽东也为

① 习近平：《在庆祝中国共产党成立 100 周年大会上的讲话》，《求是》2021 年第 14 期。

柳亚子坚定的三民主义信念与反蒋的清醒态度钦佩不已。1929年，作为著名诗人的柳亚子写下了《存殁口号六首》，其中第一首为："神烈峰头墓草青，湘南赤帜正纵横。人间毁誉原休问，并世支那两列宁。"在诗后的自注中柳亚子指"两列宁"为孙中山与毛泽东。将毛泽东比喻为中国的列宁，且与"国父"孙中山相比肩，可见他对毛泽东的赞誉之高。1941年皖南事变发生，柳亚子痛斥蒋介石的卑鄙行径，因此触怒蒋介石，遭到开除党籍的处罚，这一事件在当时引起极大轰动，远在延安的共产党人吴玉章、林伯渠等人致电慰问。柳亚子因此写了一首七律——《寄毛润之延安，兼柬吴玉章、徐特立、林伯渠、董必武、张曙时诸公》，其中有"云天倘许同忧国，粤海难忘共品茶"之句，即追忆1926年在广东与毛泽东纵谈天下、忧国忧民的往事。

在几近二十年间，柳亚子对共产党的同情与对毛泽东的激赏始终如一。此番渝地重逢，柳亚子桂园会晤归来后，激动不已，当晚即作七律一首——《八月二十八日闻润之来渝，三十日下午相见于曾家岩畔，赋赠一首》："阔别羊城十九秋，重逢握手喜渝州。弥天大勇诚能格，遍地劳民乱倘休。霖雨苍生新建国，云雷青史旧同舟。中山卡尔双源合，一笔昆仑顶上头。"9月6日，毛泽东在百忙中抽出时间，由周恩来与王若飞陪同来到柳亚子寓所，宾主畅谈一个多小时。

柳亚子当时正在着手编纂一本《民国诗选》，试图将毛泽东那首脍炙人口的七律《长征》选编入册，在当时毛泽东的诗词并没有公开发表过。柳亚子根据社会上的传抄本抄录了一份，又请毛泽东亲笔书录，以便校正传抄中的错误。毛泽东没有抄录《长征》，却将一首作于1936年的《沁园春·雪》赠给了柳亚子。1945年10月7日，毛泽东将诗词与一封信托人交予柳亚子，信中写道："初到陕北看见大雪时填过一首词，似与先生诗格略近，录呈审正。"柳亚子获得后欣喜不已，很快步原韵和了一首，题为《沁园春，次韵毛润之初到陕北看大雪之作，不能尽如原意也》，随后将两首《沁园春》交予《新华日报》发表。当时发表毛泽东诗作，必须征得毛泽东本人的同意，但是毛泽东当时忙于国事，无暇顾及，《新华日报》将此事汇报给周恩来，周恩来认为国共和谈处于关键时期，诗词中的字句容易引起误解，可能会被不怀好意者所利用攻击，因此不宜贸然发表，《新华日报》于是采取折中办法，先将柳亚子的和词发表，见报后，引起读者极大兴趣，均想一睹原词，恰好"柳诗尹画联展"开幕，陈列桌上呈有柳亚子最新诗稿一册，其中就录有毛泽东的《沁园春·雪》与柳亚子的和词，参观者纷纷抄录。《新民报晚刊》编辑吴祖光抄得了毛泽东的原词，于11月14日在第二版副刊《西方夜谭》上刊了出来，这是毛泽东诗词首次在报纸上公开登出。接着，重庆《大公报》将毛泽东的《沁园春·雪》与柳亚子的和词并列推出，短时间内，重庆十几家报刊纷纷转载，顿时轰动重庆乃至全国。蒋介石及其国民党反动派获悉后极为震怒，立刻布置爪牙与御用文人肆意攻击，而进步文人如郭沫若等则大加赞扬，一时间舆论纷争之极。毛泽东的文韬武略亦因此为全国人民所获悉，从而备受推崇。时过境迁，1951年1月8日，《文汇报》副刊将毛泽东的《沁园春·雪》墨迹与柳亚子的合词手迹重新刊出，以飨读者。

毛泽东为何在重庆送给柳亚子这首词，从毛泽东在1945年10月4日写给柳亚子的信中可窥出些许端倪："前曾奉告二语：前途是光明的，道路是曲折的。吾辈多从曲折(即困难)二字着想，庶几反映了现实，免至失望时发生许多苦恼。而困难之克服，绝不是那么容易的事情。此点深望先生引为同调。"虽然道路曲折坎坷，但只要怀着豪情万丈的心怀与必胜的信念，"天堑变通途"也只是时间问题。毛泽东赠送《沁园春·雪》一词，也许正是想要传达给柳亚子以及历经战火戕害的中国人民以这种信念和情怀。

[合作讨论]

1.毛泽东为什么要赠柳亚子诗词《沁园春·雪》?

2.国统区不同派别看到诗词《沁园春·雪》的反应是怎样的，反映了国统区怎样的政治心理?

[独立反思]

既然蒋介石的既定方针是用武力消灭中国共产党，并且得到美国的支持，那么，为什么中国共产党仍然要坚持和平、民主、团结的方针?

为建立和平民主的新中国而奋斗，这是中国人民的根本利益之所在。中国共产党曾希望通过和平的途径对中国进行政治社会的改革，并逐步向这个目标迈进。1945年5月，毛泽东就指出，对蒋介石拟采取"洗脸"政策而不是"砍头"政策。8月25日，中共中央在对时局的宣言中明确提出"和平、民主、团结"三大口号。1945年8月28日，毛泽东赴重庆进行和平谈判，经过43天艰苦谈判，1945年10月10日，国共双方代表签订《政府与中共代表会谈纪要》，即"双十协定"。1946年1月10日，政治协商会议在重庆召开，通过了《和平建国纲领》《关于政府组织问题的协议》《关于宪草问题的协议》《关于国民大会的协议》《关于军事问题的协议》等五项有利于中国实现和平民主的协议。

1946年6月底，国民党公开撕毁国共两党签订的停战协定，调集国民党军队22万人围攻鄂豫边境的中原解放区，全面内战爆发。继而以158万兵力，向各解放区发动了全面进攻。从1946年6月至1947年2月，解放军粉碎了国民党军队对解放区的全面进攻，国民党被迫收缩兵力改为对陕北、山东两个解放区的重点进攻。解放战争第二年，人民解放军转入战略进攻。1947年10月10日，中国人民解放军总部发表宣言，提出"打倒蒋介石，解放全中国"的口号。

［合作讨论］

1.中国共产党能够粉碎国民党的全面进攻、重点进攻，战争由被动转向主动，原因是什么？

2.解放区土地改革运动与我们今天的新农村建设有什么异同，对当时的中国农民阶级有什么影响？

转入战略进攻之后，为了维护广大农民的利益、激发支援解放战争的积极性，1947 年 7 月至 9 月，中国共产党在河北省平山县召开全国土地会议，制定和通过了《中国土地法大纲》，明确规定废除封建性及半封建性剥削的土地制度。

四、教学反思

通过多媒体视频资料及图示法，极大地激发了学生的积极性、主动性，并使历史内容变得生动、形象，易于理解掌握；教师提问、讲故事等形式能够形成良好的师生互动，活跃课堂气氛，从而加深了学生对相关基础知识的理解，做到了理论联系实际。教学重点与难点把握得当，所采用的教学手段也比较适当，基本达到预期的教学效果。

本节课的教学坚持了"以学生为本"的教学思想，采用适当的教学手段和教学方法，不断对学生进行引导和启发，加强师生互动，基本达到预期教学的效果。但仍有以下方面可以改进：一是在开课前让学生收集更多的中国共产党在解放战争时期相关的史料，学生课堂回答问题的内容会更加充实、生动，对中国共产党为什么能建立新中国认识更加深刻，教学效果会更好；二是调整与分配课堂教学时数，适当增加一些课后社会实践活动。根据教学内容的需要，组织学生参观一些革命圣地，追忆革命先烈的丰功伟绩；三是要充分发挥学生学习的主动性，尽量照顾不同学科背景带来的认知差异，使教学内容的安排与教学目标的设定有更强的针对性，以便在有限的课堂教学中，通过课堂讨论、师生互动，最大限度地发挥学生学习的主动性。

五、学习拓展

（一）经典文献

1.宣传思想工作一定要把围绕中心、服务大局作为基本职责，胸怀大局、把握大势、着眼大事，找准工作切入点和着力点，做到因势而谋、应势而动、顺势而为。[①]

2.马克思主义哲学尽管诞生在一个半世纪之前，但由于它深刻揭示了客观世界特别是人类社会发展一般规律，被历史和实践证明是科学的理论，在当今时代依然有着强大生命力，依然是指导我们共产党人前进的强大思想武器。[②]

3.为了赢得新民主主义革命的胜利，中国共产党团结起一切可以团结的力量，调动起一切可以调动的积极因素，动员起中华民族的整体力量，汇聚成推翻帝国主义、封建主义、官僚资本主义三座大山无坚不摧的革命洪流。[③]

(二)典型习题

1.重庆谈判，国共双方签署的协定是(　　)。

A.《政府与中共代表会谈纪要》

B.国共谈判协定

C.重庆谈判纪要

D.《国共重庆谈判协定》

答案:A

2.1947 年 6 月底，根据中共中央的决策和部署，刘伯承、邓小平率领的晋冀鲁豫野战军主力，实施中央突破，千里跃进大别山；陈毅、粟裕指挥的华东野战军主力为东路，挺进苏鲁豫皖地区；陈赓、谢富治指挥的晋冀鲁豫野战军一部为西路，挺进豫西。三路大军相互策应，机动歼敌，迫使国民党军处于被动地位，这表明(　　)。

A.人民解放军在数量上已经超过国民党军队

B.人民解放战争战略进攻的序幕由此展开

C.人民解放军同国民党军队进行战略决战的时机已经成熟

D.人民解放战争进入战略相持阶段

答案:B

3.1946 年 5 月 4 日，中共中央发出《关于清算、减租及土地问题的指示》(史称“五四指示”)，决定将党在抗日战争时期实行的减租减息的政策改变为(　　)。

A.“没收一切土地”的政策

---

① 《习近平谈治国理政》第 1 卷，外文出版社 2018 年版，第 153 页。

② 习近平:《坚持历史唯物主义，不断开辟当代中国马克思主义发展新境界》，《求是》2020 年第 2 期。

③ 习近平:《在庆祝中国共产党成立 100 周年大会上的讲话》，《求是》2021 年第 14 期。

B.“地主不分田，富农分坏田”的政策

C.“耕者有其田”的政策

D.“保存富农经济”的政策

答案：C

4.抗日战争结束后，中国共产党为避免内战，实现和平建国，采取的主要措施有（　　）。

A.参加政协会议并维护政协协议

B.赴重庆与国民党当局进行谈判

C.在国统区开辟第二条战线

D.在解放区开展土地改革运动

答案：AB

5.1946 年 1 月 10 日，政治协商会议在重庆开幕，出席会议的有国民党、共产党、民主同盟、青年党和无党派人士的代表 38 人。会议通过了《关于宪章问题的协议》《关于政府组织问题的协议》《关于国民大会的协议》《和平建国纲领》《关于军事问题的协议》五项协议。按照协议规定建立的政治体制相当于英国、法国的议会制和内阁制，不是新民主主义性质的，而且国民党在政府中占着明显的优势。对政协的上述协议，共产党赞同并决心严格履行，这是因为它有利于（　　）。

A.推进民主政治的发展和进步

B.打破国民党一党独裁的局面

C.改变国共两党军事力量对比

D.保障解放区政权的合法地位

答案：ABD

第四节　重庆谈判与争取和平民主的斗争

一、概念与目标

（一）核心概念

1.《双十协定》

1945 年 8 月 29 日至 10 月 10 日，以毛泽东为首的中国共产党代表团与国民党政府代表在重庆举行谈判，经过 43 天的谈判，于 10 月 10 日签署了《政府与中共代表会谈纪要》,即《双十协定》。《政府与中共代表会谈纪要》列入关于和平建国的基本方针、政治民主化、国民大会、人民自由、党派合法化、特务机关、释放政治犯、地方自治、军队国家化、解放区地方政府、奸伪、受降12个问题。国民党政府接受了中共提出的和平建国的基本方针,同意以对话方式解决一切争端。双方协议"必须共同努力,以和平、民主、团结、统一为基础","长期合作,坚决避免内战,建设独立、自由和富强的新中国"。同时,会谈纪要还达成了多项协议:彻底实行三民主义;迅速结束训政,实施宪政;迅速召开政治协商会议,对国民大会及其他问题进行商讨后再作决定,制定新宪法;中国共产党承认蒋介石及南京国民政府对中国的合法领导地位等。会谈纪要没有在实质上解决两党之间的核心矛盾,尤其是在军队、解放区政权两个根本问题上没有形成共识,也未能改变国共双方当前的分裂局面。在政治协商会议召开不久,蒋介石便单方面撕毁《双十协定》,也宣告了第二次国共合作的破灭。

尽管《双十协定》中国共双方所达成协议不多,但《双十协定》的签订还是有着非常重要的意义。《双十协定》是以国共两党协商方式产生的一个正式文件,表明国民党方面承认了中共的平等地位。《双十协定》的公开发表使共产党在政治上赢得了主动,特别是中国共产党关于和平建设新中国的政治主张被全国人民所了解,在人民面前表现了和平的诚意,在国民党统治区和各民主党派中扩大了影响,推动了全国和平民主运动的发展,也使国民党在政治上陷入了极大的被动。

2.政治协商会议

1946年1月10日至31日,政治协商会议在重庆召开。会议由国民党政府主持召集。出席会议的有国民党代表8名、共产党代表7名、中国民主同盟代表9名、中国青年党代表5名以及无党派代表9名。共产党代表是周恩来、董必武、王若飞、叶剑英(后由博古代为出席)、吴玉章、陆定一、邓颖超。会议的中心议题是关于"政治民主化"和"军队国家化"的问题。会议经过激烈讨论,通过了《政府组织案》《国民大会案》《和平建国纲领》《军事问题案》《宪法草案》五项协议。

在政府组织方面,规定国民政府委员会为政府之最高国务机关,可讨论与决议立法原则、施政方针、军政大计、财政计划及预算、各部长官及监察委员之任免、主席交议的事项等。规定国府委员为40人,半数为国民党员,但施政纲领变更须2/3的委员通过;还规定必须有3/5的国府委员同意时,国府主席方可使用否决权。在施政纲领方面,确定了用"政治方法解决政治纠纷,以保持国家的和平发展"的原则。同时在人民权利、政治、军事、外交、经济、财政、教育及文化等方面都作了具体规定。在军队问题方面,明确了建军原则,即军队属于国家,军人责任在于卫国爱民；确立了整军原则，即实行军党分立，军民分治，以政治军等；由三人军事小组照原订计划，确定了整编国民党军队和解放区军队的办法。在国民大会方面，同意将原有的选举法产生的区域和职业代表1200名保留，增加台湾、东北等地区的代表150名及各党各派、社会贤达代表700名，共计2050名代表。还规定宪法的通过须经出席代表3/4同意。关于宪法草案，“国民大会”最终确定了国会制、内阁制、省自治制的政治制度。

上述协议否定了国民党一党专政及其奉行的内战政策，基本上符合全国人民的和平民主愿望。这是中国共产党同各民主党派、民主人士亲密合作、努力斗争的结果，也是中国共产党统一战线政策的胜利。政治协商会议协议在一定程度上有利于冲破国民党独裁统治和实行民主政治，有利于和平建国，因而受到全国人民的欢迎。

(二)内容框架

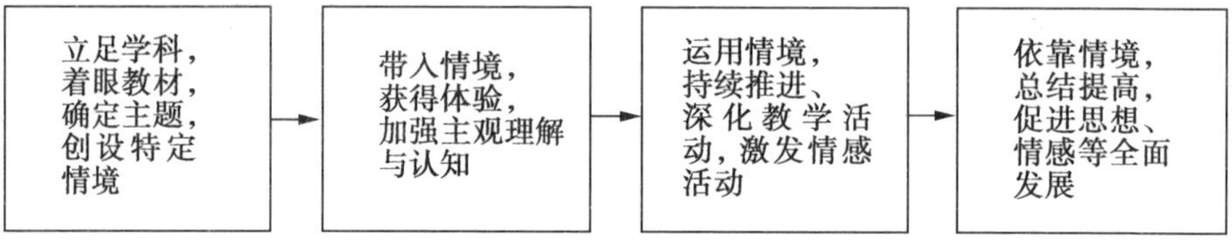

(三)学习目标

1.知识目标

理解重庆谈判发生的国内、国际背景，国共双方各自的政策主张以及《双十协定》的主要内容；明确重庆谈判及《双十协定》的历史地位及历史影响。

2.能力目标

形成对重庆谈判时国际、国内背景的理解与认知，明晰重庆谈判的基本进程以及谈判的结果，厘清国共双方重庆谈判的历史意义及国内外评价。

3.素养目标

围绕重庆谈判这一抗日战争胜利后涉及国共双方的重大历史事件，通过角色扮演和分组讨论，培养学生运用马克思主义的立场、观点、方法分析历史事件的能力。

二、学情分析

学生对所学专业有初步了解与认知，对教材内容有较好的驾驭能力，善于运用网络等手段增加知识储备。同时能够结合本专业实际就相关议题进行讨论、辩论及研讨，有较强的个体发展需求，学习目的性较强；但受传统教学模式的影响，合作意识薄弱，学生的自主学习能力、思辨能力、创造性学习能力不足，在参与教学活动时往往需要找到“被尊重”的感觉。

三、教学设计

重庆谈判是抗日战争胜利之际，中国共产党和中国国民党两党就中国未来的发展前途、建设大计在重庆进行的一次历史性会谈。从 1945 年 8 月 29 日至 10 月 10 日，经过 43 天谈判，国共双方达成《政府与中共代表会谈纪要》，即《双十协定》。重庆谈判及达成的《双十协定》给中国人民带来了和平、民主、团结的希望和曙光。虽然国民党统治集团违背全国人民迫切要求休养生息、和平建国的意愿，在 1946 年 6 月底全面撕毁《双十协定》，但重庆谈判及《双十协定》的达成仍然有着十分重大的历史意义和启示。

(一)课程导入

1945 年 4 月 23 日至 6 月 11 日，中国共产党在延安召开了第七次全国代表大会。4 月 23 日，毛泽东发表了开幕词《两个中国之命运》，指出：“我们这个大会有什么重要意义呢？我们应该讲，我们这次大会是关系全中国四亿五千万人民命运的一次大会。中国之命运有两种：一种是有人已经写了书的(指蒋介石 1943 年所发表的《中国之命运》一书)，我们这个大会是代表另一种中国之命运，我们也要写一本书出来(指毛泽东同志准备在这次大会上要作的《论联合政府》的报告)。我们这个大会要打倒日本帝国主义，把全中国人民解放出来。这个大会是一个打败日本侵略者、建设新中国的大会，是一个团结全中国人民、团结全世界人民、争取最后胜利的大会。”①

毛泽东在《两个中国之命运》中特别指出：“在中国人民面前摆着两条路，光明的路和黑暗的路。有两种中国之命运，光明的中国之命运和黑暗的中国之命运。现在日本帝国主义还没有被打败。即使把日本帝国主义打败了，也还是有

① 《毛泽东选集》第 3 卷，人民出版社 1991 年版，第 1025 页。

这样两个前途。或者是一个独立、自由、民主、统一、富强的中国，就是说，光明的中国，中国人民得到解放的新中国；或者是另一个中国，半殖民地半封建的、分裂的、贫弱的中国，就是说，一个老中国。一个新中国还是一个老中国，两个前途，仍然存在于中国人民的面前，存在于中国共产党的面前，存在于我们这次代表大会的面前。既然日本现在还没有被打败，既然打败日本之后，还是存在着两个前途，那末，我们的工作应当怎样做呢？我们的任务是什么呢？我们的任务不是别的，就是放手发动群众，壮大人民力量，团结全国一切可能团结的力量，在我们党领导之下，为着打败日本侵略者，建设一个光明的新中国，建设一个独立的、自由的、民主的、统一的、富强的新中国而奋斗。我们应当用全力去争取光明的前途和光明的命运，反对另外一种黑暗的前途和黑暗的命运。我们的任务就是这一个！这就是我们大会的任务，这就是我们全党的任务，这就是全中国人民的任务。”①

战后的中国向何处去？要建立一个什么样的国家？是建立一个无产阶级领导的人民大众的新民主主义国家，还是建立一个大地主大资产阶级专政的半殖民地半封建的国家？两种命运、两个前途的决定胜负的斗争，构成了这一历史时期的基本内容。

(二)课堂讲授

[体验活动]

围绕《中国近现代史纲要》中重庆谈判和争取和平民主的斗争这一部分内容，选取国共双方谈判代表，以角色代入的形式进行情境重现(营造)，构建从课堂走向真实生活的实践性教学场景。学生体验的是中国共产党和中国国民党两党之间展开的一场决定中国未来前途和命运的，历时 43 天的艰苦谈判。

1945 年，当中国人民的抗日战争结束之时，中国国内的阶级矛盾逐渐上升为社会的主要矛盾，即在美国支持下，以国民党为代表的大地主大资产阶级妄图抢夺抗日战争的胜利果实，建立全国性的独裁统治，与以中国共产党为代表的人民大众热切要求建立独立、自由、民主、统一和富强的新中国的斗争，成为抗日战争胜利后国内形势的显著特点。如何解决这一矛盾成为非常紧迫的、关系和影响着未来中国命运与前途的重大课题。

重庆谈判从 1946 年 8 月 29 日开始，到 10 月 10 日结束。在此期间，毛泽东直接同蒋介石就国共两党关系的重大问题进行多次商谈。有关国内和平问题的具体谈判，是在中共代表周恩来、王若飞和国民党政府代表王世杰、张群、张治

① 《毛泽东选集》第 3 卷，人民出版社 1991 年版，第 1026 页。

中、部力子之间进行的。在谈判中，为了争取全国人民所需要的和平民主，中国共产党在谈判中作出了很大牺牲和让步，以推动谈判取得进展。

[合作讨论]

抗日战争胜利后，中日民族矛盾基本解决，但是中国人民同美帝国主义支持的国民党反动派的矛盾又上升为社会的主要矛盾。蒋介石打着“和平建国”的旗号，坚持独裁和内战的方针，阴谋发动新的大规模内战，以消灭人民革命力量，维护大地主大资产阶级的统治。

日本投降后的军事形势对国民党极为不利。蒋介石于1945年8月14日、20日、23日，三次致电毛泽东，邀请毛泽东速到重庆进行和平谈判。同时，苏联也要求毛泽东赴重庆谈判。8月23日，中共中央政治局召开扩大会议，毛泽东在会上讲话，提出了“和平、民主、团结”的新口号，认为和平是能争取的，蒋介石有可能采取暂时的和平，将来等待机会消灭我们。这次谈判应该去，不能拖。会议决定先派周恩来去重庆，随后毛泽东再去。8月24日，毛泽东复电蒋介石表明准备随即赴渝。

蒋介石为何要三次电邀毛泽东到重庆举行和平谈判，“共同商讨国家大计”，毛泽东决定赴重庆参加谈判又是基于何种考虑？

蒋介石作出和平姿态的原因有三：其一，国内外都需要和平，反对内战。从国际看，世界反法西斯战争的胜利，使国际力量的对比发生深刻的变化，社会主义国家增多，世界民族解放运动蓬勃发展。国际进步势力反对中国内战。从国内看，中国人民经历14年艰苦抗战，付出了巨大的牺牲。战后人心思定，强烈反对再次发生内战。其二，蒋介石尚未完成打内战的全部准备工作，这是最关键的原因。其三，蒋介石有险恶意图，如果毛泽东不去，就借以宣传共产党没有和平诚意，如果毛泽东去了，可利用谈判之机，诱使共产党交出人民军队和解放区政权。

毛泽东去重庆谈判，一方面表明共产党准备尽一切可能争取国内和平，希望可以实现和平建国。另一方面，毛泽东再三权衡，如果不去，就正中了蒋介石的圈套，前往重庆可以揭露美蒋反动派假和平的阴谋，还可以团结和教育广大人民。早在1945年8月23日，中共中央政治局就在延安枣园召开了扩大会议。在会上，毛泽东说：“我们参加这样的政府，就是要进去给蒋介石洗脸，而不是砍头。”毛泽东特别指出：“我准备坐班房……如果是软禁，那也不用怕，我正是要在那里办点事。现在苏联红军不入关，美国军队不登陆，形式上是中国自己解决问题，实际上是三国过问，三国都不愿中国打内战，国际压力是不利于蒋介石独裁统治的。中苏条约有利于中国人民，苏联红军攻占东三省是有很大影响的。所以，重庆是可以去和必须去的。”当然，去了肯定会面临许多危险，甚至威胁生命。临行前，毛泽东已经做好了最坏的打算。他不但建议由刘少奇代理自己的职务，还建议书记处增补陈云、彭真二人为候补书记，以便在毛、周二人都不在的情况下，书记处还能保持五人开会。毛泽东始终以民族大义为重，他相信正义必将战胜邪恶，最终决定赴渝谈判。

[独立思考]

重庆谈判的历史意义。

重庆谈判的举行和《双十协定》的签订，表明国民党承认了中共的地位，承认了各党派的会议，使中国共产党关于和平建设新中国的政治主张被全国人民所了解，从而推动了全国和平民主运动的发展。尽管《双十协定》公布后不久即被蒋介石公开撕毁，但是，重庆谈判还是推迟了内战的爆发，为中国争取了暂时的和平。重庆谈判的举行和《双十协定》的签订向国内外广泛宣传了中国共产党的主张，扩大了党的政治影响，为后来打倒蒋介石，建立新中国，进一步赢得了人心。

重庆谈判作为战后中国的重大政治事件，把国共两党的合作推进到了一个崭新的高度，在某种意义上决定了战后中国的政治走向和政治格局，同时也为国共两党关系的发展留下了宝贵的历史经验。

四、教学反思

教学实践充分证明情境教学法在“中国近现代史纲要”课程教学中的运用是成功的，不仅打破了传统意义上封闭式的教学观，有效弥补了学生在实践认识方面的不足，增强了教学效果，而且有助于引导学生实现从知识到情感的转化、由情感到信仰的升华，实现高校思想政治理论课铸魂育人的目的。

一般而言，情境式教学法的实施要科学设计、充分准备、周密计划、准确定位。其运用可以分为准备阶段、设置阶段、实践阶段和总结阶段。情境教学中，情境的创设或引入并不意味着教学活动的终结，还需要教师不失时机地进行启发和点化。因此，教师要进行充分的教学准备和教学设计，明确自身角色定位（教师在情境教学中所扮演的更多的是“协助者”，而并非是“专家”的角色），坚持以学生为中心，更新教学理念，明确教学目标，理顺情境创设的角色、环节及具体要求（在有限课堂时间内的活动安排），重视教学互动与教学反馈，切实激发学生的情感，使学生“触境生情”，增强学生自主探究的积极性，实现自身的全面发展。

五、学习拓展

(一)经典文献

“针锋相对”,要看形势。有时候不去谈,是针锋相对;有时候去谈,也是针锋相对。从前不去是对的,这次去也是对的,都是针锋相对。这一次我们去得好,击破了国民党说共产党不要和平、不要团结的谣言。他们连发三封电报邀请我们,我们去了,可是他们毫无准备,一切提案都要由我们提出。谈判的结果,国民党承认了和平团结的方针。这样很好。国民党再发动内战,他们就在全国和全世界面前输了理,我们就更有理由采取自卫战争,粉碎他们的进攻。成立了《双十协定》以后,我们的任务就是坚持这个协定,要国民党兑现,继续争取和平。如果他们要打,就把他们彻底消灭。事情就是这样,他来进攻,我们把他消灭了,他就舒服了。消灭一点,舒服一点;消灭得多,舒服得多;彻底消灭,彻底舒服。中国的问题是复杂的,我们的脑子也要复杂一点。人家打来了,我们就打,打是为了争取和平。不给敢于进攻解放区的反动派很大的打击,和平是不会来的。[①]

(二)典型习题

1.1945 年 8 月,毛泽东指出:“抗日战争的阶段过去了,新的情况和任务是国内斗争”。当时,这种“斗争”主要集中在(　　)。

A.建设什么性质的国家之争

B.统一战线是否继续存在之争

C.国共两党的关系之争

D.国民党同民主党派的领导地位之争

答案:A

2.重庆谈判中,蒋介石始终不肯承认人民军队和解放区的合法地位,其根本目的是(　　)。

A.不承认中国共产党的合法地位

B.为发动内战做准备

C.降低中国共产党的威信和地位

D.实现独裁政治

答案:D

① 《毛泽东选集》第 4 卷,人民出版社 1991 年版,第 1162 页。

3.抗战胜利后，国共内战并未立即爆发的原因包括(　　)。

A.中国共产党提出了“和平、民主、团结”三大口号

B.“争取和平，反对内战”的呼声持续高涨

C.国民党主要军事力量多集中于西北、西南等地区，尚未做好打内战的各项军事准备

D.阶级矛盾尚未成为我国社会的主要矛盾

答案：ABC

第三章　马克思主义基本原理

第一节　历史和人民为什么选择了马克思主义

一、概念与目标

本节课的内容重点在引导学生深刻认识“四个选择”的历史必然性，深刻领会历史和人民是怎样选择了马克思主义，选择了中国共产党，选择了社会主义道路，选择了改革开放，引导学生树立在中国共产党领导下走中国特色社会主义道路的坚定信念。本节课内容涉及“两个选择”，即历史和人民为什么选择了马克思主义，为什么选择了中国共产党。

(一)核心概念

1.马克思主义

马克思主义是由马克思和恩格斯创立并为后继者所不断发展的科学理论体系，是关于自然、社会和人类思维发展一般规律的学说，是关于社会主义必然代替资本主义、最终实现共产主义的学说，是关于无产阶级解放、全人类解放和每个人自由而全面发展的学说，是指引人民创造美好生活的行动指南。马克思主义是严整的科学体系。它的核心社会理念，是无产阶级解放和人类解放；它的核心理论，是对这个社会理念的具有严密性和完整性的科学论证。马克思主义的社会理想不是基于道德原则，而是由一系列基本原理的科学论证作为理论支撑的。[①]

2.新文化运动

新文化运动是一场五四运动前后反对封建思想的启蒙运动。1915年9月，陈独秀在上海创办《青年杂志》(第二卷起改名《新青年》)，标志着新文化运动的开始。它在思想文化领域提倡民主(“德先生”)和科学(“赛先生”)，开始了向传统的封建思想、道德、文化宣战的思想启蒙运动。以陈独秀、李大钊、鲁迅、胡适、吴虞、钱玄同为代表人物。新文化运动提倡民主和科学，反对专制和迷信盲从；提倡个人解放，反对封建礼教；提倡新文学，反对旧文学，实行文学革命。新文化运动猛烈冲击封建主义，广泛宣传民主主义，给辛亥革命失败后沉闷彷徨的思想界带来了巨大的震撼，促进了人民的思想解放。1917年俄国社会主义革命和1919年的五四运动发生后，马克思主义开始在中国广泛传播，逐渐成为新文化运动的主流。

3.十月革命

十月革命是俄国无产阶级社会主义革命，因发生在1917年俄历10月得名。第一次世界大战爆发后，俄国革命形势迅速趋向成熟。1917年，俄国二月革命推翻了沙皇专制制度，出现了两个政权(资产阶级临时政府和工兵代表苏维埃)并存的局面。同年4月，列宁回国，发表《四月提纲》，提出从资产阶级民主革命过渡到无产阶级社会主义革命的任务。4～7月间，布尔什维克党发动群众，反对临时政府的反人民政策。掌握苏维埃领导权的孟什维克和社会革命党人则与临时政府合流。同年7月，临时政府镇压彼得格勒群众游行示威(史称“七月事件”)后，布尔什维克党召开第六次代表大会，确定了武装起义的方针。9～10月间，彼得格勒和莫斯科等地苏维埃转向布尔什维克方面。10月23日(俄历10月10日)，布尔什维克党举行中央全会，通过列宁提出的关于武装起义的决议。11月6日(俄历10月24日)，彼得格勒工人和士兵起义，占领首都各重要据点，并于次日深夜攻占临时政府所在地冬宫。同日晚，全俄苏维埃第二次代表大会宣布全部政权归苏维埃，次日通过《和平法令》和《土地法令》，成立以列宁为首的苏维埃政府。到次年2月(俄历)，全国各地相继建立了苏维埃政权。革命的胜利和第一个无产阶级专政的社会主义国家的建立，对俄国和世界历史进程产生了重大和深远影响。

4.五四运动

五四运动是1919年5月4日爆发的中国人民反帝反封建的爱国运动。第一次世界大战结束后，英、法、美、日、意等国于1919年1月在巴黎召开和会，中

① 参见陈先达:《论马克思主义基本原理及其当代价值》,《马克思主义研究》2009年第3期。

国政府向和会提出希望列强放弃在华特权、要求取消“二十一条”和收回被日本夺取的原德国在山东的权利，遭到与会帝国主义国家拒绝，北洋政府准备在和约上签字。中国在外交上失败的消息传出，举国愤怒。5 月 4 日下午，北京学生 3000 余人在天安门前集会，高呼“外争主权，内除国贼”等口号，要求拒绝在和约上签字，并惩办亲日派曹汝霖、章宗祥、陆宗舆。会后举行游行示威，向东交民巷使馆区进发，遭到使馆巡捕的阻拦，转而冲向赵家楼胡同曹汝霖住宅，痛打正在该处的章宗祥，火烧曹宅。政府派军警镇压，逮捕 30 多名学生。北京学生即实行总罢课，并通电全国表示抗议。天津、上海、长沙、广州等地学生游行示威，声援北京学生。6 月 3 日起，政府查禁“学运”，逮捕学生 800 余人，实行特别戒严，激起全国人民更大愤怒。5 日起，上海工人罢工、商人罢市、学生罢课。全国 150 多个城市相继加入，发展成为以工人阶级为主力军，包括城市小资产阶级、民族资产阶级和其他爱国人士参加的全国范围的革命运动——六三运动。运动中心也由北京转移到上海。10 日，北洋政府被迫释放被捕学生，撤去曹汝霖、陆宗舆、章宗祥的职务。28 日，中国代表团拒绝在《凡尔赛和约》上签字。五四运动是彻底的不妥协的反帝反封建的爱国运动，中国工人阶级由此登上政治舞台，促进了马克思主义在中国的进一步传播，使马克思主义同中国工人运动相结合，为中国共产党的成立在思想上和干部上作了准备，标志着新民主主义革命的开端。

（二）内容框架

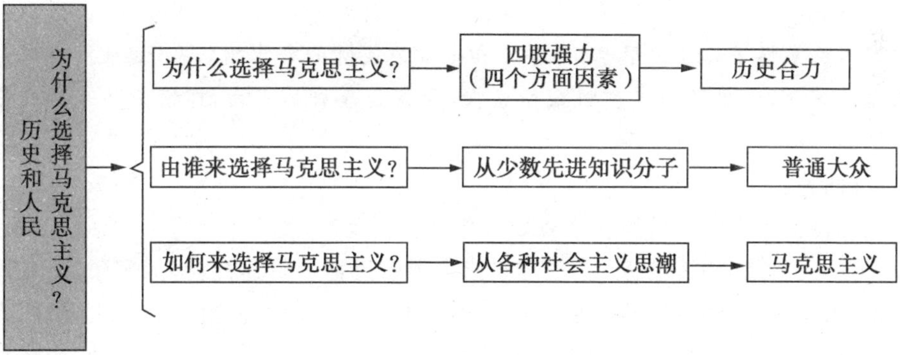

二、学情分析

本课的授课对象是刚入学的大学一年级学生，在以往学习过程中，部分学生已基本了解历史和人民选择马克思主义相关内容，但他们对知识的掌握没有达到一定的广度和深度，认识上还没有上升到一定的高度，分析问题也缺乏科学的方法论指导。所以，在教学中要应用创设情境、问题设置、启发式分析法和讨论法，符合学生的心理发展特征，也利于培养和提高学生的历史思维能力。

三、教学设计

(一)课堂导入

习近平总书记在庆祝中国共产党成立100周年大会上发表重要讲话指出："中国共产党为什么能，中国特色社会主义为什么好，归根到底是因为马克思主义行！"[①]那么，产生于欧洲的马克思主义是如何在中国生根发芽的呢？换句话说，历史和人民为什么选择马克思主义呢？

(二)课堂讲授

1.为什么选择马克思主义，谁来选择，如何选择？

围绕着为什么选择马克思主义，这个问题核心是"选择"，即为什么要选择，谁来选择，如何选择。

[引用材料]

毛泽东指出："马克思列宁主义来到中国之所以发生这样大的作用，是因为中国社会条件有了这种需要，是因为同中国人民革命实践发生了联系，是因为被中国人民掌握了。任何思想，如果不和客观的实际的事物相联系，如果没有客观存在的需要，如果不为人民群众所掌握，即使是最好的东西，即使是马克思列宁主义，也是不起作用的。"[②]

[问题]

旧民主主义革命道路探索失败为什么会失败？

1840年鸦片战争以后，中国逐步成为半殖民地半封建社会，国家蒙辱、人民蒙难、文明蒙尘，中华民族遭受了前所未有的劫难。为了挽救民族危亡，中国人民奋起反抗，仁人志士奔走呐喊，太平天国运动、戊戌变法、义和团运动、辛亥革命接连而起，各种救国方案轮番出台，但都以失败而告终。中国半殖民地半封建社会性质没有改变，中国人民和中华民族悲惨命运没有改变。事实表明，不触动封建根基的自强运动和改良主义，旧式的农民战争，资产阶级革命派领导的革

① 习近平：《在庆祝中国共产党成立100周年大会上的讲话》，《求是》2021年第14期。
② 《毛泽东选集》第4卷，人民出版社1991年版，第1515页。

命，照搬西方资本主义的其他种种方案，都不能完成中华民族救亡图存的使命和反帝反封建的任务。要解决中国发展进步问题，迫切需要新的思想引领救亡运动，迫切需要新的组织凝聚革命力量。

2.马克思列宁主义传播的阶级基础如何壮大和发展？

当中国的思想界发生剧烈变化的时候，中国社会结构也在悄悄发生深刻变动。无产阶级队伍的壮大，为马克思列宁主义在中国的传播奠定了社会基础、阶级基础。第一次世界大战期间，西方主要帝国主义国家忙于在欧洲战场厮杀，暂时放松对中国的经济侵略，中国民族资本主义经济得到比较迅速的发展，中国工人阶级和民族资产阶级的力量进一步壮大起来。五四运动前夕，产业工人已达200万人左右，成为一支日益重要的新兴社会力量。中国工人阶级是近代中国新生的伟大的革命阶级，除了具有与最先进的经济形式相联系、富于组织性纪律性、没有私人占有的生产资料等基本优点，还具有坚决而彻底的革命性等突出优点。在中国半殖民地半封建社会的土壤上，中国工人阶级必然成为革命最基本的动力。

[合作讨论]

有人问：为什么马克思主义在西方开花，却在中国结出果实？

马克思主义对资本主义的批判，弥补了近代以来中国社会文化自信的严重缺失。马克思主义反对自由主义和个人主义、崇尚集体主义等价值取向与中国文化传统相契合。儒家讲的“行”“躬行”与马克思主义实践观之间，中国哲学关于相反相成、物极必反的学说与马克思主义唯物辩证法之间，以及中国传统“大同社会”理想与社会主义、共产主义远大理想之间，都有契合之处。这为马克思主义在中国的传播与发展、为中国人民接受和选择马克思主义提供了重要思想文化基础。马克思主义与中华优秀传统文化的融通和结合，促进了马克思主义在中国的传播。

3.马克思主义为什么能在中国出现？

从1899年英国传教士在《万国公报》中第一次提到了马克思和马克思学说以来，资产阶级维新派如梁启超和革命派如朱执信等都曾对马克思及其学说作过某些介绍。值得注意的是，在当时中国的历史条件下，他们对马克思主义的介绍是不成熟的。事实上，他们介绍了马克思主义的某些片断，但并不接受它、信仰它，更不准备实行它。

《万国公报》毕竟是以介绍基督教和他们加工过的西学为主的刊物，其本意也并不是要介绍马克思和马克思主义，更谈不上宣传和传播马克思主义。很显然，最早对社会主义信息的选择传播很零散，也很被动，但《万国公报》带来了社会主义的信息，从而开始了马克思主义在中国传播的历史。

十月社会主义革命同时昭示人们，资本主义制度并不是永恒的，无产阶级和其他劳动群众一旦觉醒起来、组织起来，完全可以依靠自身的力量创造出维护绝大多数人利益的崭新社会制度。十月革命诞生的社会主义俄国号召反对帝国主义，并以新的平等的态度对待中国，有力推动了社会主义思想在中国的传播。特别是 1919 年苏维埃俄国第一次对话宣言声明放弃沙俄在中国攫取的一切特权，更引起人们很大的震动。十月革命中俄国工农大众在社会主义旗帜下所进行的英勇斗争和所取得历史性胜利，更给予中国的先进分子以新的革命方法的启示，推动他们去研究这个革命所遵循的主义。

1917 年俄国爆发的十月社会主义革命，是一个具有划时代意义的世界性的历史事件。它昭示人们，资本主义制度并不是永恒的，无产阶级和其他劳动群众一旦觉醒起来、组织起来，完全可以依靠自身的力量创造出维护绝大多数人利益的崭新社会制度。十月革命发生在中国学习西方的努力遭到失败、中国先进分子陷于彷徨和苦闷时，它使中国人看到了民族解放的新希望，使李大钊这样的中国先进的知识分子受到启发。

他们发现，十月革命前的俄国，在经济文化落后、封建压迫严重等方面的情况，与中国完全相似；既然社会主义是比资本主义高一阶段的社会形态，而十月革命在俄国把社会主义从书本上的学说变成了现实，那么，中国自然也可以走俄国人的道路，实现救亡图存、国富民强的目标。1919 年，中国在巴黎和会上的外交谈判失败，中国人民对欧美列强的反感空前高涨。此时，十月革命发出的反对帝国主义压迫的号召、苏维埃俄国对殖民地半殖民地人民革命运动的支持，与帝国主义列强在巴黎和会上咄咄逼人的态度形成鲜明对比，显然更容易对深受帝国主义侵略之苦的中国人民产生吸引力。正是在这样的背景下，新文化运动阵营开始产生分化，越来越多的先进分子选择了俄国式的革命道路。解决问题之道：十月革命给中国的先进分子以新的革命方法的启示，即组织民众，采取暴力革命，实行无产阶级专政。

[选用故事]

早期马克思主义者在工人中宣传马克思主义

中国早期知识精英对马克思主义的选择性传播，这部分主要按照三个阶段来进行简介，突出十月革命促进先进知识分子转变为社会主义者，主要从新的视角、新的态度和新的方法这三个方面讲解。我们要看到“每个选择”都是逐步推进的，都经历了从少数先进人士的选择转变为绝大多数人的普遍选择的长期过程；这个过程伴随着人民对“每个选择”的认识由肤浅向深刻的转化。

在半封建半殖民地的中国社会，广大劳苦大众的文化水平非常低下，加之中西文化的差异，早期的马克思主义者从文化启蒙开始，以通俗易懂的文字、生动形象而又明白简洁的语言向人们宣传马克思主义。如把“工人”二字合起来，就是“天”，工人阶级就是顶天立地的人，理所当然地应该得到应有的权利。为向工人宣传马克思主义，各地共产主义小组相继创办了一些通俗刊物，如上海的《劳动界》、北京的《劳动音》、广州的《劳动者》等。中国共产党成立以后把开办工人补习学校作为自己重要的任务，以通俗易懂的宣传将马克思主义注入工人运动之中，使马克思主义通俗化、大众化。如果说十月革命以后、五四运动以前，马克思主义的传播对象主要是先进知识分子的话，那么五四运动以后，马克思主义的传播对象便在这些先进知识分子的推动下，开始转变为工农革命群众了。他们以创办杂志、发行报纸、开办夜校等多种形式，将马克思主义理论用通俗化的方式传播到城市近郊工厂与农村中的工农群众中去，使马克思主义成为中国工农革命阶级的思想武器。

4.先进的知识分子为什么能从各种社会思潮中选择出马克思主义？

各种社会主义风起云涌(新村主义、工读互助主义、泛劳动主义、基尔特社会主义、无政府主义、马克思主义等)，结果实践失败，促使先进的知识分子进行理性思考。而十月革命的胜利让他们看到了希望，最终，马克思主义成为历史的唯一选择。马克思主义理论的两大理论基石，唯物史观和剩余价值论使得马克思主义更具有科学性，通过阶级斗争的手段实现最终的理想模式更具有可操作性。

[选用故事]

毛泽东探索改造社会道路的经历，正是一个很好的例子。1920 年，湖南人民驱逐军阀张敬尧之后，一些当地士绅提出“联省自治”的口号，发起了湖南自治运动。毛泽东也加入了这一运动，号召建立“湖南共和国”，以湖南为起点，在中国推行资产阶级联邦制。由于军阀的横暴干涉，湖南自治运动始终名不副实，这使毛泽东认识到温和的改良主义在中国根本行不通，只有革命才是唯一的出路。1920 年 12 月，毛泽东在给好友蔡和森、萧瑜等人的信中总结说：“我看俄国式的革命，是无可如何的山穷水尽诸路皆走不通了的一个变计，并不是有更好的方法弃而不采，单要采这个恐怖的方法。”其中“山穷水尽”一词，恰如其分地表达了以毛泽东为代表的一批中国先进分子在尝试其他道路屡遭失败之后的感触。毛泽东在信中说：“蔡和森主张用俄国式革命的方法来改造中国，萧子升等不赞同用俄式革命的方法，主张用温和的革命、教育的方法。”毛泽东明确表示：“深切赞同蔡和森的主张，而不同意萧子升等的主张。”在给蔡和森等人的信里，毛泽东还阐述了中国必须走俄国式道路的三层理由：第一，资本家有议会、政府、军队、警察、银行、工厂等国家机构与生产机关，并握有教育权。所以，不能指望资本主义政权会支持共产主义的教育与宣传。第二，资本家是不可能自发信仰共产主义的，“非等到人家来推倒，决没有自己肯收场的”。第三，用和平方式去实现共产主义目的即使能成功，也要经历长年累月的时间，这段时间里无产者仍然深受剥削压迫，何况无产者本身就有革命的要求。所以，改良道路行不通，必须诉诸“俄国式的革命”。此时，毛泽东终于找到了最适合中国的道路，即通过俄国式革命实现共产主义的道路。毛泽东也完成了从资产阶级改良主义向共产主义的转变，成为一个真正的马克思主义者。毛泽东探寻中国革命道路的艰苦历程，正是当时进步知识分子寻求真理、探索中国发展方向的一个缩影。

但是，马克思主义在中国的传播并不是一帆风顺的，而是不断地比较、不断地实验、不断地斗争，使更多的人把马克思主义理论与其他的社会主义和非社会主义理论划清界限，中国的先进分子是经过反复比较才选择了马克思主义的。

选择什么，就会收获什么。先辈们选择了无畏、担当和坚持，收获了成长和希望。在合肥，有一条延乔路，有一条集贤路，延乔路短，集贤路长，他们没能汇合，却都通往了繁华大道，乔年牺牲前说了最后的话：“让我们的子孙后代，享受前人披襟斩棘的幸福吧！”面对突如其来的新冠肺炎疫情，无数人选择不计生死、挺身而出，山东大学齐鲁医院的张静静在日记中写下：愿以吾辈之青春，守护盛世之中华。前路依然是任重道远，机遇和挑战必将时刻相随。愿我们继承先辈们无畏、担当和坚持，求索、开创和奋进精神，让我们的每一个选择继续闪闪发光，让中国在民族复兴的大道上更加闪闪发光！

四、教学反思

问题式教学法，增强了学生的学习兴趣，培养了大学生学习的自主性。首先，通过问卷和访谈，学生们普遍认为，以问题为导向的教学增加了其学习兴趣，督促其提前预习，进而去发现问题、思考问题和解决问题。作为自己知识的建构者，在应用知识的情境中，主动参与真实性的活动和任务，在完成任务的过程中进行批判性和创造性的思考，并在与小组其他成员的协商过程中不断建构自己的知识，提升了自身的能力。其次，在课堂展示环节，学生积极展示小组的劳动成果，活跃了课堂气氛，学生的参与度大大提升，“抬头率”也自然提高。再次，以问题为导向的教学模式，突出了重难点，在有限的课时内，提高了教学的效率，解决了学生疑惑，学生的课堂出勤率和学习态度有较大的改进。最后，教学中的问题是由学生提出，又由学生去解决，这个过程中锻炼了学生处理复杂的实际问题的能力，强调了学生的主体地位，让学生对自己的学习负责，提高了大学生的自主学习能力。问题式教学法同样促进了教师的教学创新，提升了教师业务能力。

首先，以问题为导向的教学模式，促使教师必须对教材进行研究，深刻理解教材体系，对内容有宏观把握，突出重点，整合内容。作为任课老师，不但要进行理论学习和研究，把问题先弄明白，同时还要向别人学习，如观看网络上优秀教师比赛视频，参观同行交流等。其次，为了提高教学质量，达到理想的教学效果，教师要创新教学方法和手段。最后，实现教学相长的良性互动。教师利用多媒体手段，更新课件内容，提高大学生的学习兴趣。课堂上注重师生互动，提高学生参与课堂学习的能力。教师利用多种方式和手段，和大学生保持沟通和联系，随时随地指导大学生的学习；充分利用网络资源和网站，搭建师生沟通学习平台。

以问题为导向的教学模式，坚持把育人为本放在首位，结合思政课自身的特点，从学生的主体地位出发，在教学实践中努力塑造学生的精神世界，目的是提升思政课的实效性、针对性和吸引力、感染力。在这过程中还是有需要改进的地方。比如，针对不同专业、大学生不同的兴趣点，问题设计需要与时俱进，反复修改；如何真正发挥小组每个成员的积极性，避免有些小组活跃而有些小组沉闷，更好地保证小组合作学习的效能；任课教师如何提供更有效的指导与监督，更好地发挥小组长指导和监督合作学习等工作。总之，希望通过这一教学探索，使高校思政课成为学生真心喜爱、终身受益的课程。

五、学习拓展

（一）经典文献

1.以史为鉴、开创未来，必须继续推进马克思主义中国化。马克思主义是我们立党立国的根本指导思想，是我们党的灵魂和旗帜。中国共产党坚持马克思主义基本原理，坚持实事求是，从中国实际出发，洞察时代大势，把握历史主动，进行艰辛探索，不断推进马克思主义中国化时代化，指导中国人民不断推进伟大社会革命。中国共产党为什么能，中国特色社会主义为什么好，归根到底是因为马克思主义行！①

2.十月革命一声炮响，给中国送来了马克思列宁主义。这犹如黑暗中的一道霞光，给正在苦苦探求救国救民道路的中国先进分子指明了方向，中国共产党应运而生。从登上中国政治舞台的那一刻起，我们党就坚持马克思主义立场观点方法，始终不渝为中国人民谋幸福、为中华民族谋复兴，从此，中国人民开始从精神上由被动转为主动，中华民族开始艰难地但不可逆转地走向伟大复兴。②

① 习近平：《在庆祝中国共产党成立100周年大会上的讲话》，《求是》2021年第14期。

② 习近平：《在党史学习教育动员大会上的讲话》，《求是》2021年第7期。

3.在近代中国最危急的时刻，中国共产党人找到了马克思列宁主义，并坚持把马克思列宁主义同中国实际相结合，用马克思主义真理的力量激活了中华民族历经几千年创造的伟大文明，使中华文明再次迸发出强大精神力量。实践证明，马克思主义是我们认识世界、把握规律、追求真理、改造世界的强大思想武器，是我们党和国家必须始终遵循的指导思想。①

4.中国人找到马克思主义，是经过俄国人介绍的。在十月革命以前，中国人不但不知道列宁、斯大林，也不知道马克思、恩格斯。十月革命一声炮响，给我们送来了马克思列宁主义。②

5.面对快速变化的世界和中国，如果墨守成规、思想僵化，没有理论创新的勇气，不能科学回答中国之问、世界之问、人民之问、时代之问，不仅党和国家事业无法继续前进，马克思主义也会失去生命力、说服力。③

6.当代中国正在经历人类历史上最为宏大而独特的实践创新，改革发展稳定任务之重、矛盾风险挑战之多、治国理政考验之大都前所未有，世界百年未有之大变局深刻变化前所未有，提出了大量亟待回答的理论和实践课题。推进马克思主义中国化时代化的任务不是轻了，而是更重了。我们要准确把握时代大势，勇于站在人类发展前沿，聆听人民心声，回应现实需要，坚持解放思想、实事求是、守正创新，更好把坚持马克思主义和发展马克思主义统一起来，坚持用马克思主义之“矢”去射新时代中国之“的”，继续推进马克思主义基本原理同中国具体实际相结合、同中华优秀传统文化相结合，使马克思主义呈现出更多中国特色、中国风格、中国气派，续写马克思主义中国化时代化新篇章。④

(二)典型习题

1.在中国早期的马克思主义思想运动中，(　　)起着主要作用。

A.吴玉章　　B.李大钊　　C.梁启超　　D.杨匏安

答案：B

2.五四运动是在(　　)时代条件和社会历史条件下发生的。

A.中国人普遍认同马克思主义

B.新的社会力量的成长、壮大

C.新文化运动掀起的思想解放的潮流

---

① 习近平：《在党史学习教育动员大会上的讲话》，《求是》2021年第7期。

② 《毛泽东选集》第4卷，人民出版社1991年版，第1470～1471页。

③ 习近平：《更好把握和运用党的百年奋斗历史经验》，《求是》2022年第13期。

④ 习近平：《更好把握和运用党的百年奋斗历史经验》，《求是》2022年第13期。

D.俄国十月革命对中国的影响

答案:BCD

3.中国早期马克思主义者的队伍中,(　　)属于先驱者和擎旗人,毛泽东等五四运动的左翼骨干则是其主体部分。

A.李大钊　　B.蔡元培　　C.陈独秀　　D.杨昌济

答案:AC

4.早期马克思主义思想运动具有(　　)特点。

A.以农民阶级为主要的倡导者、发起者

B.重视对马克思主义基本理论的学习,明确地同第二国际的社会民主主义划清界限

C.注意从中国的实际出发,学习、运用马克思主义

D.开始提出知识分子应当同劳动群众相结合的思想

答案:BCD

第二节　社会历史发展的动力

一、概念与目标

关于社会历史发展动力的理论是马克思主义历史唯物主义的主要内容,是学懂、弄通社会历史发展规律的关键内容。

(一)核心概念

1.社会基本矛盾

社会基本矛盾是指贯穿社会发展过程始终,规定社会发展过程的基本性质和基本趋势,并对社会历史发展起根本推动作用的矛盾。

2.阶级斗争

在阶级社会中,生产力和生产关系、经济基础和上层建筑的矛盾必然会通过阶级斗争表现出来。阶级斗争是阶级利益根本冲突的对抗阶级之间的对立和斗争。阶级斗争对社会发展的推动作用突出地表现在社会形态的更替中。

3.社会革命

广义的社会革命是指在社会基本矛盾运动基础上的社会生活的全面变革,包括人与自然的关系、人与人的社会关系、思维方式、思想观念的重大变革。狭义的社会革命主要是指社会形态的变更,即新的社会形态取代旧的社会形态。

社会革命的实质是革命阶级推翻反动阶级的统治，用新的社会制度代替旧的社会制度，解放生产力，推动社会发展。

4.改革

改革是同一社会形态发展过程中的量变和部分质变，是推动社会发展的又一重要动力。从历史上看，改革有范围和程度上的不同。有的是局部性的、浅层次的改革，有的则是全局性的、深层次的改革。由于后者对社会的生产关系和上层建筑有深层的触动和调整，因而能对社会生活产生广泛而深远的影响，甚至会影响到一定社会的发展方向。对于这样的改革，人们有时也会在一定意义上称其为“革命”或“社会革命”。这种概念的用法，不是从社会形态更替的本来含义上讲的，而是就这种改革的深刻性和对社会的深远影响而言的。

(二)内容框架

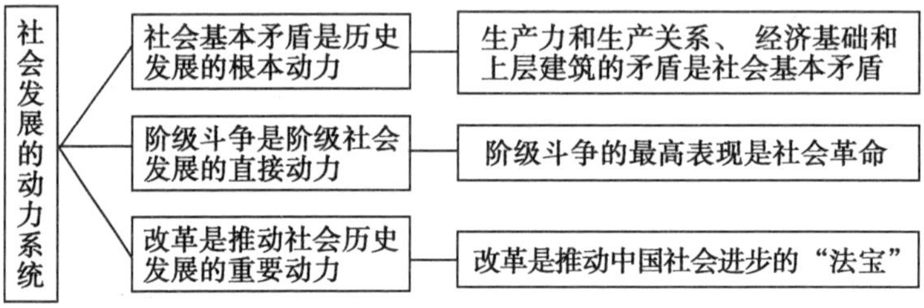

(三)学习目标

1.知识目标

使学生了解社会基本矛盾在历史发展中的作用，理解生产力和生产关系、经济基础和上层建筑的矛盾是社会的基本矛盾，掌握社会基本矛盾的具体体现及其本质。

2.能力目标

具备运用社会基本矛盾理论分析社会发展问题的能力。

3.素养目标

在领会社会基本矛盾与社会发展规律的基础上对马克思主义历史唯物论产生更加深刻和全面的认识，从而具备马克思主义历史唯物主义思维，形成正确的社会历史观。

二、学情分析

学生已具备一定的逻辑思维能力，对马克思主义基本原理内容也有一定的认知，能够掌握历史唯物主义的基本观点。但是在运用社会基本矛盾等理论分析现实社会的各种经济现象、解答社会现实问题方面的能力仍有待进一步提升。

三、教学设计

本节课内容紧接“人类社会的存在与发展”相关内容，回答社会历史发展的动力问题，从而使学生把握社会历史发展规律，能够更好地认识中国社会发展和人类社会历史的进步，更好地认识国情，更好地认识党和国家发展的大势。

（一）课堂导入

由学生展示中国特色社会主义发展的四个历史时期在经济方面所取得的成就，主要包括新民主主义革命时期、社会主义革命和建设时期、改革开放和社会主义现代化建设新时期、中国特色社会主义新时代。

（二）课堂讲授

同学们展示了四个历史时期中国经济的快速发展，那么为什么能够取得这样的发展？发展的根本动力来自哪里？

矛盾是推动事物发展的动力，社会领域也不例外。在社会领域中，对社会历史发展起根本推动作用的矛盾是社会基本矛盾。生产力和生产关系、经济基础和上层建筑的矛盾是社会基本矛盾。这两对矛盾贯穿人类社会发展过程的始终，并规定了社会发展过程中各种社会形态、社会制度和基本性质；制约着社会其他矛盾的存在和发展，决定社会历史的一般进程，推动社会向前发展。

[案例]

请结合以下案例理解社会基本矛盾中最基本的动力因素——瓦特改良蒸汽机

詹姆斯·瓦特1736年生于苏格兰一个小商人之家，小时候没有受过系统的教育，1757年在朋友的推荐下，他成为苏格兰格拉斯哥大学的教学仪器修理工，在这里瓦特第一次接触到蒸汽机，并对此产生了浓厚的兴趣。为了进一步研究蒸汽机的性能，他孜孜不倦地攻读了大量的有关资料，还花费许多时间自学意大利文、德文和法文，这一切都为他日后改进蒸汽机的工作奠定了良好的基础。

1763年，瓦特为学校修理一台纽科门蒸汽机，借此机会他全面而详细地研究了蒸汽机的性能和结构，发现了许多不足之处，从而萌发出研制新式蒸汽机的想法。

瓦特是在极其艰苦的条件下开始试制工作的，没有试验场地，他就租用收费低廉的地下室；没有设备，他就到处寻找废旧物资和代用品；没有经费，他就四出告贷，精打细算，最初的进程一波三折，瓦特费了九牛二虎之力制造出来的第一台样机不仅四处漏气，而且根本发动不起来，接下去的几次试验也都以失败而告终，接踵而来的挫折并没有使瓦特灰心丧气，反而更激起他战胜困难的决心和勇气，尽管前途未卜，他仍然全身心地继续致力于试制工作。

1765年，试制成单动式蒸汽机，但瓦特对此并不满意。由于试验耗费巨大，瓦特不久即债台高筑，几乎难以为继。就在他陷入困境之时，英格兰中部伯明翰的一家铁厂厂主博尔顿邀请瓦特到他那里去继续进行试验，并提供所需设备和经费，因为博尔顿发现研制新式蒸汽机是一件有利可图的事，在新的环境里，瓦特的工作条件大为改善，同时还得到许多熟练的机械工人的帮助。

经过几年时间的反复实践，1782年，瓦特终于试制成功能够带动其他机器一起工作的联动式蒸汽机，而且运行安全可靠，工作效率明显提高。1784年，瓦特取得了万能蒸汽机的专利权，不久这种新式机器就在全英国的各个行业中得到广泛的推广和应用。万能蒸汽机的诞生是人类科技史上划时代的辉煌篇章，同时也有力地推动了英国工业革命的进程。

生产力是社会基本矛盾运动中最基本的动力因素，是人类社会发展和进步的最终决定力量。生产力是社会存在和发展的物质基础，是不能任意选择的物质力量和历史活动的前提。生产力是社会进步的根本内容，是衡量社会进步的根本尺度。在生产力和生产关系、经济基础和上层建筑这一社会基本矛盾的运动中，生产力和生产关系的矛盾是更为基本的矛盾，它决定经济基础和上层建筑的矛盾的产生和发展。

[体验活动]

分角色表演“1688年光荣革命”的过程。

人物角色：资本家；新贵族；詹姆士二世；威廉三世

詹姆斯二世：我宣布一条法律条令，信仰天主教的天主教徒也可以担任公职。

资本家：什么？居然宣布这样的法令，看来以后我们没有好日子过了。现在国家的主要税收已经是我们来提供了，他们吃的、喝的都是我们给的。如果天主教徒继承王位，一定会继续加征税收，这样我们怎么活啊。

新贵族：是的，决不能让他得逞。我们要想谋取更多的话语权，就不能让天主教徒统治英国，而是要选一个听我们的话的人来管理英国。

（资本家和新贵族协商）

资本家：不能让他的儿子继位，我们要找能够为我们说话、维护我们利益的人来。

新贵族：是的，目前只有请他的女婿、荷兰执政的奥兰治亲王威廉来继位，他可以和玛丽共同统治英国。他一定能够保护我们的自由和财产。

威廉三世：感谢资产阶级和新贵族让我来到英国，和玛丽共同统治。我宣布一部法案《权利法案》，从此以后，君主的权力要有所限制，法律要经议会通过后方可生效。

资本家：果然是我们选的人没错。

新贵族：是啊，敢不听我们的，我们就不缴税了，看他吃啥喝啥。

（资本家和新贵族欢呼胜利）

马克思说："手推磨产生的是封建主的社会，蒸汽磨产生的是工业资本家的社会。"[①]生产力和生产关系的矛盾的最终解决还有赖于经济基础和上层建筑的矛盾的解决。生产关系或经济基础的变化，不仅决定生产力的发展，而且受制于社会意识形态和政治法律制度及上层建筑的变化或变革。当上层建筑适应新的经济基础时，就必然会促进经济和社会的进步；当上层建筑不适应经济基础状况并阻碍生产力发展时，只有解决了经济基础和上层建筑的矛盾，才能解决生产力和生产关系的矛盾，进而解放生产力、发展生产力。

在阶级社会中，社会基本矛盾表现为阶级斗争。社会革命是阶级斗争发展到一定阶段的产物，是推动社会发展的重要动力。阶级斗争是阶级社会发展的直接动力。

阶级分析的方法就是运用马克思主义的阶级和阶级斗争观点去观察和认识阶级社会的社会历史现象。对我国社会主义现阶段的阶级斗争，要用马克思主义的阶级分析方法，作出符合实际情况的科学判断。我国正处于并将长期处于社会主义初级阶段，在这个阶段上，代表最广大人民根本利益的中国共产党成为执政党，人民真正实现了翻身解放，成为国家和社会的主人。由于国内外因素的影响，阶级斗争还将在一定范围内长期存在，在某种条件下还有可能激化，但它已经不是社会的主要矛盾。

[独立思考]

革命和改革的异同有哪些？

社会革命是社会基本矛盾运动的结果，又是推动社会发展特别是社会形态

① 《马克思恩格斯选集》第1卷，人民出版社2012年版，第222页。

更替的重要动力。社会革命的实质是革命阶级推翻反动阶级的统治，用新的社会制度代替旧的社会制度，解放生产力，推动社会发展。

改革是社会制度的自我调整和完善。改革是同一种社会形态发展过程中的量变和部分质变，是推动社会发展的又一重要动力。改革有的是局部性的、浅层次的改革，有的则是全局性的、深层次的改革。

社会革命和改革都是社会基本矛盾运动的表现，二者都是推动社会发展的动力，其结果都是在一定程度上促社会进生产力的发展。不同之处在于，社会革命是推翻当前统治阶级，革命成功之后，社会原统治阶级被推翻，社会性质发生根本变化。改革则是统治阶级以维护其统治为目的进行的社会变革。

[合作讨论]

结合我国社会主义市场经济体制确立的过程，讨论新时代中国特色社会主义市场经济建设中应把握的问题。

新时代社会主义市场经济体制建设，当然要植根于中国特色社会主义新时代的国情土壤。

首先，从社会主要矛盾变化中把握。从人民日益增长的物质文化需要同落后的社会生产之间的矛盾转化为人民日益增长的美好生活需要与不平衡不充分的发展之间的矛盾，我国社会主要矛盾的重大历史性变化，对社会主义市场经济体制建设产生了广泛而深刻的影响。新时代人民日益增长的美好生活需要涵盖了物质和精神两个层面，但重点拓展且成为重心的更多是精神层面——对于民主、法治、公平、正义、安全、环境方面的需要。新时代社会主义市场经济体制建设，必须坚持以人民为中心，深刻认识我国社会主要矛盾发展变化带来的新特征新要求，围绕破解发展不平衡不充分问题、不断实现人民对美好生活的向往而展开和推进。

其次，从经济发展阶段变化提出的新要求把握。高质量发展，实质上就是质量和效益替代规模和增速成为经济发展的首要问题，也就是经济发展从“有没有”“有多少”转向“好不好”“优不优”。从推动经济高质量发展的高度定位社会主义市场经济体制建设，从更多关注经济发展规模和增速向更多关注经济发展质量和效益转变，从追求经济发展“体量优势”和“速度优势”向追求经济发展“质量优势”和“效益优势”转变，将极大拓展社会主义市场经济体制建设的视野。

最后，从全面深化改革的联动推进中把握。从以经济体制改革为主步入全面深化改革新时期，我国改革开放事业的这一重大历史性变化，不仅标志着改革进入深水区和攻坚期，而且极大丰富了社会主义市场经济体制建设的内涵。改革开放牵涉到经济社会一系列体制机制的转型。作为一项宏大而复杂的系统工程，经济体制改革不可能单兵突进，必然牵动政治、文化、社会、生态文明体制改革。将经济体制改革的分目标同全面深化改革的总目标相对接，意味着新时代社会主义市场经济体制建设必须以国家治理体系和治理能力现代化为主轴，在同政治体制、文化体制、社会体制、生态文明体制改革的联动中展开和推进，融入全面深化改革。

四、教学反思

学生在高中时期就学习过本节课相关内容，对生产力和生产关系、经济基础和上层建筑的矛盾运动关系有所了解。但本节内容较为抽象，学生对理论的深刻性的把握仍有待提升。如何在课程学习过程中使学生进一步明晰社会基本矛盾的具体表现，特别是在我国发展的现阶段如何正确认识阶级斗争问题成为此次课程需要重点解决的问题。通过角色扮演，学生能够正确认识经济基础和上层建筑的矛盾关系，通过合作讨论将社会基本矛盾理论与中国社会发展实际结合，增强学生体验感和运用理论分析现实问题的能力。

五、学习拓展

（一）经典文献

1. 一切历史上的斗争，无论是在政治、宗教、哲学的领域中进行的，还是在其他意识形态领域中进行的，实际上只是或多或少明显地表现了各社会阶级的斗争，而这些阶级的存在以及它们之间的冲突，又为它们的经济状况的发展程度、它们的生产的性质和方式以及由生产所决定的交换的性质和方式所制约。①

2.对于矛盾的各种不平衡情况的研究，对于主要的矛盾和非主要的矛盾、主要的矛盾方面和非主要的矛盾方面的研究，成为革命政党正确地决定其政治上和军事上的战略战术方针的重要方法之一，是一切共产党人都应当注意的。②

3.如果要去探究那些隐藏在——自觉地或不自觉地，而且往往是不自觉地——历史人物的动机背后并且构成历史的真正的最后动力的动力，那么问题涉及的，与其说是个别人物，即使是非常杰出的人物的动机，不如说是使广大群

① 《马克思恩格斯选集》第1卷，人民出版社2012年版，第667页。

② 《毛泽东选集》第1卷，人民出版社1991年版，第326～327页。

众、使整个整个的民族，并且在每一民族中间又是使整个整个阶级行动起来的动机；而且也不是短暂的爆发和转瞬即逝的火光，而是持久的、引起重大历史变迁的行动。探讨那些作为自觉的动机明显地或不明显地，直接地或以意识形态的形式，甚至以被神圣化的形式反映在行动着的群众及其领袖即所谓伟大人物的头脑中的动因——这是能够引导我们去探索那些在整个历史中以及个别时期和个别国家的历史中起支配作用的规律的唯一途径。使人们行动起来的一切，都必然要经过他们的头脑；但是这一切在人们的头脑中采取什么形式，这在很大程度上是由各种情况决定的。①

(二)典型习题

1.2011 年 4 月，耶鲁大学出版了《马克思为什么是对的》一书，书中列举了当前西方社会 10 个典型的歪曲马克思主义的观点。其中一种观点认为：马克思主义将世间万物都归结于经济因素，艺术、宗教、政治、法律、道德等都被简单地视为经济的反映，对人类历史错综复杂的本质视而不见，而试图建立一种非黑即白的单一历史观。上述观点是对马克思主义关于经济基础和上层建筑辩证关系思想的严重歪曲，其表现为(　　)。

A.把社会历史发展多重因素的综合作用歪曲为单一因素决定论

B.把上层建筑与经济基础的相互作用歪曲为机械的单向作用

C.把经济作为社会的“基础”所具有的归根到底的决定作用歪曲为唯一决定作用

D.把意识形态对社会历史始终具有的积极能动作用歪曲为消极被动作用

答案：ABC

2.历史经验表明经济危机往往孕育着新的科技革命，1857 年世界经济危机引发了电气革命，推动人类社会从蒸汽时代进入电气时代。1929 年的世界经济危机，引发了电子革命推动人类社会从电气时代进入电子时代，由此证明(　　)。

A.科技革命是摆脱社会危机的根本出路

B.科学技术是社会形态更替的根本标志

C.社会实践的需要是科技发展的强大动力

D.科技创新能够推动社会经济跨越式发展

答案：CD

① 《马克思恩格斯选集》第 4 卷，人民出版社 2012 年版，第 255～256 页。

第三节 实践与认识的辩证关系

一、概念与目标

(一)核心概念

1.实践

实践是人类能动地改造世界的社会性的物质活动。

2.认识

主体在实践基础上对客体的能动反映。

3.实践在认识中的决定作用

辩证唯物主义认为,在实践和认识之间,实践在认识活动中起着决定性的作用。实践是认识的来源。实践是认识发展的动力。实践是认识的目的。

4.实践与认识的辩证运动及其规律

一个由感性认识到理性认识,又由理性认识到实践的飞跃,是实践、认识、再实践、再认识,循环往复以至无穷的辩证发展过程。

(二)内容框架

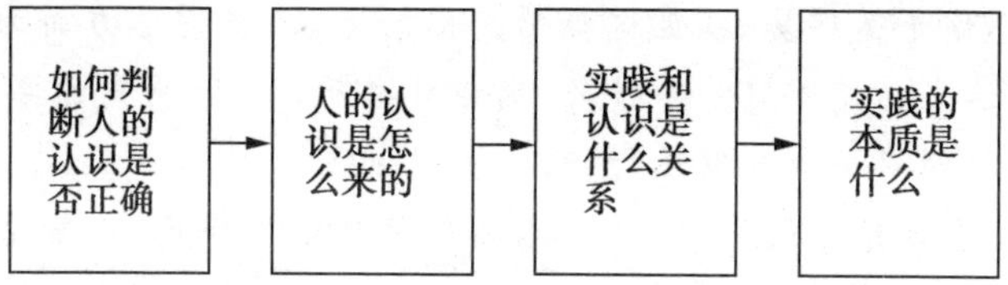

(三)学习目标

理解实践的本质、基本结构和表现形式,理解认识的本质和过程,掌握实践与认识的辩证运动及其规律。能够厘清唯物主义和唯心主义对认识本质的不同回答以及旧唯物主义与辩证唯物主义对认识本质的不同回答。能够运用辩证唯物主义认识论解答、分析人的认识问题与矛盾。确立科学的实践观,即树立实践的观点是辩证唯物论的认识论之第一的基本观点。

二、学情分析

学生在高中时期已经学习了马克思主义基本原理的一些内容。但原理课内容的理论性较强，难以准确理解。因此，在教学中，可以更多结合学生的专业知识和职业发展等使其掌握实践、认识的本质以及其辩证运动过程和规律。

三、教学设计

（一）课程导入

［互动提问］

比较刚入学时和现在你对专业的认识有什么变化吗？你认为你毕业后可以从事什么工作？你的这些认识来自哪里？

［知识拓展］

关于认识的来源，西方哲学史上有五种著名观点。①

观点1：柏拉图的"回忆说"。

在《美诺篇》中，柏拉图虚构了一段美诺和苏格拉底的对话：美诺：我明白了，苏格拉底。但是，你说我们并不在学习，所谓学习只不过是回忆罢了，这样说是什么意思？你能告诉我这是为什么吗？

苏格拉底：这不是件易事，但这既然是你的要求，我得尽力而为。我看到你有许多仆人在这里。随便喊一个过来，我会用他来向你证明我说得正确。

美诺：行。（他对一个童奴说）过来。

苏格拉底：在沙地上画一个正方形，然后对那个童奴说，你知道有一种方的图形吗，就像这个一样。

童奴：知道。

苏格拉底：它有四条相等的边吗？

童奴：有。

《美诺篇》中的童奴完全没有几何学知识，苏格拉底也没有直接教给他任何几何学定理，只是向他提出一个又一个的问题，一步步地引导男孩自己找到了正确答案。于是柏拉图借苏格拉底之口下结论说，其实每个人早在出生之前就已

---

① 韩美兰：《"马克思主义基本原理概论"问题链教学详案》，中国人民大学出版社2017年版，第84～86页。

经拥有了知识，只不过出生之后就忘记了，学习就是回忆起这些被遗忘的知识。

观点 2：亚里士多德的“蜡块说”。

亚里士多德认为感觉是感性灵魂的一种机能，它接受的是事物的形式而不是质料，正如蜡块一样，刻有图纹的金属作用于它的时候，它接受的是印纹而不是金属本身。可以看出，亚里士多德肯定了认识来源于外界。

观点 3：洛克的“白板说”。

这是主张认识来源于经验的一种哲学思想。洛克认为人出生时心灵犹如白纸或白板，对任何事物均无印象；人的一切观念和知识都是外界事物在白板上留下的痕迹，最终都导源于经验。经验是认识的唯一来源。

观点 4：笛卡尔的“天赋观念论”。

这是笛卡尔的重要理论之一，是其哲学乃至唯理论哲学的基础。他认为，科学体系不能来源于感觉经验，而只能是我们与生俱来的天赋观念。感觉经验不可靠，不足以充当科学知识的基础，只有理智才能认识事物的本质。认识来源于人先天就具有的观念。

观点 5：皮亚杰的“发生认识论”。

认识既不起因于有自我意识的主体，也不起因于已形成的、会把自己烙在主体之上的客体；认识起因于主客体之间的相互作用，是主客体的“共同建构”。

以上的几种观点可以归纳为三类：一类认为认识先天固有，否认其来自外界；一类认为认识来自外界；一类认为认识来自主客体的相互作用。

大家认为认识来自哪里呢？

大家都提出认识来自实践，那么什么是实践？实践活动有哪些构成要素呢？

(二)课堂讲授

实践的基本结构为实践主体、实践客体和实践中介。人的实践活动是以改造客观世界为目的的客观过程，是实践的主体与客体之间的相互作用，这种相互作用必须借助于一定的手段和工具，即实践的中介。

物质生产实践、社会政治实践、科学文化实践、虚拟实践。实践是人类能动地改造世界的社会性的物质活动。

[案例]

2015 年 12 月 7 日，出席典礼的中国女药学家屠呦呦从瑞典国王卡尔十六世·古斯塔夫手中接过了诺贝尔奖的奖章和证书，成为中国首位获得诺贝尔生理学或医学奖的科学家。诺贝尔生理学或医学奖评委汉斯·弗斯伯格在致颁奖词时高度评价了屠呦呦的科学贡献。他说：“每年大概有 50 万人死于疟疾，其中大多数为儿童。在 20 世纪 60 和 70 年代，屠呦呦参与了中国一个开发抗疟药品的重要项目。当屠呦呦在阅读古籍时，她发现一种叫作青蒿的植物在治疗发烧的配方中多次出现。于是她开始在感染疟疾的老鼠身上试验这种青蒿的提取物。试验发现一部分的疟疾寄生虫死亡但整体的试验结果并不一致。因此，屠呦呦继续回到古籍中寻找。在一本1700年前的古书中，她发现一种对青蒿低温提取的方法，这样得到的提取物疗效非常显著可以杀死所有寄生虫。这其中有效的成分随后被确认并被命名为'青蒿素'。在后来的研究中发现青蒿素能够通过一种独一无二的方式杀死寄生虫。屠呦呦对青蒿素的发现引起了对抗疟新药品的研制和发展，这种药品已经挽救了上百万人的性命，将过去15年疟疾的致死率降低了一半。"

从1969年开始抗疟中药研究到1972年30例恶性疟和间日疟病人全部显效。同年11月，屠呦呦团队从该部位中成功分离得到抗疟有效单体化合物的结晶，后命名为"青蒿素"。

辩证唯物主义认为，在实践和认识之间，实践是认识的基础，实践在认识活动中起着决定性的作用。实践的观点是马克思主义的基本观点，实践是认识的来源。习近平总书记指出："我们党现阶段提出和实施的理论和路线方针政策，之所以正确，就是因为它们都是以我国现时代的社会存在为基础的。"[①]实践是认识发展的动力。恩格斯说："社会一旦有技术上的需要，这种需要就会比十所大学更能把科学推向前进。"[②]实践的需要是推动认识在深度和广度上不断发展之根本。实践是认识的目的。人们通过实践获得认识，不是"猎奇"或"雅兴"，不是为认识而认识，其最终目的是为实践服务，指导实践，以满足人们生活和生产的需要。实践是检验真理的唯一标准。

[合作讨论]

有一次，贝克莱和朋友在花园散步，踢到了一块石头。朋友故意问贝克莱，这块石头到底存在不存在。贝克莱说："我踢到它感到疼的时候石头是存在的，我不疼的时候石头就不存在了。"中世纪的经院哲学家奥古斯丁认为：真理不是理智的创造物，理性只能发现真理；人的理性发现真理，必须借助"永恒之光"照明，来认识心中早已存在的抽象概念；终极的永恒或真理不是别的，就是上帝；上帝不可认识，只有信仰才能体验。所以信仰成为一切认识的先决条件、方法和途径，信仰然后获得知识。[③] 结合"实践在认识活动中的决定作用"内容，分别对唯

---

① 《习近平关于全面深化改革论述摘编》，中央文献出版社2014年版，第11页。

② 《马克思恩格斯选集》第4卷，人民出版社2012年版，第648页。

③ 参见崔建霞主编：《马克思主义基本原理概论理论问题聚焦》，北京理工大学出版社2009年版，第48页。

心主义认识路线、旧唯物主义认识路线、辩证唯物主义认识路线展开讨论，并选择代表汇报本组讨论情况。

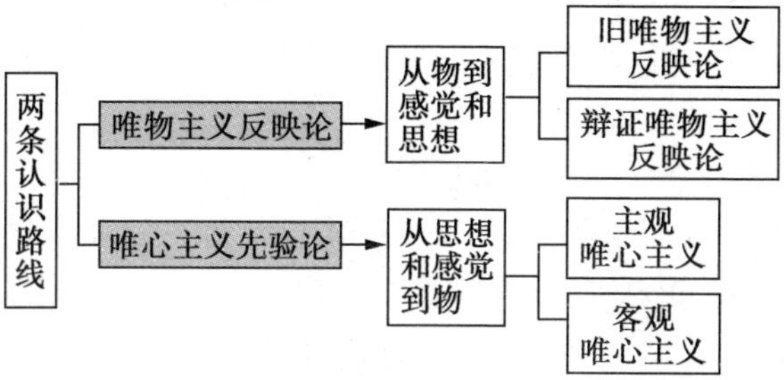

唯心主义的认识路线坚持从思想和感觉到物。唯心主义认识路线否认认识是人脑对客观世界的反映，认为认识先于物质，先于人的实践经验。其中，主观唯心主义认为人的认识是主观自生的，是生而知之的。客观唯心主义认为人的认识是上帝的启示或某种客观精神的产物。旧唯物主义的认识路线坚持反映论，但以感性直观为基础，把人的认识看成是消极地、被动地反映和接受外界对象，类似于照镜子那样的反射活动，所以又称为直观的、消极被动的反映论。辩证唯物主义认识论是建立在实践基础上的能动的反映论。辩证唯物主义认为认识是主体对客体的反映，实践是人类能动地改造世界的社会性的物质活动。认识的本质是主体在实践基础上对客体的能动反映。这种能动反映不但具有反映客体内容的反映性特征而且具有实践所要求的主体能动的、创造性的特征。

一方面，认识的反映特性是人类认识的基本规定性。认识的反映特性是指人的认识必然要以客观事物为原型和摹本，在思维中再现或摹写客观事物的状态、属性和本质。人的认识不论表现形式多么抽象和复杂，归根结底是对客观对象的反映，所以，反映的摹写性表明了反映的客观性。另一方面，认识的能动反映具有创造性。认识是一种在思维中的、能动的、创造性的活动，而不是主观对客观对象简单、直接的描摹或照镜子式的原物映现。人们为了在实践中实现预定的目的，不仅要反映事物的现象，更要把握事物的本质。如何透过现象看本质，需要人们运用辩证逻辑的思维方法，在观念中分解、加工和改造对象，进行创造性的思维活动。

[体验活动]

在课堂上播放红色电影《永不消逝的电波》中的精彩片段，选择1～2个小组，请学生分两次进行配音。第一次为现场观看后进行。结束后，由教师向学生讲述电影发生背景和故事主要内容，请学生回去准备后，再进行第二次配音。并请同学对比两次配音效果，并进行点评。

列宁认为，“从生动的直观到抽象的思维，并从抽象的思维到实践，这就是认识真理、认识客观实在的辩证途径”①。实践与认识的辩证运动，是一个由感性认识到理性认识，又由理性认识到实践的飞跃，是实践、认识、再实践、再认识，循环往复以至无穷的辩证发展过程。

[问题讨论]

如何才能获得对事物本真的认识？

毛泽东强调：“一个正确的认识，往往需要经过由物质到精神，由精神到物质，即由实践到认识，由认识到实践这样多次的反复，才能够完成。”②如此“实践、认识、再实践、再认识，这种形式，循环往复以至无穷，而实践和认识之每一循环的内容，都比较地进到了高一级的程度”③。

[案例]

《看不见的大猩猩》的作者是两名权威心理学专家，他们通过一些实验，生动而幽默地揭示了生活中常见的六大错觉：注意错觉、记忆错觉、自信错觉、知识错觉、因果错觉以及潜能错觉。在实验中，近一半的人竟然没有注意到大猩猩从我们面前悄然走过。大猩猩实验于1999年发表在学术期刊《知觉》上，在心理学领域引起了热烈讨论，而且其实施者因此获得了2004年度搞笑诺贝尔奖。

人们总是凭借直觉认为，自己所见和所感都是真实的。然而，真的是这样吗？心理学史上最知名的实验之一“看不见的大猩猩”告诉我们，虽然感性认识是外部刺激的产物，但是我们的大脑对外界事物的感知并不是像照相机或复印机那样，仅仅是简单的摄影或复制，而是一种积极主动的筛选过程。事实上，即使是最明显的信息也会被我们漏掉。在当今这个充满大量信息和新事物的时代，生活中的“大猩猩”更是无处不在。

[案例]

2011年碘盐抢购风波

2011年3月，日本核泄漏危机发生后，服用碘可以预防核辐射的谣言在我国民众中迅速流传。3月16日起，不少人通过电话和手机短信，得知了碘盐走俏的消息，一场碘盐抢购的风波由此开始席卷包括浙江在内的全国多个省份。大量居民纷纷涌入当地各大小超市，成批量购买食用碘盐。个别消费者的不理性采购，导致16、17日局部地区的碘盐销量超过了正常销量的数十倍。一些不法商贩乘机囤积居奇、哄抬物价、以次充好。

① 《列宁全集》第55卷，人民出版社2017年版，第142页。

② 《毛泽东文集》第8卷，人民出版社1999年版，第321页。

③ 《毛泽东选集》第1卷，人民出版社1991年版，第296～297页。

为什么一则并不权威的信息会在如此短的时间内影响千家万户？为什么人们着魔似的挤进这个信息场内，认为只要跟从就一定能得到正确的结果呢？对此问题，不同的人会给出不同的解释，但无论答案如何，都应当而且必然包含这样一个关键词，那就是缺乏理性认识。

从生动的直观到抽象的思维是认识运动的第一能动飞跃。从实践到认识的过程，这是整个认识过程的第一个阶段，即由客观物质到主观精神的阶段。在这个过程中，我们的认识过程经历两个不同阶段：感性认识和理性认识。感性认识是在实践的基础上，由感觉器官直接感受到的关于事物的现象、事物的外部联系、事物的各方面的认识。理性认识是人们借助抽象思维，在概括整理大量感性材料的基础上，达到对事物的本质、全体、内部联系和事物自身的认识。它更多的是以理论的形式呈现在我们的知识世界中。

[案例]

哲学家的故事。在一条湍急的河中，一个船夫驾驶一条小船，船上坐着一位哲学家。

哲学家问船夫："你懂数学吗？"

"不懂。"船夫说。

"那你的生命价值失去1/3。"

"那你懂得哲学吗？"

"更不懂。"

哲学家感喟到："那你的生命价值失去了1/2。"

正当哲学家与船夫继续交谈时，一个巨浪把船打翻了，两人都掉到了河里。

这时，船夫问："你会游泳吗？"

"不会，不会！"哲学家大喊。

"那你就失去了全部的生命价值。"

哲学家虽然精通数学和哲学，可是在当时的处境中，这些东西完全用不上，所以只能听天由命了。

从认识到实践是认识过程的第二次能动飞跃。从感性认识上升到理性认识的第一次飞跃，认识的结果仍然是观念的存在，如何把观念的存在转变成现实的存在呢？这就必须经过从认识到实践的飞跃。理论的终极意义在于指导行动。只有将已经获得的理论运用到实践中去，通过实践的检验，正确的理论才能得到证实，错误的理论才能被发现、纠正或推翻，并在指导实践、实现自身的过程中得到完善和发展。习近平总书记说："要按照已经认识到的规律来办，在实践中再加深对规律的认识，而不是脚踩西瓜皮，滑到哪里算哪里。”[①]1919 年，十月革命的一声炮响，送来了马克思列宁主义。中国共产党对马克思列宁主义的认识经历了一个从感性认识到理性认识到实践的过程。中国发展到今天，已经完成了第一个百年奋斗目标，全面建成了小康社会，目前我们正向第二个百年奋斗目标迈进。那么，我们对马克思主义的认识过程“完成了”吗？可以说，既完成了，又没有完成。

说它“完成了”，是针对具体事物的认识而言的。在由认识到实践飞跃的这个阶段，如果能够实现预想的目的，预定的思想、理论、计划和方案在实践中变为事实，那么，人们对于在某一发展阶段内的某一客观过程的认识运动就算是完成了。我们将马克思主义理论与中国的具体实际相结合，先后完成了新民主主义革命，社会主义革命和建设，改革开放和社会主义现代化建设，基本实现社会主义现代化。仅就每一个发展阶段的任务而言，解决了每一个历史时期的社会矛盾，那么这一个阶段的认识活动就“完成了”。

说它“没有完成”，是针对实践和认识运动过程的向前推移、向前发展而言的。习近平总书记指出：“实践没有止境，理论创新也没有止境。世界每时每刻都在发生变化，中国也每时每刻都在发生变化，我们必须在理论上跟上时代。”[②]党的十八大以来，中国特色社会主义进入新时代。我们实现了第一个百年奋斗目标，开启实现第二个百年奋斗目标新征程，朝着实现中华民族伟大复兴的宏伟目标继续前进。从中华民族伟大复兴的历史进程来看，马克思主义理论与中国实际的结合尚没有结束，还要在中国化的马克思主义，即习近平新时代中国特色社会主义思想的指导下，继续实践、认识、再实践、再认识。

认识辩证运动的发展过程既不是封闭式的循环，也不是直线式的发展，往往充满了曲折以至反复，因而是一个波浪式前进和螺旋式上升过程。

四、教学反思

受学生自身经历和年龄等的限制，其对实践与认识的理解停留在对二者关系的浅层理解，如何使其对理论有更为深刻的体会，进而自觉运用理论不断反思自己的认识，解决思想和行为中的矛盾是本节课教学的根本目标。教学过程中通过合作讨论，利用视频等形式让学生自主研讨旧唯物主义认识论、唯心主义认

---

① 《习近平关于全面深化改革论述摘编》，中央文献出版社 2014 年版，第 43 页。

② 习近平：《决胜全面建成小康社会　夺取新时代中国特色社会主义伟大胜利——在中国共产党第十九次全国代表大会上的报告》，人民出版社 2017 年版，第 26 页。

识论和唯物主义认识论的区别，加深其对理论的理解。结合专业的体验活动让学生亲自感受认识运动的过程，在提高学生参与度和学习兴趣的同时，使其对认识的本质及认识与实践的关系有切身的体会。但囿于课堂教室空间和教学班级人数的限制，讨论和体验环节限于部分学生直接参与，提高学生整体参与度是需要进一步解决的问题。

五、学习拓展

（一）经典文献

1.马克思主义者认为人类的生产活动是最基本的实践活动，是决定其他一切活动的东西。人的认识，主要地依赖于物质的生产活动，逐渐地了解自然的现象、自然的性质、自然的规律性、人和自然的关系；而且经过生产活动，也在各种不同程度上逐渐地认识了人和人的一定的相互关系。①

2.马克思主义者认为人类社会的生产活动，是一步又一步地由低级向高级发展，因此，人们的认识，不论对于自然界方面，对于社会方面，也都是一步又一步地由低级向高级发展，即由浅入深，由片面到更多的方面。在很长的历史时期内，大家对于社会的历史只能限于片面的了解，这一方面是由于剥削阶级的偏见经常歪曲社会的历史，另方面，则由于生产规模的狭小，限制了人们的眼界。人们能够对于社会历史的发展作全面的历史的了解，把对于社会的认识变成了科学，这只是到了伴随巨大生产力——大工业而出现近代无产阶级的时候，这就是马克思主义的科学。②

3.由此看来，认识的过程，第一步，是开始接触外界事情，属于感觉的阶段。第二步，是综合感觉的材料加以整理和改造，属于概念、判断和推理的阶段。只有感觉的材料十分丰富（不是零碎不全）和合于实际（不是错觉），才能根据这样的材料造出正确的概念和论理来。

这里有两个要点必须着重指明。第一个，在前面已经说过的，这里再重复说一说，就是理性认识依赖于感性认识的问题。如果以为理性认识可以不从感性认识得来，他就是一个唯心论者。哲学史上有所谓“唯理论”一派，就是只承认理性的实在性，不承认经验的实在性，以为只有理性靠得住，而感觉的经验是靠不住的，这一派的错误在于颠倒了事实。理性的东西所以靠得住，正是由于它来源

① 《毛泽东选集》第1卷，人民出版社1991年版，第282～283页。

② 《毛泽东选集》第1卷，人民出版社1991年版，第283～284页。

于感性，否则理性的东西就成了无源之水，无本之木，而只是主观自生的靠不住的东西了。从认识过程的秩序说来，感觉经验是第一的东西，我们强调社会实践在认识过程中的意义，就在于只有社会实践才能使人的认识开始发生，开始从客观外界得到感觉经验。一个闭目塞听、同客观外界根本绝缘的人，是无所谓认识的。认识开始于经验——这就是认识论的唯物论。

第二是认识有待于深化，认识的感性阶段有待于发展到理性阶段——这就是认识论的辩证法。[①]

(二)典型习题

1.恩格斯说："鹰比人看得远得多，但是人的眼睛识别东西远胜于鹰。狗比人具有敏锐得多的嗅觉，但是它连被人当作各种物的特定标志的不同气味的百分之一也辨别不出来。"人的感官的识别能力高于动物，除了人脑及感官发育得更加完善之外，还因为(　　)。

A.人不仅有感觉还有思维

B.人不仅有理性还有非理性

C.人不仅有直觉还有想象

D.人不仅有生理机能还有心理活动

答案：A

2.爱迪生在发明电灯之前做了 2000 多次实验，有个年轻的记者曾经问他为什么遭遇这么多次失败。爱迪生回答："我一次都没有失败。我发明了电灯。这只是一段经历了 2000 步的历程。"爱迪生之所以说"我一次都没有失败"，是因为他把每一次实验都看作(　　)。

A.认识中所获得的相对真理

B.整个实践过程中的一部分

C.对事物规律的正确反映

D.实践中可以忽略不计的偶然挫折

答案：B

① 《毛泽东选集》第 1 卷，人民出版社 1991 年版，第 290～291 页。

第四节 生产剩余价值是资本主义生产方式的绝对规律

一、概念与目标

(一)核心概念

1.剩余价值

剩余价值是雇佣工人所创造的并被资本家无偿占有的超过劳动力价值的那部分价值,它是雇佣工人剩余劳动的凝结,体现了资本家和雇佣工人之间剥削和被剥削的关系。马克思剩余价值理论的核心内涵有两条:一是资本家主要通过强迫工人延长劳动时间的方法来赚取利润;二是只有产业工人的活劳动才能创造新价值,其他生产要素以及商业服务业等非生产性行业的职工都不能创造新价值。剩余价值的生产方法包括绝对剩余价值生产和相对剩余价值生产。

2.绝对剩余价值

绝对剩余价值是在生产技术水平和工人的必要劳动时间不变的条件下,由于工作日的绝对延长而生产的剩余价值。资本主义制度下工人的工作日分为两部分:必要劳动时间和剩余劳动时间。在必要劳动时间既定的条件下,工作日越长,剩余劳动时间就越长,资本家从工人身上榨取的剩余价值就越多,从而剩余价值率也就越高。

3.相对剩余价值

相对剩余价值是在工作日长度不变的条件下,通过提高劳动生产率,缩短必要劳动时间,相对延长剩余劳动时间而生产的剩余价值。必要劳动时间是再生产劳动力价值的时间,要缩短必要劳动时间就要降低劳动力的价值。劳动力价值由维持工人及其家属生活所必需的生活资料(必要生活资料)的价值构成,其水平高低受两个条件制约:一是生产工人及其家属生活必需的生活资料的部门的劳动生产率。要降低生活资料价值就必须提高这些生产部门的劳动生产率。二是与生产这些生活资料相关的生产部门的劳动生产率。这些生产资料部门的劳动生产率提高了,也会降低生活资料的价值。

资本主义发展初期,资本家主要使用绝对剩余价值生产的方法来榨取更多的剩余价值。此外,资本家还用提高工人劳动强度的方法来榨取剩余价值。提高劳动强度,意味着工人在同样工作日时间内支出了更多的劳动量,实际上等于延长了工作日。这是一种延长工作日时间的隐蔽的形式。

资本家为了提高剥削程度，获得尽可能多的剩余价值，总是尽可能地延长工作日。但是，工作日的延长在客观上受到两种界限的制约：一是生理的界限。工人在 24 小时的自然日内，只能消耗一定量的生命力。他必须有一部分时间用于吃饭、休息和睡眠等，以满足生理上的需要；否则工人就不能恢复他的劳动能力，继续给资本家劳动。二是道德的界限。工人在一天当中，除劳动、休息、吃饭和睡眠以外，还要有一部分时间用于学习文化、发展智力、照顾家庭、养育子女、参加娱乐和社交活动等，以满足精神生活和社会生活的需要。但是，这两个界限，特别是社会道德的界限有很大的伸缩性。而随着资本主义的发展，相对剩余价值生产逐渐成为资本家剥削工人的主要方法。

4.超额剩余价值

与绝对剩余价值和相对剩余价值相关联的还有超额剩余价值这一概念。超额剩余价值是指具有较高劳动生产率的个别资本凭借商品的个别价值低于社会价值而获得的超越社会平均条件的那部分剩余价值。亦称“额外剩余价值”。简单地说就是商品个别价值低于社会价值的差额。其来源仍然是该企业雇佣工人的剩余劳动。超额剩余价值生产的特征在于，其存在具有一种暂时性。假定某个资本家采用了新技术、新的机器设备，从而额外地提高了他的企业的劳动生产率，获得了超额剩余价值。但由于资本家之间的竞争，其他资本家很快也会采用新的生产方法，改良它们的技术设备，从而少数企业暂时特别高的劳动生产率，会逐渐扩展到其他企业中去。当新的方法被普遍采用时，该生产部门的劳动生产率的社会平均水平普遍提高，商品的社会价值也随之降低，原来比较便宜地生产出来的商品的个别价值与社会价值之间的差额就会消失，从而超额剩余价值也就消失了。追求超额剩余价值是每个资本家改进生产技术的直接动机，通过资本家追求超额剩余价值，全社会劳动生产率就会提高，相对剩余价值又是全社会劳动生产率提高的结果。

(二)内容框架

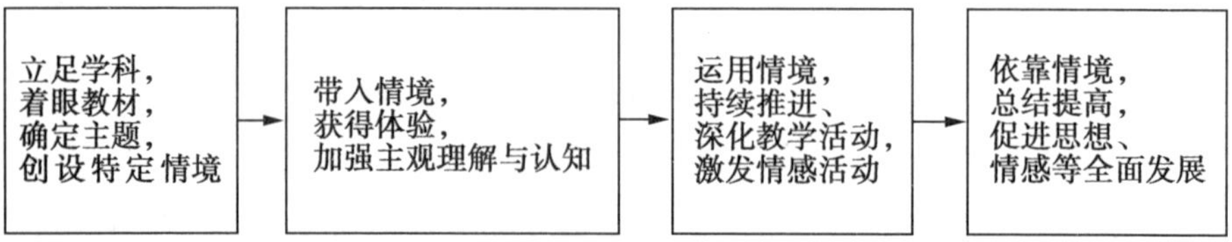

(三)学习目标

1.知识目标

理解剩余价值、绝对剩余价值、相对剩余价值以及超额剩余价值的基本内涵;明确马克思剩余价值理论的主要观点。

2.能力目标

就该部分教学内容而言,采用情境教学法的主要目标是在语言引导和背景音乐的烘托下,通过在教室现场模拟、扮演资本主义机械化大生产背景下在流水线旁工作的工人,使学生真切地感受到资本家对工人的残酷剥削和压榨,加深对马克思主义剩余价值理论的理解与认知,明晰资本家加强对工人的剥削,赚取更多的剩余价值的基本途径(方法),论证无产阶级革命导师马克思、恩格斯及其科学理论的正确性。

3.素养目标

引导学生客观评价剩余价值在社会生活中的地位、作用以及马克思剩余价值理论的历史局限性。

二、学情分析

学生对所学专业有初步了解与认知,对教材内容有较好的驾驭能力,善于运用网络等手段增加知识储备。同时能够结合本专业实际就相关议题进行讨论、辩论及研讨,有较强的个体发展需求,学习目的性较强;但受传统教学模式的影响,合作意识薄弱,学生的自主学习能力、思辨能力、创造性学习能力不足,在参与教学活动时往往需要找到"被尊重"的感觉。

三、教学设计

资本主义生产过程是劳动过程和价值增殖过程的统一。资本家进行资本主义生产,不是为了要享用工人为他生产的商品的使用价值,而是为了攫取工人生产的剩余价值,实现资本增殖。换言之,资本主义生产是为了生产和占有剩余价值。即资本家用绝对或相对地延长工人剩余劳动时间、提高劳动强度、改进生产技术等方法,最大限度地获取由雇佣劳动者创造的剩余价值。它支配着资本主义生产的一切主要方面和主要过程,决定着资本主义生产方式基本矛盾的日益尖锐化以及资本主义发生、发展和灭亡的历史趋势。

（一）课程导入

狄更斯的《双城记》首次出版于1859年，他在书的一开头就表达了对那个时代的看法，他说："这是希望之春，这是失望之冬；人们面前应有尽有，人们面前一无所有；人们正踏上天堂之路，人们正走向地狱之门。"

马克思也有非常类似的论述："在我们这个时代，每一种事物好像都包含有自己的反面。我们看到，机器具有减少人类劳动和使劳动更有成效的神奇力量，然而却引起了饥饿和过度的疲劳。财富的新源泉，由于某种奇怪的、不可思议的魔力而变成贫困的源泉。技术的胜利，似乎是以道德的败坏为代价换来的。随着人类愈益控制自然，个人却似乎愈益成为别人的奴隶或自身的卑劣行为的奴隶。甚至科学的纯洁光辉仿佛也只能在愚昧无知的黑暗背景上闪耀。我们的一切发明和进步，似乎结果是使物质力量成为有智慧的生命，而人的生命则化为愚钝的物质力量。"①

马克思不再相信资产阶级所谓"天赋人权"的论调，认为这种论调不过是一个虚幻的伊甸园。在这个伊甸园里，也就是劳动力买卖的流通领域或商品的交换领域发现不了自由、平等这些价值有什么不对的地方。那么资本家赚钱的秘密（组织生产的秘密）是什么？资本主义社会的运行法则是什么？

[体验活动]

根据不同院系、不同学科、不同专业的学生设计、创设不同的劳动（工作）场景，使不同专业学生能够发挥各自的专业优势。如计算机科学与技术专业采用模拟电脑生产流水线，电子信息工程专业采用模拟电子产品生产流水线，大数据工程技术专业采用模拟数字产品生产流水线等。考虑到大一新生教学班的人数相对较多，因此，在开展情境教学时，要突出学生的主体性和所扮演的"参与者"的角色，按照简约、经济的原则（学生不用负担相关费用），根据每个教学班的具体人数，以宿舍为单位将每个教学班的学生分为若干小组，每个小组均有组长、副组长、小组成员，同时明确各自的分工，完全模拟从原材料采购到最后制成品出炉的全部生产工序，学生零成本地参与到情境教学中来。

具体来看，围绕《马克思主义基本原理概论》中剩余价值生产的方法，选取流水线旁的工人，以角色代入的形式进行情境重现（营造），构建从课堂走向真实生活的实践性教学场景。学生体验的是产业工人由简单到复杂的劳动程序和由慢到快的劳动强度。

---

① 《马克思恩格斯选集》第1卷，人民出版社2012年版，第776页。

(二)课堂讲授

剩余价值实质是由雇佣工人创造的、被资本家无偿占有的、超过工人劳动力价值以上的那部分价值。增加剩余价值的生产,是资本家一切活动的出发点和归宿。

1.资本家提高对工人剥削程度的两种基本方法是什么?

2.在雇佣工人的必要劳动时间不变的条件下,绝对剩余价值的生产包括哪些情况?

3.相对剩余价值生产的前提条件是什么?

[选用故事]

绝对剩余价值的生产:资本催生下的"加班"

1919 年 10 月,八小时工作制被国际劳工会议所承认,之后资本主义各国陆续确认了八小时工作制。中华人民共和国成立后,我国也实行这一制度。劳动法规定的工时制度有三种,即标准工时制、综合工时制和不定时工时制。2021 年,人力资源社会保障部、最高人民法院联合发布了 10 个超时加班典型案例,明确"996"工作制(指每天工作从早 9 点到晚 9 点,一周工作 6 天)和"007"工作制(指每天工作 24 个小时,每周 7 天都在工作)属违法,再度引起了关于"996"工作制和"007"工作制的讨论。

回看人类历史,"加班"其实一直存在,只是方式不同。19 世纪,资本主义国家进入机器大工业生产阶段后,资本家加重了对工人的剥削,最大限度地延长工作日。资本家想要追求更多的剩余价值,他们甚至渴望把一个工作日变成两个工作日。实质上,资本主义生产就是剩余价值的生产,就是剩余劳动的吸取。通过延长工作日,资本家不仅夺去工人道德和身体上正常发展和活动的条件,使人们的劳动力处于萎缩状态,而且使劳动力本身未老先衰和死亡。换句话说,资本家靠缩短工人寿命,目的就是在一定期限内延长工人的生产时间以获得增殖。

直到今天,超长工作时间依然存在,八小时的工作还是无法换取八小时外的自由和快乐。作为个体,我们需要理性看待工作的本质。物质的富有不能以牺牲个人发展的空间为代价。

相对剩余价值的生产:百年流水线

1913 年,福特汽车公司创始人亨利·福特和他的团队在美国高地公园(Highland Park)整车厂开发出了全球第一条流水生产线,这是福特对于全球制造业最伟大的贡献,缔造了一个至今仍未被打破的世界纪录。

在亨利·福特建立他的流水生产线之前，当时的汽车工业完全是手工作坊型的，三两个人合伙，买一台引擎，设计个传动箱，配上轮子、刹车、座位，装配一辆，出卖一辆，每辆车都是一个不同的型号。由于起动资金要求少，生产也很简单，每年都有50多家新开张的汽车作坊进入汽车制造业，大多数的存活期不过一年。在手工生产时代，每装配一辆汽车要728个人工小时，但福特流水生产线的问世使得这一切都改变了。由于采用了高效的流水生产作业，特别是简化了福特T型车的组装流程，将原来涉及3000个组装部件的工序简化为84道工序。新的生产工序为汽车的批量生产带来了革命性的进步，汽车生产所需的时间、成本和人力资源大幅下降。

每辆车的生产时间从原来的12小时缩短为仅仅90分钟。进入汽车行业的第十二年，亨利福特终于实现了他的梦想，他的流水线的生产速度已达到了每分钟一辆车的水平，五年后又进一步缩短到每十秒钟一辆车。

在福特之前，轿车是富人的专利，是地位的象征，售价在4700美元左右，伴随福特流水线的大批量生产而来的是T型车价格的急剧下降，T型车在1910年销售价为780美元，1911年降到690美元，然后降到600美元、500美元，1914年降到每辆360美元。低廉的价格为福特赢得了大批的平民用户，从而让高品质的汽车成为广大消费者能负担得起的交通工具。

随着工艺的不断改进，T型车的市场占有率大幅飙升。1914年，福特公司的1.3万名工人生产了26.7万辆汽车，美国其余的299家汽车公司的66万名工人仅生产了28.6万辆。福特公司的市场份额从1908年的9.4%上升到1911年的20.3%、1913年的39.6%，到1914年达到48%，月赢利600万美元，在美国汽车行业占据了绝对优势。到1927年，福特在全球售出超过1500万辆汽车，占当时全球汽车销售总量的50%。福特新的工艺流程的传播不仅深刻改变了美国国内汽车制造的格局，也影响了诸如照相设备、吸尘器、冰箱等其他制造领域。

1914年，福特实行了“5美元日薪制度”。对亨利·福特来说，订立这一在当时具有里程碑意义的薪酬方案，主要目的是让自己的员工有能力购买自己公司生产的产品。此举不仅增加了员工的士气与忠诚度，也为美国中产阶级消费阶层的形成作出了重大贡献。从此，一个不受地域限制、可以自由出行、无论在哪里都能自由追求美国梦的阶层开始形成。

[合作讨论]

讨论主题一：以下是关于资本主义生产方式转变的材料，技术的进步与变革以及由此带来的生产工具、生产环境的诸多变化，请结合材料思考：这是否意味着马克思的剩余价值学说已无解释力。

第二次世界大战以后，资本主义国家经历了第三次科学技术革命，电子计算机、数控机床等自动化装置在生产中得到比较普遍的应用，机器大工业发展到自动化阶段。工业机器人得到开发和利用，用机器操纵机器，代替了工人大量的体力劳动和部分的脑力劳动。自动化生产线广泛使用，直接从事生产操作的工人大大减少，甚至出现了少数的所谓"无人工厂"。资产阶级经济学家根据这些情况，指出技术和科学"成为独立的剩余价值源泉"，马克思的剩余价值学说已不适用于现代资本主义了。

这种观点是错误的。资本主义条件下的生产自动化只是意味着剩余价值生产所使用的生产工具更加先进了，不论是机器人、自动化生产线还是"无人工厂"，它们在本质上依然是物化劳动或不变资本的实物形式。它们的价值是在工人生产它们的过程中形成的，在它们参加产品的生产时，只是把原有的价值转移到产品中去，而不创造新价值，更不能创造剩余价值。在生产自动化条件下，直接从事生产劳动的工人相对减少，而从事科研、设计、技术和管理劳动的人员日益增加，"总体工人"中的脑力劳动的比重不断增大，劳动的复杂程度和强度日益提高，从而成为生产力特别高的劳动，在其他条件不变的情况下，这种劳动会创造出更大的价值和剩余价值。总之，资本主义国家的生产自动化是人类社会科学技术进步的结晶，它的普遍采用会大幅度地提高劳动生产率，使资本家全体获得比过去更多的剩余价值。资本主义条件下的生产自动化是资本家获取高额剩余价值的手段，而雇佣工人的剩余劳动仍然是这种剩余价值的唯一源泉。

[合作讨论]

讨论主题二：剩余价值是马克思主义政治经济学的核心概念，传统观点认为剩余价值的生产仅在资本主义社会存在，在其他社会，尤其是作为资本主义取代者的社会主义社会并不存在。

社会主义社会仍然广泛存在剩余价值的生产，不仅"资本主义经济"存在，而且公有制经济和个体经济也存在。社会主义社会仍然存在雇人做工的私有企业、合资企业、股份制企业等传统观点所指称的"资本主义经济"，它们当然生产剩余价值。公有制经济是社会主义经济的主体，其仍然生产剩余价值，因为公有制企业的职工并没有为满足自己的需要而将自己创造的价值全部占有，而是留一部分成为企业利润和国家利税，而这实际就是公有制企业职工创造的剩余价值。社会主义社会中个体经济的业主也要向国家纳税，而其所缴纳的税实际就是个体经济的劳动者创造的剩余价值。社会主义社会，不管是公有制经济还是私有制经济，劳动者创造的价值实际可以分为两部分：一部分是自用价值，满足自身及家庭的需要；另一部分则为剩余价值，成为企业利润及国家财政收入的源泉。如果劳动者创造的价值不够或者仅能够满足自身及家庭的需要，没有一点剩余，那么企业就挣不到任何利润，国家财政也不会有任何收入，经济社会就会停止运行，国家机器也会停止运转。

(三)课后思考

1.剩余价值在社会生活中的地位和作用

剩余价值在社会生活中居于十分重要的地位，起着非常重要的作用。劳动者所创造的剩余价值的多少是衡量社会生产力水平高低、人生价值大小和国家财政实力强弱的重要标尺。

2.剩余价值是衡量社会生产力水平的重要标尺

劳动者创造的剩余价值的多少与社会生产力水平的高低成正比。社会生产力水平越低，劳动者创造的剩余价值越少，社会生产力水平越高，劳动者创造的剩余价值越多。

3.创造剩余价值的多少是衡量人生价值大小的重要标尺

正常人创造的总价值包括自用价值和剩余价值两部分。在总价值一定的情况下，自用价值和剩余价值成反比关系。一个人为社会创造的剩余价值越多，则贡献越大，影响越大，人生价值也越大；反之则人生价值越小。历史上的仁人志士以及很多优秀的共产党员，公而忘私，先人后己，为社会作出巨大贡献，其人生也很有价值。当然这里的劳动者(正常人)并不局限于物质生产部门，也包括非物质生产部门。

3.劳动者为社会创造的剩余价值总量是衡量国家财力强弱的重要标尺

除了国民生产总值、人均国民收入等指标外，剩余价值总量(国民生产总值减去国民消费总量)可以准确反映、衡量国家掌握及可以调配的财富数量，可以准确衡量国家财政实力的强弱。

四、教学反思

教学实践充分证明情境式教学法在“马克思主义基本原理”课堂教学中的运用是成功的，它不仅打破了传统意义上封闭式的教学观，有效弥补了学生在实践认识方面的不足，增强了教学效果，而且有助于引导学生实现从知识到情感的转化、情感到信仰的升华，实现高校思想政治理论课铸魂育人的目的。

一般而言，情境式教学法的实施要科学设计，充分准备，周密计划，准确定位，其运用可以分为准备阶段、设置阶段、实践阶段和总结阶段。情境的创设或引入并不意味着教学活动的终结，还需要教师不失时机地进行启发和点化。因此，教师要进行充分的教学准备和教学设计，明确自身角色定位（教师在情境教学中所扮演的更多的是“协助者”，而并非是“专家”的角色），坚持以学生为中心，更新教学理念，明确教学目标，理顺情境创设的角色、环节及具体要求（在有限课堂时间内的活动安排），重视教学互动与教学反馈，切实激发学生的情感，使学生“触境生情”，增强学生自主探究的积极性，实现自身的全面发展。

五、学习拓展

（一）经典文献

1.劳动力发挥作用的结果，不仅再生产出劳动力自身的价值，而且生产出一个超额价值。这个剩余价值就是产品价值超过消耗掉的产品形成要素即生产资料和劳动力的价值而形成的余额。①

2.剩余价值首先是商品价值超过商品成本价格的余额。但是，因为成本价格等于所耗费的资本的价值，并且不断地再转化为所耗费的资本的各种物质要素，所以，这个价值余额就是商品的生产上耗费掉的并且会从商品流通中流回的资本的价值增加额。②

3.在不同生产部门，总资本中大小相等的各资本，包含着剩余价值的大小不等的源泉，而剩余价值的唯一源泉是活劳动。③

（二）典型习题

1.绝对剩余价值和相对剩余价值都是依靠（　　）。

A.延长工人工作时间而获得的

B.提高劳动生产率而获得的

C.降低工人的工资而获得的

D.增加剩余劳动时间而获得的

答案：D

2.绝对剩余价值生产和相对剩余价值生产之间的联系和区别是（　　）。

A.二者的共同本质在于都是提高对工人剥削程度的方法

---

① 《马克思恩格斯文集》第5卷，人民出版社2009年版，第242页。

② 《马克思恩格斯文集》第7卷，人民出版社2009年版，第41页。

③ 《马克思恩格斯文集》第7卷，人民出版社2009年版，第166～167页。

B.相对剩余价值生产是绝对剩余价值生产的起点

C.绝对剩余价值生产是相对剩余价值生产的起点

D.绝对剩余价值生产以生产技术变革为条件，相对剩余价值生产则不是

E.相对剩余价值生产以生产技术变革为条件，绝对剩余价值生产则不是

答案：ACE

第四章　毛泽东思想与中国特色社会主义理论体系概论

第一节　艰苦辉煌创伟业　百年风华新征程

一、概念与目标

(一)核心概念

一百年前，中国共产党的先驱们创建了中国共产党，形成了坚持真理、坚守理想，践行初心、担当使命，不怕牺牲、英勇斗争，对党忠诚、不负人民的伟大建党精神，这是中国共产党的精神之源。党的一百年，是矢志践行初心使命的一百年，是筚路蓝缕奠基立业的一百年，是创造辉煌开辟未来的一百年。

(二)内容框架

艰苦辉煌创伟业

- 新民主主义革命时期
- 社会主义革命时期和建设时期
- 改革开放和社会主义现代化建设时期

- 百年风华新征程
  - 成立时间——1921年7月23日
  - 时代背景
    - 1.1840~1842年鸦片战争后中国陷入内忧外患的境地
    - 2.1919年五四运动爆发
    - 3.1921年中国共产党正式成立，中国历史掀开新的一页
  - 发展历程
    - 新民主主义革命时期
    - 社会主义革命和建设时期

(三)学习目标

通过引导学生全面深入学习贯彻党和国家的最新精神，对我国当前的形势有正确认识和判断，了解与我国密切相关的国际形势，引导和帮助学生掌握、认识新形势下实现中华民族伟大复兴的艰巨和重要意义，同时帮助大学生树立科学的道德理念、社会政治理想、职业理想以及生活理想，全面拓展大学生的能力，拓宽思路视野，提高自身的政治素养。让学生感知国情，体会党的路线、方针、政策，把形势与政策真正落到实处，激发和引导他们爱党爱国、树立正确的世界观、人生观和价值观，成为对国家和社会有用的人才。

二、学情分析

本课的授课对象是大学一年级学生，在以往学习过程中，部分学生已基本了解中国近现代史的相关内容，但他们对知识的掌握没有达到一定的广度和深度，认识上还没有上升到一定的高度，分析问题也缺乏科学的方法论指导。

三、教学设计

本节课主要通过讲述中国共产党的故事，开展党的群众路线教育，党史学习教育，“三严三实”专题教育，“两学一做”学习教育，“不忘初心、牢记使命”主题教育。

课程的核心是以小视角诠释大时代，以小话题撬动大主题，对教育引导广大师生深刻铭记中国共产党百年奋斗的光辉历程，深刻认识中国共产党为国家和民族作出的伟大贡献，学习传承中国共产党在长期奋斗中形成的伟大精神，推动学校各项事业全面发展。

（一）课程导入

国旗冉冉升起，党旗迎风飘扬。国旗为五星红旗，红色象征革命，五颗星星中，大星代表中国共产党，四颗小星代表工人、农民、知识分子、民族资产阶级。四颗小星环拱于大星之右，并各有一个角尖正对大星的中心点，象征中国共产党领导下的革命人民大团结和人民对党的拥护。中国共产党党旗底色为红色，红色象征革命，黄色的锤子、镰刀代表工人和农民的劳动工具，象征着中国共产党是中国工人阶级的先锋队，代表着工人阶级和广大人民群众的根本利益。

忘记历史就意味着背叛。同学们，了解中华民族历经的百年沧桑，了解中国共产党带领华夏儿女奋力抗争的光辉岁月，才能凝聚实现民族复兴梦的力量。这节课就让我们重温中国共产党带领人民穿越血与火的历史烟云，回顾历经风雨洗礼的社会主义建设与改革，深刻认识伟大的中国共产党带领全国人民从一个胜利走向另一个胜利的过程，体会伟大事业的艰苦奋斗历程，为百年风华新征程做好青年担当的准备。

（二）课堂讲授

1.两次历史性飞跃

党的第一代领导集体完成了第一次飞跃，形成了一个理论形态即毛泽东思想，第二次飞跃则是由几代领导集体创新，形成的多个理论形态组成的中国特色社会主义理论体系。两次历史性飞跃，各有特色，一脉相承而又与时俱进，是基于我国的实践，结合马克思主义的基本原理，同时与中国具体的实际相融合所取得的伟大成就。

2.完成和推进了三件大事

在我党和国家领导人的正确带领以及正确的指导方针引领下，我国实现了从弱到强、从富到强的伟大跨越。完成和推进了三件大事，是对中国共产党100周年璀璨历程的简单概括。一是依靠人民完成了新民主主义革命，结束了旧中国，废除了一切不平等条约，实现全国人民的解放；二是依靠人民完成了社会主义革命，创造性地转变到社会主义，累积了重要的经验，建立起独立、完整的经济体系；三是依靠人民进行了改革开放新的伟大革命，坚持全方位对外开放，助力实现社会主义现代化建设的伟大成就。

3."1+4"个新时期

中国共产党成立前的早期探索:

1840年(救亡图存探索)→1915年(新文化运动)→1917年(十月革命)→1919年5月4日(五四运动)→1920年共产党成立早期组织。

我们可以将党的一百年划为四个历史阶段来看,也就是新民主主义革命时期、社会主义革命和建设时期、改革开放和社会主义现代化建设时期、中国特色社会主义新时代。

四个历史阶段,作出了四个伟大贡献:

中国人民站起来了,中华民族任人宰割、饱受欺凌的时代一去不复返了。

中国人民不但善于破坏一个旧世界,也善于建设一个新世界,只有社会主义才能救中国,只有社会主义才能发展中国。

改革开放是决定当代中国前途命运的关键一招,中国大踏步赶上了时代。

中华民族迎来了从站起来、富起来到强起来的伟大飞跃,实现中华民族伟大复兴进入了不可逆转的历史进程。

四个历史阶段,贯穿着一个精神之源:

"浴血奋战,百折不挠"。中国共产党建立武装,紧紧依靠人民,打败了武装到牙齿的不可一世的内外敌人。没有任何力量能够动摇中国共产党人的理想信念。

"自力更生,发愤图强"。中国共产党战天斗地,在饱经蹂躏、满目疮痍的中华大地上重整河山。把命运掌握在自己手中的骨气和勇毅让世界惊叹,令天地动容。

"解放思想,锐意进取"。中国共产党与时俱进,创造了人类社会发展史上惊天动地的发展奇迹。我们用勤劳、智慧、勇气,谱写了一曲感天动地、气壮山河的奋斗赞歌。

"自信自强,守正创新"。中国共产党实干兴邦,以习近平同志为核心的党中央总结实践、展望未来,深刻回答了新时代坚持和发展什么样的中国特色社会主义、怎样坚持和发展中国特色社会主义这个重大时代课题,形成了习近平新时代中国特色社会主义思想,党和国家事业取得历史性成就、发生历史性变革,奇迹在中华大地上不断涌现。

四个历史阶段,归结到一个不变主题:

中国共产党一经诞生,就把为中国人民谋幸福、为中华民族谋复兴确立为自己的初心使命。一百年来,中国共产党团结带领中国人民进行的一切奋斗、一切牺牲、一切创造,归结起来就是一个主题:实现中华民族伟大复兴。

建立了人民当家作主的中华人民共和国,为实现中华民族伟大复兴创造了根本社会条件。

确立社会主义基本制度，推进社会主义建设，为实现中华民族伟大复兴奠定了根本政治前提和制度基础。

确立党在社会主义初级阶段的基本路线，坚定不移推进改革开放，为实现中华民族伟大复兴提供了充满新的活力的体制保证和快速发展的物质条件。

党的十八大以来，中国特色社会主义进入新时代，为实现中华民族伟大复兴提供了更为完善的制度保证、更为坚实的物质基础、更为主动的精神力量。

这是一场接力跑，百年来，中国共产党人一棒接着一棒持续奋斗，每一代人都立志为下一代人跑出一个好成绩。今天，实现中华民族伟大复兴进入了不可逆转的历史进程，我们比历史上任何时期都更接近中华民族伟大复兴的目标，比历史上任何时期都更有信心、有能力实现这个目标。作为青年学子是与新时代同向同行、共同前进的一代，生逢盛世，肩负重任，在接过时代接力棒的时候更要从党的百年风云历史中汲取智慧和力量，从而成为堪当民族复兴大任的时代新人。

[有效提问]

春节期间，瑞金沙洲坝、遵义会议纪念馆、延安宝塔山等红色旅游景点迎来一批批游客。从诞生时只有50多名党员，发展成为拥有9100多万名党员的世界最大马克思主义执政党——在世人眼中，中国共产党的百年奋斗历程可谓“有史以来最励志的创业故事”。日前，习近平总书记在给上海市新四军历史研究会百岁老战士们的回信中强调，对中国共产党人来说，中国革命历史是最好的教科书，常读常新。翻开百年党史，这部“教科书”里有什么，我们该学什么？

从“小小红船”到“巍巍巨轮”，从“春天的故事”到“新时代华章”，我们党领导的革命、建设、改革伟大实践，是一个接续奋斗的历史过程，是一项救国、兴国、强国，进而实现中华民族伟大复兴的宏伟事业。处在“两个一百年”历史交汇点上，全面建设社会主义现代化国家新征程开启。在坚持和发展中国特色社会主义、推进民族复兴事业的历史进程中，如何学好党史这门必修课，交出无愧于党和人民的答卷？

[选用故事]

红日初升，其道大光。中国共产党诞生了，青海这片土地也将被温暖和照亮。“红军走了，村寨空了，村寨空了心不焦，心焦的是红军走了……”1936年7月，中国工农红军长征队伍在果洛藏族自治州班玛县停留的20多天，是一段刻骨铭心的记忆。恪守“三大纪律、八项注意”的红军，吃野草、睡露天，宁可饿死，秋毫无犯，一条分明的界线画出一条分明的对比线、引出一条人民至上的信念。从没见过这样一支队伍的牧民不再害怕了，而且舍不得红军走，走了谁为他们作主呢？长征的队伍走过了，一颗小小的种子在牧民心中发芽——原来共产党是这样的！

第一，共产党是什么样的？“历尽难中难，心如铁石坚”的西路军战士，拿血肉当屏障，为革命勇献身，为信仰忍屈辱，用难以想象的巨大牺牲写下革命历程的悲壮一页，“他们不愧是中国共产党缔造和领导的红军队伍，不愧是全心全意为人民利益而奋斗的猛士”，为劳苦大众扫去封建军阀统治的黑暗阴霾。1949年9月，凄风苦雨结束了，西宁迎来了光明解放，青海各族人民从此当家作主。

第二，共产党是什么样的？在221厂，科学家们一个数据算九次，一次耗时一个多月，每天三班倒；一把铝壶焊两层，夹层通蒸汽，内层熔炸药，就这样白手起家“苦”出来了“争气弹”。中国共产党正是以这种筚路蓝缕、艰苦创业的精神，带领各族儿女革故鼎新、改天换地，土地制度改革解放了农村生产力，用青春浇灌了祖国“可爱的地方”，完成了社会主义改造，为现代工业发展奠定了基础。

第三，共产党是什么样的？巴塘草原的“第一书记”弋肖锋，肝癌晚期还在为脱贫攻坚工作付出最后一丝力气，被送进医院重症监护室前，还在对同事说：“等我出来，一起去村里，赶在年前把贫困户的压力锅发下去。”可他再也看不到自己的心血换来的“小康”了。正是千万普通共产党员以坚定的理想信念矢志担当奉献，青海更加富裕文明和谐美丽。

[合作讨论]

以分小组讨论的形式，引导学生合作讨论：百年党史的主要经验及启示。

回顾历史，是为了更好地心灵共鸣。感知过去才能在和谐安宁的环境下保持清醒得头脑。在享受当下幸福生活的同时，不忘来路，才能行稳致远。一百年来，中国共产党带领人民开拓前进，走出了一条中国特色社会主义的人间正道。中国共产党能从苦难走向辉煌而不是跌入深渊，是因为他们能从实际出发，遵循了实事求是的原则，在艰苦奋斗中不懈努力，自主创新，才有今天的繁荣昌盛。探寻历史才能寻求生命真谛，看清来路为了更好地前进。作为大学生应该铭记，站在新征程的新起点上，我们不能忘记，这条人间正道，是在改革开放40多年的伟大实践中走出来的，是在中华人民共和国成立70多年的持续探索中走出来的，是在对近代以来180多年中华民族发展历程的深刻总结中走出来的，是在对中华民族5000多年悠久文明的传承中走出来的。我们作为后来人，正在续写着历史，必须接过先辈们的接力棒，跑好属于自己的一程，做好历史的传承者、创造者。江山代有才人出，各领风骚数百年。人的一生是短暂的，在人的一生中，一个人虽然不能把握自己生命的长度，可以通过发扬老一辈的革命精神，从而增加生命的宽度和厚度。待以后回首往事的时候，我们可以说：我奋斗过，我拼搏过，我不后悔。我们处在实现中华民族伟大复兴的历史性时刻，个人的命运不可能不和国家的崛起紧密相连。一个人一生不仅在为自己，更是在为他人的幸福、民族的强盛拼搏奋斗，这样的人生会更充实、更有意义，也定会更加绚丽多彩。

（三）课后体验

本次授课从中国共产党的百年奋斗历程及启示两部分开展授课，从新民主主义革命、社会主义革命和建设、改革开放新的伟大革命三个阶段具体展开，回顾了中国共产党从无到有、从弱到强，带领人民建立新中国的大量历史事件和光辉历程。全面总结了党的百年奋斗历程中的重要启示，引导全体学生对党和国家的历史有了更深刻的理解，更清晰感受到百年党史丰富的经验启示和精神力量。学生通过学习反馈，作为一名当代大学生，学习党史知识可以增强党性意识，总结历史经验、认识历史规律、掌握历史主动，对于传承红色基因、牢记初心使命、坚持正确方向很有帮助。课后给大家布置的体验活动是“党史百年天天读”，通过持续的学习加强学习效果，同学们表示他们不仅会继续学习党史知识，也会深入学习领会习近平新时代中国特色社会主义思想，进一步统一思想、统一意志、统一行动，为在新的历史起点上奋力夺取新时代中国特色社会主义伟大胜利贡献青春力量。

四、教学反思

本节课内容在进行讲授的时候，要注重知识与历史的灵活运用，将中国历史大事件通过案例的形式进行讲授，深入挖掘案例的背景，包括当时的国际国内形式，中国共产党的应对策略、方法等，让学生真正掌握大事件的来龙去脉。同时要注重各知识点之间的连贯性。最重要的还在于让学生了解到中国共产党创业的艰辛历程，中国共产党是如何带领全国人民取得胜利以及我们从中所得到的宝贵经验。在情境教学中，增强学生的爱党爱国之情，增加责任感、社会使命感。

另外，对于百年风华新征程的内容在课程讲授的时候，应注意与我们现实的生活紧密联系结合在一起，便于学生理解，同时注意与学生做好线上、线下联动，让学生有更好的学习体验以及效果，积极探索“双新”背景下的教育教学方法，不断提升教书育人的本领，借助党史教育的同时，培养学生综合素质，发扬自立自强、百折不挠的奋斗精神，引导学生知党知史，以史为鉴，坚定不移地走中国特色社会主义道路，厚植爱国情怀，打造红色教育氛围。

在教学过程中，一方面，若在开课前让学生收集更多的中国共产党相关的史料，学生课堂回答问题的内容会更加充实、生动，对中国共产党为什么能建立新中国认识更加深刻，教学效果会更好。另一方面，若要充分发挥学生学习的主动性，尽量照顾不同学科背景带来的认知差异，就需要进一步加强教学内容安排与教学目标设定有很强的针对性，这样才能够在有限的课堂教学中，通过课堂讨论、师生互动，最大限度地发挥学生学习的主动性。

五、学习拓展

(一)经典文献

1.一个民族要走在时代前列，就一刻不能没有理论思维，一刻不能没有思想指引。在近代中国最危急的时刻，中国共产党人找到了马克思列宁主义，并坚持把马克思列宁主义同中国实际相结合，用马克思主义真理的力量激活了中华民族历经几千年创造的伟大文明，使中华文明再次迸发出强大精神力量。实践证明，马克思主义是我们认识世界、把握规律、追求真理、改造世界的强大思想武器，是我们党和国家必须始终遵循的指导思想。[①]

2.要在党史学习教育中做到学史明理，明理是增信、崇德、力行的前提。要从党的辉煌成就、艰辛历程、历史经验、优良传统中深刻领悟中国共产党为什么能、马克思主义为什么行、中国特色社会主义为什么好等道理，弄清楚其中的历史逻辑、理论逻辑、实践逻辑。要深刻领悟坚持中国共产党领导的历史必然性，坚定对党的领导的自信。要深刻领悟马克思主义及其中国化创新理论的真理性，增强自觉贯彻落实党的创新理论的坚定性。要深刻领悟中国特色社会主义道路的正确性，坚定不移走中国特色社会主义这条唯一正确的道路。[②]

(二)典型习题

1.我们党内最早把党的建设称为“伟大的工程”的领导人是(　　)。

A.毛泽东　　B.邓小平　　C.江泽民　　D.周恩来

答案：A

2.毛泽东同志在(　　)中提出了新民主主义革命的三大经济纲领。

A.《新民主主义论》　　B.《论联合政府》　　C.《目前形势和我们的任务》

答案：C

3.人民代表大会制度作为我国的根本政治制度，是经由 1954 年 9 月召开的

---

① 习近平：《在党史学习教育动员大会上的讲话》，《求是》2021 年第 7 期。

② 《习近平在福建考察时强调：在服务和融入新发展格局上展现更大作为　奋力谱写全面建设社会主义现代化国家福建篇章》，《人民日报》2021 年 3 月 26 日。

一届人大一次会议通过的(　　)正式确立的。

A.《中国人民政治协商会议共同纲领》

B.《中华人民共和国宪法》

C.《中华人民共和国中央人民政府组织法》

答案:B

4.抗日民族统一战线正式形成的标志是(　　)。

A.西安事变的和平解决

B.中共发表《抗日救国同胞书》

C.国民党公布了中共提交的国共合作宣言

答案:C

5.在红军长征中,(　　)是党中央、中央革命军事委员会出版的唯一报纸。

A.《红星报》　　B.《拂晓报》　　C.《先锋报》

答案:A

第二节　实现中华民族伟大复兴的中国梦

一、概念与目标

本节课以"一封家书"为主线,引导学生读家书、悟家书、写家书,感悟家国情怀,体会伟大梦想。读家书,体会近代以来中国人民寻梦、追梦、圆梦的历史进程,悟家书,引导同学从国家、民族、个人三个层面深入理解中国梦的科学内涵;写家书,引导同学把"具体而微"的个人梦和"宏大叙事"的家国梦真正联通起来。通过"一封家书""一个主角"引导同学们树立正确的梦想观,帮助他们扣好人生的"第一粒扣子",从小我出发,小处着手,心怀高远,打牢思想之基、价值观之基,为实现中华民族的伟大复兴中国梦贡献自己的力量。

(一)核心概念

中国梦,是中国共产党第十八次全国代表大会召开以来,习近平总书记所提出的重要指导思想和重要执政理念,正式提出于 2012 年 11 月 29 日。习近平总书记把"中国梦"定义为"实现中华民族伟大复兴,就是中华民族近代以来最伟大梦想",并且表示这个梦"一定能实现"。"中国梦"的核心目标也可以概括为"两个一百年"的目标,到 2021 年中国共产党成立 100 周年和 2049 年中华人民共和国成立 100 周年时,逐步并最终顺利实现中华民族的伟大复兴,具体表现是国家富强、民族振兴、人民幸福,实现途径是走中国特色的社会主义道路、坚持中国特色社会主义理论体系、弘扬民族精神、凝聚中国力量,实施手段是推进政治、经济、文化、社会、生态文明“五位一体”建设。

(二)内容框架

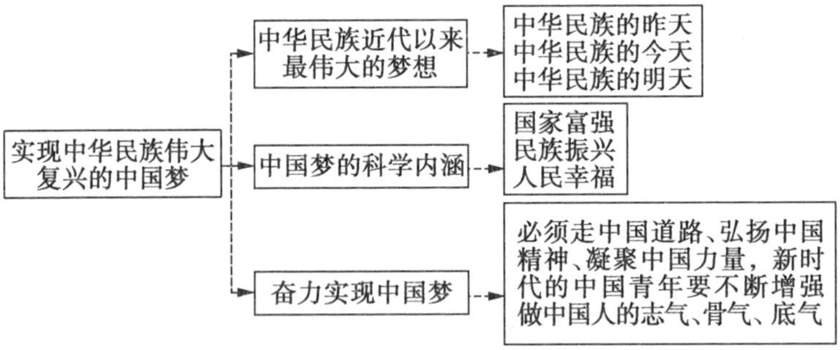

(三)学习目标

通过“三个建构”实现三个层次的教学目标,由知识到能力再到情感升华,从而让学生真正意识到“中国梦”与个人梦之间唇齿相依的关系。

1.知识目标

在课程之初,为学生搭建知识结构框架图,让课本知识立体化、结构化展示在学生面前,让学生能够熟练掌握中国梦是什么、中国梦的本质和怎样实现中国梦。

2.能力目标

“三个一”的教学理念都是为加强青年的切己性,增强学生在教学过程中的代入感、参与感,从而密切中国梦与个人梦之间的关系,引导学生明确新时代的中国青年要以实现中华民族伟大复兴为己任,奋力实现中国梦。

3.情感目标

家书中的鲜活人物形象和流露出来的真情实感,让同学们有直观、感性的认识,实现情感的共鸣。

二、学情分析

本课程讲述对象是大二下学期本科生。经过大一的迷惘和不适应,这一时期的学生开始对自己的未来进行思考和职业规划,大部分同学都已经明确自己的梦想是什么。但是,这个梦想与国家梦想“中国梦”之间有什么关系,怎样实现自己的梦想，都需要教师进行引导。

概论课讲授的内容偏重“思想政治理论”，多为宏大叙事，提起中国梦，学生都耳熟能详，大部分学生都能表述出实现中华民族的伟大复兴就是近代以来中华民族最伟大的梦想，但是具体到中国梦和自身的关系，很多学生却不明就里。本节课通过具体人物的家书为线索，搭建具体情境，以此为载体引导学生自主探究性学习，提高学生分析和解决实际问题的能力。学生已经学习了中国共产党把马克思主义基本原理与中国具体实际相结合的历程，对马克思主义中国化的部分理论成果有一定的掌握。

三、教学设计

（一）课程导入

［案例］

“2022 年早上，太阳刚刚升起。我到航天员大队送你出征，我远远地望向你，看着你的从容和淡定。这些天，我一直在听一首歌：“我的信仰是无底深海，澎湃着心中火焰。燃烧无尽的力量，那是忠诚永在。温暖若停在你心里，愿用一生祝愿。生命只为一个信仰，无论谁能听见。”听歌的时候，我想到你，热泪盈眶。你只为一个信仰，坚守初心，追梦一生。这一年，我三十一岁，你五十六岁。很快，我就要在屏幕里目送你飞向太空。”

邓清明，今年 56 岁，我国首批 14 名航天员之一，也是“唯一一位没有执行过飞天任务，却仍在现役的首批航天员”，是一次又一次的“备份航天员”。

2010 年，邓清明遗憾落选神舟九号飞行任务；

2013 年，神舟十号任务，邓清明因为微乎其微的分差再次与梦想擦肩而过；

2016 年，神舟十一号任务，邓清明又一次作为备份航天员来到酒泉卫星发射中心，但最终仍未如愿……

25 年的时间，走过常人难以想象的艰苦训练，走过一次次落选的失落，走过曾经并肩的战友的停航，他，还在坚持着……

如今，56 岁的邓清明终于等到了自己的“飞天”时刻！11 月 29 日，随着神舟十五号载人飞船升空，他终于圆梦了！为了这一刻，邓清明等了整整 24 年 10 个月。

这段话是邓满琪写给父亲邓清明的一封信。一个人能为梦想坚持多久？这种坚持是值得的吗？邓清明给出了最好的答案。除了欣慰和感动，这份祝福还饱含一种更深的力量：为梦坚持的人终将圆梦。

[师生互动]

你的梦想是什么?

总结:飞天,是邓清明的个人梦,而在他追梦圆梦的背后,是航天梦、中国梦的支撑。而我们每一个人都有属于自己的梦想,中国梦就是汇集了所有的微小的个体的梦想。今年是中华民族伟大复兴的中国梦提出十周年。十年前的今天,党的十八大闭幕不久,习近平总书记在参观国家博物馆《复兴之路》展览时,首次提出并阐述"中国梦":他说"实现中华民族伟大复兴,就是中华民族近代以来最伟大的梦想"。字字千钧,深深印在我们每个人心中。这节课我们就从三个方面来走进和学习中国梦。

(二)课堂讲授

梦想,是对未来的一种期望,心中努力想要实现的目标。"梦想"是毛泽东从小就立下的"解放全人类"的伟大誓言;是周恩来为中华之崛起而读书的雄心壮志;是茅以升"抗战必胜,此桥必复"的决心……梦想也可能是一张满分的考卷;一份能够实现自身价值的工作;一封心仪学校的研究生录取通知书……小到每一个你和我都有我们自己的梦想,大到一个国家也有一个国家的梦想。

伟大民族憧憬伟大梦想,伟大梦想成就伟大民族。2012 年 11 月 29 日,习近平在参观《复兴之路》展览时首次提出中国梦,并引用了三句诗诠释了近代以来中国人民寻梦、追梦、圆梦的历史进程。

1.中华民族的昨天

中华民族的昨天,"雄关漫道真如铁"。鸦片战争以后,中华民族遭受的苦难之重、付出的牺牲之大,在世界历史上都是罕见的。但是,中华民族绝不屈服,不断奋起抗争。为了民族复兴,几代人魂牵梦萦,亿万人心结难解。历经上下求索、千辛万苦,中华民族终于在中国共产党的正确领导下,掌握了自己的命运,建立了新中国,确立了社会主义制度,开始建设自己国家的伟大进程。

[案例]

百年前,先驱者们上下求索,在川流不息的历史长河中代代中国共产党人赓续红色血脉,用鲜血和生命证明自己的无悔选择。1928 年,由于叛徒出卖,赵云霄、陈觉夫妇被敌人逮捕,后经多次审讯,宁死不屈。1929 年 3 月 24 日,赵云霄接到了死刑判决书,当日,她用血和泪给出生才一个半月的女儿写下了一封遗书。26 日,赵云霄给襁褓中的女儿喂了最后一次奶,然后镇定地走向刑场,牺牲时年仅 23 岁。

[师生互动](诵读家书)

总结:党史百年,正是无数个像赵云霄一样的人物,将祖国的前途命运与自己的理想融合在一起，星星之火才得以成燎原之势，中华民族才迎来了真正的光明。正是对革命信仰的绝对忠诚，支撑着他们经历艰苦卓绝的岁月仍然矢志不渝，激励着他们经历惨烈悲壮的战争仍然孜孜不倦，鼓舞着他们即使牺牲生命、骨肉分离仍然前赴后继。如今，神州大地沐浴在和平的阳光下，已不再需要我们用身躯换回和平，但我们面对着更为复杂多样的诱惑和考验，唯有忠诚信仰，方能在荆棘道路上开辟出康庄大道。

2.中华民族的今天

中华民族的今天，“人间正道是沧桑”。改革开放以来，我们总结历史经验，不断艰辛探索，终于找到了实现中华民族伟大复兴的正确道路，取得了举世瞩目的伟大成就。在中国特色社会主义道路上，我国经济实力、综合国力大大增强，人民生活显著改善，实现了从温饱不足到全面小康的历史性跨越，国际地位和国际影响力空前提升。

[案例]

从 1987 年到 2017 年，30 年的时间，他从一名焊绿皮火车厕所水箱、饮用水水箱的普通焊工，成长为我国高铁焊接专家，被誉为高铁战线的“杰出工匠”“工人院士”“高铁焊接大师”，而这些荣耀的取得与 30 年前李万君的父亲李世忠写给他的一封家书有着密切的关系。

[师生互动](诵读家书)

选取家书《大国工匠李万君的父亲写给他的一封信》：“灯在光天化日下不能引人瞩目，只有在黑夜才显示他的光辉。脏或累，活儿总得有人干，大家都走了，谁来完成任务啊。灯在光天化日下不能引人瞩目，只有在黑夜才显示他的光辉。你要像灯一样发挥光亮，照亮前程。”

2005 年的时候，新加坡企业开出了 10 倍月薪的条件，盛情地邀请李万君到新加坡工作，但他拒绝了。“钱永远挣不到头，没有中车长客，没赶上高铁时代，咱啥也不是。人不能忘本，咱得回报企业，报效国家，让老百姓坐上世界最好的高铁。”但正是这些像李万君一样普普通通的产业工人，靠着十年如一日坚守的工匠精神，成就了当今的“中国速度”，使得中国特色社会主义道路越走越宽广。

3.中华民族的明天

中华民族的明天，“长风破浪会有时”。中华民族 100 多年的持续奋斗，迎来了伟大复兴的光明前景，深藏于中国人民心中的民族复兴梦想就要成真。正如习近平指出：“现在，我们比历史上任何时期都更接近中华民族伟大复兴的目标，比历史上任何时期都更有信心、有能力实现这个目标。”

[案例]

在抗击新冠肺炎疫情的斗争中，以“90 后”为代表的青年一代挺身而出、担当奉献，充分展现了新时代中国青年的精神风貌。在这场堪称是史诗级的武汉保卫战、中国保卫战之中，我们欣喜地看到了又一代青年人奔赴前线、保家卫国的样子。

[诵读家书]

马克思曾说，作为确定的人，现实的人，你就有规定，就有使命，就有任务。"90后"护士李佳辰在给妈妈的家书当中写道：曾经是你，今天是我。这句话非常简短，但是又意味深长。

我们不难发现，当年在父辈护佑之下的孩子，已经长大成人，他们今天学着父辈的样子冲上前线，成为又一代最勇敢的人。他们已经成为这场战"疫"的主力军。这些孩子带着稚气，却成为最勇敢的中国保护人。

中国那么大的一个国家，如同在大海中航行的一艘超级巨轮。在这艘巨轮上，每个中国人都是"梦之队"的一员，都是中国梦的参与者，书写者，理应像每一个赵云霄、李万君、李佳辰一样，同舟共济、齐心协力、奋勇前行。

[课堂讨论]

这一封封家书除了带给我们精神层面的感动，还体现了他们为了实现中国梦而不懈奋斗，大家有没有想过这个梦想到底是什么样的梦想？才能让他们甘愿为此而奋斗终身，甚至不惜付出生命的代价。

中国梦内涵丰富、视野宽广、意蕴深远。习近平总书记指出："中国梦的本质是国家富强、民族振兴、人民幸福。"①中国梦的最大特点就是把国家、民族和个人作为一个命运的共同体，把国家利益、民族利益和每个人的具体利益都紧紧地联系在一起。

1.国家富强

国家富强是中国梦的实现基础，我国综合国力进一步增强，中国特色社会主义事业进一步发展和完善。就是在全面建成小康社会的基础上，建设富强民主文明和谐美丽的社会主义现代化强国。

[案例]

9月25日晚，孟晚舟抵达深圳机场，在飞机滑行时，孟晚舟向舷窗外的迎接的群众挥手致意，前来现场迎接她的各界人士挥舞着鲜艳的五星红旗，大家齐呼欢迎回家，工作人员向她献上一束玫瑰花。孟晚舟说，经过1000多天的煎熬，我终于回到了祖国的怀抱。异国他乡的漫长等待，充满了挣扎，但当我走下舷梯，双脚落地的那一刻，家乡的温度让我心潮澎湃，难以言表。祖国我回来了！

① 《习近平谈治国理政》第1卷，外文出版社2018年版，第56页。

[视频]

播放孟晚舟回国后在机场演讲视频。

[案例]

常四爷,老舍话剧《茶馆》里面的人物。"他一辈子不服软,专打抱不平",但这种倔强的性格,也不能改变他的命运。常四爷,一个多么希望依靠奋斗来换取国家和个人好前途的中国人,他总以为凭着一身正气和不服输的精神,就可以在铺天盖地的社会黑暗间闯开一条生路,这样天真的愿望在当时的社会背景下根本没法实现。

鸦片战争后的历史表明,国家不强,人民的幸福生活将无法得到根本保障。改革开放40多年的实践证明,人民生活水平的不断提高,是建立在国家稳定发展的基础上的。所以,要实现中国梦,首先要建立一个富强的国家。

2.民族振兴

民族振兴是中国梦的核心内容,通过自身的不断发展与强大,继承并创造中华民族的优秀文化以及先进的文明成果,进而使中华民族再次处于世界领先的地位,再次以高昂的姿态屹立于世界民族之林,为人类作出新的更大的贡献。

[案例]

传统文化的复兴是民族振兴的重要一环。近几年,《我在故宫修文物》《中国诗词大会》《国家宝藏》等传统文化类节目接连走红。这些热门事件背后,一个越来越强烈的信号显示:传统文化越来越热了。一群娇憨可爱、活泼生动的唐装仕女从古画中走来,穿越《捣练图》《簪花仕女图》等七大国宝,带领观众经历一场博物馆奇妙之旅。2021年2月,河南卫视的春晚节目《唐宫夜宴》火了,传统画卷与数字科技完美结合,创意精美的舞台效果引人惊叹。几天内,带有《唐宫夜宴》相关内容的微博话题阅读量超2.7亿,视频播出超4600万次,被多家主流媒体转载点评。线上网友纷纷点赞,更有网友评价:"这是个能诠释中国深厚文化底蕴的好节目!"

从博物馆里三彩乐俑得来的灵感,汲取了唐俑服饰造型特点,传统文化元素在节目中运用得淋漓尽致。《唐宫夜宴》通过结合当代人的视觉审美来讲述唐朝的故事,一群穿着唐朝服饰嬉戏的少女成了观众眼里熟悉的陌生人,她们在一颦一笑中生动地展现了唐朝独有的美学风范。

新华睿思数据显示,年轻人对于"国潮"概念表现出了高度认可。其中"喜悦""称赞"评论占比之和超过80%。另外,阿里研究院发布的《2020中国消费品牌发展报告》显示,国货品牌市场占有率达到72%。在万亿级的消费赛道上,国潮品牌乘风破浪,成为年轻人消费中的优选。这不仅仅反映了青年人时尚消费、文化消费升级浪潮,已经从物质层面上升到精神层面,更反映了中国文化不断走向自信的过程。

21 世纪 20 年代，中国传统文化是时候登上历史舞台，大放异彩了。中国梦也是中华民族觉醒和崛起之梦，中国梦所要实现的正是要让中华民族再一次屹立于世界民族之林，将自立、自强的面貌呈现给世界人民。

3.人民幸福

人民幸福是中国梦的奋斗目标，坚持以人民为中心，人民权利保障更加充分、人人得享共同发展，使人民共同享有人生出彩的机会，共同享有梦想成真的机会，共同享有同祖国和时代一起成长与进步的机会。

[案例]

10 米跳台决赛，五个动作三跳满分！东京奥运会上，14 岁少女全红婵一鸣惊人。作为中国奥运代表团最年轻的运动员，以创纪录的成绩夺得 10 米跳台冠军，让五星红旗高高飘扬在东京水上运动中心上空。人民日报头版刊载奥运冠军全红婵的成长故事告诉我们，全红婵脱颖而出、圆梦奥运，源于自己的天赋和努力，更源于遇见一个让人人都有出彩机会的好时代。

读懂全红婵，就要像她那样珍视好时代、拥抱好时代、不负好时代，把青春奋斗融入党和人民事业，在各自的赛场上奋发进取、建功立业，成为实现中华民族伟大复兴的先锋力量。

中国梦把国家、民族和个人作为一个命运共同体，把国家利益、民族利益和每个人的具体利益紧紧联系在一起，把国家追求、民族向往、人民的期盼融为一体，体现了中华民族和中国人民的整体利益，表达了每一个中华儿女的共同愿景。因此，中国梦具有广泛的包容性，成为激荡在 14 亿多中国人民心中的高昂旋律，是中华民族团结奋斗的最大公约数。

[课堂互动]

提出问题“你的梦想是什么？”激发学生思考的欲望，同时引导学生自己手写家书——《给四年后的自己写一封信》，讲述自己梦想的由来，实现途径和时间表，从自身到国家，思考得出中国梦的实现路径。

1.实现中国梦必须走中国道路、弘扬中国精神、凝聚中国力量

一个国家和民族选择什么样的发展道路，直接关系着这个国家和民族的前途命运。中国特色社会主义道路，立足于中国国情、反映人民诉求、适应时代发展，是把马克思主义基本原理同当代中国的具体实际与时代特征相结合而形成的唯一正确的发展道路。只有中国特色社会主义道路才能发展中国、稳定中国，才是一条通往实现中国梦的康庄大道。历史和现实充分证明，无论是封闭僵化的老路，还是改旗易帜的邪路，都是绝路、死路。要坚定对中国特色社会主义的道路自信，继续走好中国式的发展道路。

[案例]

2012年5月31日，林俊德生命的最后一天，那时，林俊德已被确诊为胆管癌晚期20多天。这20多天，他一次次拒绝了手术和化疗建议。因为他要用最后的时间，把一生积累的宝贵经验和资料整理出来，留给后人。林俊德在笔记本上一项一项写下手头还没完成的工作，哪项是国防重点工程，哪项还没有跟学生交代清楚，哪些资料还需要整理移交。“我要工作，不能躺下，一躺下就起不来了！”这也是他在最后时刻说得最多的一句话。

民族精神的核心是爱国主义，爱国主义维系着华夏大地上各个民族的团结统一，激励着一代又一代中华儿女为祖国而奋斗，是中华民族的精神基因。改革开放使我国各族人民焕发出巨大的创造活力，以改革创新为核心的时代精神是引领时代进步潮流、体现中国社会发展方向的精神力量。民族精神和时代精神相互交融，深深熔铸在民族的生命力、创造力和凝聚力中。中国精神则是民族精神和时代精神的统一，是凝心聚力的兴国之魂。中国精神为实现中国梦凝心聚力，我们国家、民族，从积贫积弱走到今天的发展繁荣，靠的就是中国精神的支撑。

人民是历史的主体和创造者，人民是真正的英雄。中国梦是各民族共同的梦，也是各民族自己的梦，各族人民的大团结就是我们实现中国梦的力量源泉。

2.新时代的中国青年要不断增强做中国人的志气、骨气、底气

新时代中国青年要有志气：革命理想高于天。增强志气，就要坚定理想信念。青春的航向，要靠理想掌舵。

[案例]

张桂梅的梦想是让大山的女孩子都能有书读。许多年前，一次家访途中的偶遇，让张桂梅至今无法忘怀。一个女孩坐在山坡上，忧愁地望着远方，身旁放着箩筐和镰刀。她上前询问得知，女孩才十三四岁，父母为了3万元彩礼，要她辍学嫁人。张桂梅暗自发愿，要改变大山女孩的命运，让她们通过读书走出大山。2008年，她创办了全国第一所免费女子高中——云南丽江华坪女子高级中学。12年来，已有1800多名大山女孩从这里考上大学。

张桂梅用自己的肩膀挑起了偏远地区孩子的读书梦，给他们带来了受教育的平台，为他们铺就了改变命运的道路。牢记初心和使命，让更多大山里的女孩能够改变命运，这种态度和恒心，也是一种对中国梦的诠释。

新时代中国青年要有骨气：敢教日月换新天。有骨气，即有铮铮铁骨，有刚强的意志和不屈的姿态。所谓“人不可有傲气，但不可无傲骨”，骨气是人的精神之魂，是流淌在血脉中的力量。

[案例]

当年钱学森回国之后，面对“中国人搞导弹行不行”的提问，他斩钉截铁地回答，“中国人怎么不行啊？外国人能搞的，难道中国人不能搞？中国人比他们矮一截？”正是在钱学森等科技工作者埋头攻关下，“两弹一星”挺起新中国的腰板。

今天，无论是推进自主创新掌握核心技术、攻克“卡脖子”难题，还是啃下改革硬骨头、实现高质量发展，抑或是面对世界百年未有之大变局、从容应对惊涛骇浪，无不需要广大青年勇于担当，始终葆有无惧挑战、迎难而上的精气神。

新时代中国青年要有底气：自信人生二百年。增强底气，就要树立必胜信心。

[案例]

2021年3月18～19日，应美方邀请，中共中央政治局委员、中央外事工作委员会办公室主任杨洁篪、国务委员兼外长王毅将同美国国务卿安东尼·布林肯、总统国家安全事务助理沙利文在安克雷奇举行中美高层战略对话。当地时间3月18日19时45分左右，在美国阿拉斯加州安克雷奇举行的中美高层战略对话第二场会谈正式始。美方在先致开场白时严重超时，并对中国内外政策无理攻击指责，挑起争端。美方发言时强行留住记者，发完言就立即要求记者离场，不想给中方留发言的机会。美方作为东道国，未奉行待客之道、不遵守外交礼仪在先，中方正面回击：“美国没有资格居高临下同中国说话，中国人不吃这一套。”

从120年前的辛丑条约谈判，到今天“美国没有资格居高临下同中国说话”的宣示，我们告别了任人宰割的历史，拥有“中国人不吃这一套”的深厚底气。这份底气从何而来？来自于从站起来、富起来到强起来的历史性跨越，来自中国综合国力的不断提升，来自中国共产党的坚强领导和中国人民的艰苦奋斗。从百年党史中汲取智慧和力量，就要看到中国人民是不可战胜的，中国发展前进的脚步是不可阻挡的。年轻人要增强自信、树立必胜信心，在中国共产党带领下一步一个脚印阔步前行。

本节课学习了三个方面的内容，从中国梦的提出，到中国梦的科学内涵，再到怎样实现中国梦，最后落脚到每一个同学身上，希望大家增强做中国人的志气、骨气、底气，以实现中华民族伟大复兴为己任，努力奋斗！

（三）情感升华

战争年代，“你会看到我们举过的红旗飘扬在祖国的蓝天”，革命英雄夏明翰留下这样一封绝命书，昂首走进历史；建设年代，“无一日、一时、一刻不思归国参加伟大的建设高潮。”钱学森历尽千辛万苦，也要回国效力，推进中国导弹、原子弹的研发；改革开放后，“我的理想，我的梦已经实现了。”当国家利益受到侵害时，英雄飞行员王伟只身扑向大海实践了自己在军旗下庄严的誓言；进入中国特色社会主义新时代，这个主角我希望是你，是你们在座的每一位，最大限度地发挥自己的创造力，大家共同携手把历经苦难而又生生不息的中华民族送达梦想的彼岸，让中国梦在我们共同的见证下实现！

四、教学反思

本节课依托教材内容，教学理念突出“三个一”，“三个建构”实现教学目标，“读、悟、写”三字诀贯穿整个教学过程，整体上重难点把握准确，教学内容主次分明，结构合理，衔接自然紧凑。在“读、悟、写”的教学过程中，全程以学生为中心，注重发挥学生的积极性、主动性，增强学生学习专注力，促进学习成果增效。在具体的教学过程中，加入了具有较强感情色彩的家书诵读环节。在课程小结中，除了巩固基础知识，教师写下带有饱满热情的结束语，都是为了实现本课的情感目标。若在开课前让学生收集一些红色家书，让学生在课堂进行分享诵读，教学效果会更好。

五、学习拓展

(一)经典文献

“我们对新时代党和国家事业发展作出科学完整的战略部署，提出实现中华民族伟大复兴的中国梦，统揽伟大斗争、伟大工程、伟大事业、伟大梦想，明确‘五位一体’总体布局和‘四个全面’战略布局，确定稳中求进工作总基调，统筹发展和安全，明确我国社会主要矛盾是人民日益增长的美好生活需要和不平衡不充分的发展之间的矛盾，并紧紧围绕这个社会主要矛盾推进各项工作，不断丰富和发展人类文明新形态。”①

(二)典型习题

1.实现中华民族伟大复兴，就是中华民族近代以来最伟大的梦想。这个梦想，凝聚了几代中国人的夙愿，体现了中华，民族和中国人民的整体利益，是每一

① 习近平：《高举中国特色社会主义伟大旗帜　为全面建设社会主义现代化国家而团结奋斗——在中国共产党第二十次全国代表大会上的报告》，人民出版社2022年版，第7页。

个中华儿女的共同期盼,实现中国梦的路径是(　　)。

A.走中国道路　　　B.弘扬中国精神

C.凝聚中国力量　　D.依靠国际支援

答案解析:ABC

2.下列选项中属于中国梦本质的是(　　)。

A.国家富强　　B.民族振兴　　C.人民幸福　　D.世界和平

答案解析:ABC

第三节　坚持走和平发展道路

一、概念与目标

(一)核心概念

1.独立自主和平外交政策

我国坚定不移地奉行独立自主的和平外交政策,坚持互相尊重主权和领土完整、互不侵犯、互不干涉内政、平等互利、和平共处五项原则,走和平发展道路。坚持把国家和民族的发展放在自己力量的基点上,坚定不移走自己的路,走和平发展道路,同时,决不能放弃我们的正当权益,决不能牺牲国家核心利益。从我国人民和世界人民的共同利益出发,对于一切国际事务,都要根据事情本身的是非曲直决定自己的立场和政策,秉持公道,伸张正义,不屈从于任何外来压力。坚持各国的事务应由本国政府和人民决定,世界上的事情应由各国政府和人民平等协商,反对一切形式的霸权主义和强权政治。主张和平解决国际争端和热点问题,反对动辄诉诸武力或以武力相威胁,反对颠覆别国合法政权,反对一切形式的恐怖主义。

2.新型国际关系

相互尊重、公平正义、合作共赢的新型国际关系,其核心是维护联合国宪章宗旨和原则,维护不干涉别国内政和尊重国家主权、独立、领土完整等国际关系基本准则,维护联合国及其安理会对世界和平承担的首要责任,开展对话、合作而不是对抗,实现双赢、共赢而不是单赢。推动建设新型国际关系,要坚决维护国家核心利益;要在和平共处五项原则基础上发展同世界各国的友好合作;要积极参与全球治理体系改革和建设;要加强涉外法律工作,完善涉外法律法规体系。

(二)内容框架

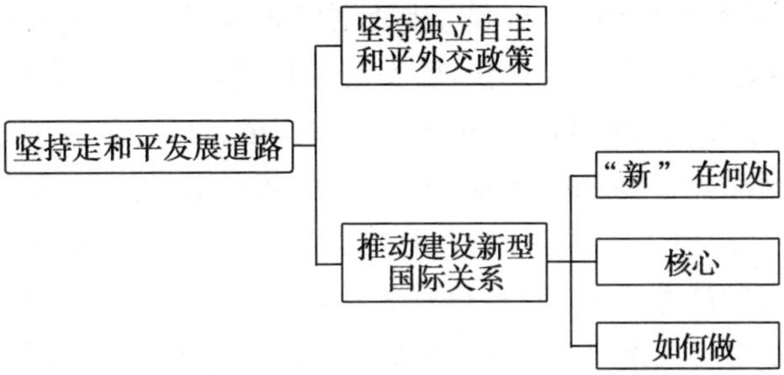

(三)学习目标

引导青年学生认识到世界正处于大发展大变革大调整时期,和平与发展仍是当今时代的主题,和平、发展、合作、共赢成为不可阻挡的时代潮流;掌握中华人民共和国成立以来中国的外交政策演变以及中国共产党外交工作的基本原则;明确中国坚持独立自主和平外交政策,同国际社会一道致力于推动建立相互尊重、公平正义、合作共赢的新型国际关系。

二、学情分析

学生通过之前内容的学习,具备了一定的马克思主义观点、立场、原则和方法,之前学习的习近平新时代中国特色社会主义思想主要内容和核心要义、"五位一体"总体布局、"四个全面"战略布局等知识为本节学习打好基础;课前调查获知,学生对中国特色大国外交的了解主要来自时政新闻和高中教材,不够广泛和深入。课前让学生收集坚持独立自主和平外交政策的相关资料,提前预习教材内容,以帮助学生顺利参与课堂学习。

三、教学设计

(一)课堂讲授

1.坚持独立自主和平外交政策

实现和平发展,是中国人民的真诚愿望和不懈追求。和近代以来诸多列强的相继崛起不同,当今中华民族的伟大复兴不可能通过对外军事扩张的战争手段实现。中国的国家属性、中华民族的文化特性和当今人类文明的发展程度都决定了中华民族的复兴只能走和平发展的道路。与此同时，随着科学技术日新月异的发展，世界各国的政治、经济、社会之间正在发生前所未有的密切联系。全球化和区域化已拥有相当的存量，已呈现难以逆转的发展势头。在这种背景下，中华民族的伟大复兴需要中国外交以更加积极、自信、包容、开放的心态走出去，营造和平友善的国际环境，开辟国际合作的新渠道，创造互利共赢的新机遇。

近年来，中国政府一直强调，和平发展道路对中国有利、对世界有利，走和平发展道路是中国的战略选择，不是权宜之计，不是外交辞令，而是从历史、现实、未来的客观判断中得出的结论，中国将始终做世界和平的建设者、全球发展的贡献者、国际秩序的维护者。

当然，中国坚持走和平发展道路，并不意味着放弃国家的正当权益，更不意味着牺牲国家核心利益。中国不会拿自己的核心利益做交易，也不会吞下损害国家主权、安全、发展利益的苦果。中国的发展不会对任何国家构成威胁。中国无论发展到什么程度，永远不称霸、永远不搞扩张。中国走和平发展道路，其他国家也都要走和平发展道路，只有各国都走和平发展道路，各国才能共同发展，才能和平相处。

2.推动建设新型国际关系

基于和平发展的战略理念，构建以合作共赢为核心的新型国际关系成为中国特色大国外交的亮点。中国是首个将合作共赢作为处理国与国关系目标的大国。

既然我们讲到新型国际关系，首先就要明白什么是国际关系。国际关系是指人们超越国家界限而建立起来的一种特殊社会关系。现代意义上的国际关系出现在300多年前的欧洲，当时，新出现的欧洲民族国家为了维护自己的利益和秩序，签订了《威斯特伐利亚和约》，塑造了欧洲最早的国际关系。但是，这种关系最终因欧洲群雄争霸而解体。真正有影响的国际关系出现在第二次世界大战以后。随着传统帝国主义列强在战争中遭到削弱，殖民体系土崩瓦解，许多新兴的民族国家获得了独立。人们终于在世界性的范围内创立了以联合国为核心、以《联合国宪章》宗旨原则为基础的国际秩序和国际关系，这是人类文明的一次巨大进步。但是，由于传统的国际政治经济秩序并没有得到根本改变，国际关系中各种不公正现象时有发生。随着中华人民共和国的成立，中国以独立的力量参与到国际社会，并对公平合理的国际关系的形成和发展发挥了积极作用。尤其是中国恢复在联合国安理会常任理事国的席位后，利用自己在国际社会的地位，在维护世界和平，协调国家之间的争端，支持发展中国家捍卫领土主权和安全，促进世界可持续发展作出了重大贡献。改革开放以后，面对冷战后国际战略格局的新变化，中国展开全方位的立体外交，在破除旧的政治经济秩序，促进新的公平合理的国际政治经济秩序的形成中发挥了重大作用，赢得了世界各国尤其是发展中国家的广泛好评。

那么，新型国际关系“新”在何处呢？“新型”一词我们又该如何理解呢？新型国际关系，“新”在相互尊重，“新”在公平正义，特别是“新”在合作共赢。我们正是在相互尊重、公平正义、合作共赢的基础上来构建国际关系，完全有别于西方眼中的“零和博弈”。我们强调把本国利益同各国共同利益结合起来，努力扩大各方共同利益的汇合点，积极树立双赢、多赢、共赢的新理念，摒弃“赢者通吃”的旧思维。

推动建立新型国际关系，我们需要把握以下原则：坚决维护国家核心利益；在和平共处五项原则基础上发展同世界各国的友好合作；积极参与全球治理体系改革和建设；加强涉外法律工作，完善涉外法律法规体系；把相互尊重、公平正义、合作共赢理念体现到政治、经济、安全、文化等对外合作的方方面面，推动构建人类命运共同体。

在和平发展道路、以合作共赢为核心的新型国际关系和人类命运共同体等战略理念指导下，全球伙伴关系网络在中国特色大国外交中的战略地位日益凸显。与以往列强党同伐异的军事政治同盟不同，中国特色大国外交强调，志同道合是伙伴，求同存异也是伙伴，要在坚持不结盟原则的前提下广交朋友，体现平等性、和平性、包容性的时代特征，建设遍布全球的伙伴关系网络。中国外交坚持结伴不结盟的成功实践由此得到进一步升华。

寻求全球影响的中国特色外交也致力于推动全球治理体系朝着更加公正合理的方向发展。新兴市场国家和一大批发展中国家快速发展，国际影响力不断增强，是近代以来国际力量对比中最具革命性的变化。经济全球化深入发展，把世界各国的利益和命运更加紧密地联系在一起，很多问题不再局限于一国内部，很多挑战也不再是一国之力所能应对的。世界上的事情越来越需要各国共同商量着办，建立国际机制、遵守国际规则、追求国际正义成为多数国家的共识。

中国特色大国外交主张创新完善全球治理体制，使其更好地反映国际格局的变化，更加平衡地反映大多数国家特别是新兴市场国家和发展中国家的意愿和利益。为此，中国特色大国外交坚定维护以《联合国宪章》宗旨和原则为核心的国际秩序和国际体系，维护和巩固第二次世界大战的胜利成果，积极维护开放型世界经济体制，提高国际法在全球治理中的地位和作用，推动建设和完善区域合作机制，增强国际社会应对资源能源安全、粮食安全、网络信息安全，应对气候变化，打击恐怖主义，防范重大传染性疾病等全球性挑战的能力。

在推动全球治理理念创新发展的同时，中国特色大国外交积极发掘中华文化中积极的处世之道和治理理念同当今时代的共鸣点，努力为完善全球治理贡献中国智慧、中国力量。中国特色大国外交坚持从中国国情出发，坚持权利和义务相平衡，不仅看到中国发展对世界的要求，也看到国际社会对中国的期待。

[选用故事]

1955年4月18～24日，来自亚洲和非洲的29个第三世界国家在印尼万隆市举行国际会议，成为有史以来亚非国家首次在没有欧美国家参加的情况下举行的大型国际会议。在美苏两大阵营严重对立的形势下，多数刚刚独立不久的亚非国家集体地发出自主的声音，在战后国际关系史上具有特殊的意义。

万隆会议对历史实践的作用，首先是进一步推动了反对殖民主义、种族主义的斗争，促成了民族解放运动的新高潮，大批新兴国家独立。其次，万隆会议的召开标志着新兴民族主义国家开始以独立姿态登上国际政治舞台，标志着世界事务完全由西方列强主宰与支配时代的终结，揭开了国际关系史上的新篇章。万隆会议扩大了中间地带，为1961年“不结盟运动”的诞生作了铺垫。最后，推动了新型国际关系的出现。会议发表的《关于促进世界和平与合作的宣言》提到，任何国家都有权按照联合国宪章的宗旨和原则，自由选择政治、经济制度和生活方式。会议重视亚非国家之间的经济与文化合作，提出了在互利和互相尊重国家主权的基础上实行经济合作的建议。可以说，亚非会议第一次提出了“南南合作”的思想，为发展中国家的互助合作开辟了道路。

万隆会议更持久的历史意义是万隆精神和相关的原则。会议制定了国际社会和平相处、友好合作的万隆会议十项原则。这是和平共处五项原则的引申和发展，又是五项原则的具体化与充分体现。2015年4月10日，中国驻印度尼西亚大使谢锋在雅加达举行的纪念亚非会议60周年主题研讨会上发表讲话时指出：“面临新的国际政治经济形势，万隆精神不仅没有过时，而是在岁月磨砺下历久弥新，依然对国际关系发挥着重要的指导作用。如果说60年前和平相处、求同存异是万隆精神的时代主题，那么60年后的今天，共同发展、合作共赢则最能抓住时代潮流和民心所向。亚非国家应该与时俱进，在继承和发扬万隆精神的同时，赋予万隆精神新的时代内涵。”

万隆会议是新中国外交史上的重要里程碑。以周恩来总理为团长的中国代表团同与会亚非国家领导人通力合作，共同倡导和平共处、求同存异的万隆精神，为会议的圆满成功作出了重要贡献。万隆会议后，我国的对外关系打开了一个新局面，出现了一个外国同我国建交的高潮，并为1971年中国恢复联合国合法席位后出现的第二次建交高潮奠定了基础。

[合作讨论]

请大家结合万隆精神，谈一谈如何理解国际关系中的“合作共赢”？

我们主张和平而不是战争，合作而不是对抗，共赢而不是零和，才是人类社会和平、进步、发展的永恒主题。合作共赢使双方或多方在合作中互惠互利、相得益彰，从而实现各方的共同受益。中国是主持国际正义的国家。最重要原因也是因为我们一贯主张“相互尊重，公平正义，合作共赢”，我们是这么说的，也是这么做的，所以树立了良好的国际形象。

同时，我们要强调的是中国倡导建立合作共赢的新型国际关系，核心是维护联合国宪章的宗旨和原则，维护不干涉别国内政和尊重国家主权、独立、领土完整等国际关系基本准则，维护联合国及其安理会对世界和平承担的首要责任，开展对话和合作，而不是对抗，实现双赢和共赢，而不是单赢。

[课堂展示]

请各小组根据课前布置的新型大国关系、周边睦邻友好关系、与发展中国家友好合作、多边外交进程四个主题，分别就自己小组选择的主题进行课堂展示。

(二)课后体验

举办“中国坚持走和平发展道路的世界意义”主题演讲比赛。

改革开放40多年来，中国的人均收入增长超过25倍，8.5亿人摆脱了贫困，对世界减贫贡献率超过70%，成为全球最早实现联合国千年发展目标中减贫目标的发展中国家。中国一直是全球减贫与发展事业的倡导者、推动者和践行者，积极支持和帮助广大发展中国家特别是最不发达国家消除贫困。中国作为创始成员参加联合国“消除贫困联盟”，通过中国扶贫国际论坛、中非减贫与发展高端对话会、中国—东盟社会发展与减贫论坛等分享减贫经验，设立南南合作援助基金在亚洲、非洲、美洲等地区30多个国家实施200余个发展合作项目。世界银行研究报告显示，“一带一路”倡议全面实施有望使760万人摆脱极端贫困、3200万人摆脱中度贫困。

——《中国减贫成就具有世界意义》(《人民日报》2020年9月2日)

阅读以上材料，以“中国坚持走和平发展道路的世界意义”为主题，自选角度进行演讲。

(1)6～8人为一组，分工合作，开展调研，撰写演讲稿，制作PPT；

(2)每组选择1名代表进行演讲，演讲时长不超过10分钟；

(3)每位选手演讲后，主持人根据评委打分情况向观众和选手公布评比分数；

(4)根据选手演讲的情况，确定每位同学的活动得分。

四、教学反思

本节课教学目标清楚明白、教学内容主次分明，重难点把握准确，引导学生自主探究、合作交流，体现知识的综合运用。但学习材料的选择质量有待提升，教学方法的运用水平仍需提高。教师讲得过满，课堂留白偏少，课堂活动形式不够创新，学生课堂主观能动性没有充分发挥，不能牢牢抓住学生注意力，仍需更贴切的案例和更丰富的活动来助力于教学效果的提升。

五、学习拓展

(一)经典文献

1.前进征程上，我们要坚持和平发展道路，奉行互利共赢的开放战略，继续同世界各国人民一道推动共建人类命运共同体。①

2.世界是各国人民的世界，世界面临的困难和挑战需要各国人民同舟共济、携手应对，和平发展、合作共赢才是人间正道。当今世界，任何单边主义、保护主义、极端利己主义，都是根本行不通的！任何讹诈、封锁、极限施压的方式，都是根本行不通的！任何我行我素、唯我独尊的行径，任何搞霸权、霸道、霸凌的行径，都是根本行不通的！不仅根本行不通，最终必然是死路一条！

中国一贯奉行防御性国防政策，中国军队始终是维护世界和平的坚定力量。中国永远不称霸、不扩张，坚决反对霸权主义和强权政治。我们决不会坐视国家主权、安全、发展利益受损，决不会允许任何人任何势力侵犯和分裂祖国的神圣领土。一旦发生这样的严重情况，中国人民必将予以迎头痛击！②

① 习近平:《在庆祝中华人民共和国成立70周年大会上的讲话》,《人民日报》2019年10月2日。

② 习近平:《在纪念中国人民志愿军抗美援朝出国作战70周年大会上的讲话》,《人民日报》2020年10月24日。

(二)典型习题

1.(　　)是我国外交政策的基本立场。

A.和平外交　　B.独立自主　　C.尊重互利　　D.合作共赢

答案:B

2.(　　)是我国对外关系的基本准则。

A.和平共处五项原则

B.主权和领土完整

C.加强国际交往

D.坚持对外开放

答案:A

3.维护我国的独立的主权,促进世界(　　),是我国外交政策的基本目标。

A.和平与发展

B.和平

C.发展

D.公平和正义

答案:A

4.和平共处五项原则是指(　　)。

A.互相尊重主权和领土完整

B.互不侵犯

C.互不干涉内政

D.平等互利

E.和平共处

答案:ABCDE

5.新型国际关系“新”在哪里?包括(　　)。

A.相互尊重　　B.公平正义

C.合作共赢　　D.贸易先行

E.和平发展

答案:ABC

第四节　推动构建人类命运共同体*

一、概念与目标

(一)核心概念

1.构建人类命运共同体

中国特色大国外交的基本方案,其核心就是建设持久和平、普遍安全、共同繁荣、开放包容、清洁美丽的世界。共商共建人类命运共同体的对策:坚持和平发展道路,推动建设新型国际关系,不断完善外交布局,打造全球伙伴关系网络,深度参与全球治理,积极引导国际秩序变革方向,推动国际社会从伙伴关系、安全格局、经济发展、文明交流、生态建设等方面为建立人类命运共同体作出努力。

2.“一带一路”倡议

推动构建人类命运共同体的实践平台,其核心内涵,是促进基础设施建设和互联互通,加强经济政策协调和发展战略对接,促进协同联动发展,实现共同繁荣。这一倡议秉持和遵循共商共建共享原则,努力实现政策沟通、设施联通、贸易畅通、资金融通、民心相通。这一倡议要实现的最高目标就是各方携手应对世界经济面临的挑战,开创发展新机遇,谋求发展新动力,拓展发展新空间,实现优势互补、互利共赢,不断朝着人类命运共同体方向迈进。

(二)内容框架

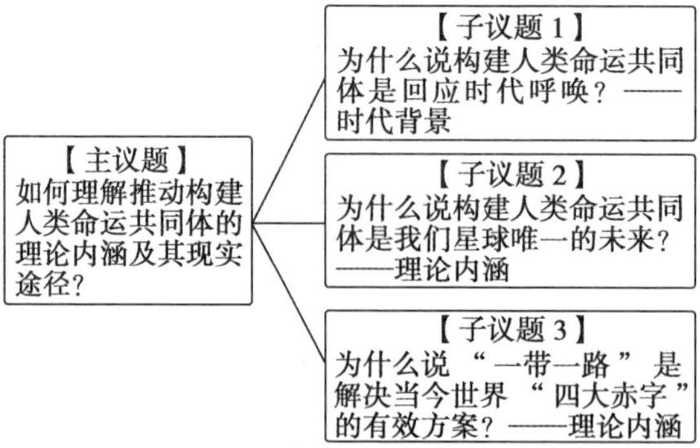

* 教学策略部分内容选取自王义桅:《时代之问　中国之答》,湖南人民出版社 2021 年版,第 3～15、136～147、259 页。

(三)学习目标

通过本节内容的学习,让学生认识到推动构建人类命运共同体是应对世界百年之大变局的中国智慧和中国方案。了解人类命运共同体这一理念提出的过程,掌握人类命运共同体这一理念的核心思想、重要意义和实施的战略举措。在构建知识框架和理论体系的过程中,厘清关系,理顺脉络,辩证看待各方面的问题,使学生进一步提高理论思维能力和体系把握能力。

二、学情分析

一方面,学生通过之前内容的学习,具备了一定的马克思主义观点、立场、原则和方法,之前学习的习近平新时代中国特色社会主义思想主要内容和核心要义、"五位一体"总体布局、"四个全面"战略布局等知识为本节学习打好基础;另一方面,从课前调查中获知,学生对构建人类命运共同体的了解主要来自时政新闻和高中教材,不够广泛和深入。课前让学生收集构建人类命运共同体的背景资料以及"一带一路"相关资料,提前预习教材内容,以帮助学生顺利参与课堂议学活动。

三、教学设计

(一)课程导入

法国印象派艺术大师高更(P.Gauguin)于 1897 年完成了一幅大型作品,他用梦幻的记忆形式,把观赏者引入似真非真的时空延续中。在长达 4 米的画面上,从左到右表达了生命从诞生到死亡的历程。树木、花草、果实,所有的植物象征着时间的飞逝和生命的消失。画的标题是三个震撼心灵的问题:我们从哪里来? 我们是谁? 我们到哪里去? 和科学家没有交集的高更根本就没有想到他的发问恰恰是科学界公认的最基本、最有意义、最值得研究的问题:宇宙是怎样起源的? 生命是怎样起源的? 人类的未来会怎样?

当今世界,各国都不同程度面临着高更之问:你从哪里来? 你是谁? 你要去哪里?

英国脱欧如此痛苦,不正是因为在大英帝国的虚幻过去、现实的欧盟束缚以及“全球英国”(Global Britain)之间彷徨难以抉择吗?

这种身份认同危机其实在美国身上也有体现:“山巅之城”(city upon the hill)的信仰催生了美国“绝不做老二”(second to none)的信念。进入“工业 4.0”时代,历史上第一次出现非西方国家、非美国盟友、非一神教传统国家的中国参与并引领产业革命。于是,美国举全球霸权之力打压中国有关的科技公司。

中国也可能面临类似挑战:你从哪里来?对这个问题,中国很明确,但其他国家尤其是周边国家有不同理解。你是谁?并非西方的民族国家,可能是文明型国家?你要去哪儿?中华民族伟大复兴既有赶超美国的冲动,也给人要复兴到汉唐盛世的错觉……直到人类命运共同体给中国梦的世界表达提供了方向。

中国提出推动构建人类命运共同体,不是外交辞令,而是实现中华民族伟大复兴中国梦的内在要求,是中国特色社会主义的应有之义,鲜明体现了当代中国共产党人的全球视野。

我们从“高更之问”说起,一起来探究推动构建人类命运共同体的理论内涵及其现实路径。

(二)课堂讲授

1.为什么说构建人类命运共同体是回应时代呼唤?

新冠肺炎疫情的全球大流行,说明了人类社会携手应对各种风险挑战、推进人类命运共同体建设的紧迫性。人类社会的经验证明:当面临重大危机时,合作是最基本的原则。面对新冠肺炎疫情,全人类应该共同应对。只要各国以更加坚定的信念牢固树立人类命运共同体意识,风雨同舟、团结协作、众志成城,采取更果断的行动,推动更紧密的合作,就一定能够战胜疫情,共同建设更加美好的地球家园。

[小组展示]

当今世界还有哪些变化和发展,呼唤着人类命运共同体的构建?请各小组根据课前准备的内容进行 PPT 资料展示和主题讲演。

总结:各小组从不同的视角出发,为我们展示了他们所思考的当今世界发展与构建人类命运共同体之间的联系,我们可以将其归纳为以下三个方面。

第一,构建人类命运共同体,是全球化的必然要求。世界本一体,是地壳运动将地球分成了不同板块。人类本同源,生命起源于海洋,智人从东非走向世界。本是同根生,相煎何太急?世界再也无法承担分离之苦。环球同此凉热,人类再也无法遭受不可持续发展之痛。当今世界,正经历从自然地理、政治地理到功能性地理的转变,迈入互联互通新时代。作为对互联网时代的超越,万物互联、人机交互、天地一体的时代正在到来。经济基础决定上层建筑。全球化的新形态，催生出人类命运共同体理念。网络的发展和万物互联时代的来临，让每个人都前所未有地紧密相连。可以想见，未来人与人、人与物、物与物之间的联系会随着信息网络的发展而越发紧密，人类命运共同体应时代需求而生，与信息化社会有天然的适配性。

第二，构建人类命运共同体，是技术变迁的呼唤。人工智能的快速发展考问人何以为人、何以为人类，国际社会确立了人工智能的人类中心原则，即人工智能的使用不得侵害宪法和国际规范保障的基本人权。万物互联时代的来临也为构建人类命运共同体提供了技术支撑。比如，科大讯飞人工智能技术助力医疗和教育，在学习人类顶级专家的知识之后去赋能缺少资源（如老师和医生）的贫困地区，这在中国得到普遍验证。在技术变革、新冠肺炎疫情以及全球性变革的背景下，国际共同体的发展面临着新的要求，以适应新的国际环境，维护人类社会的和平与发展。构建人类命运共同体，正是应对这一新变化、新要求的方案。

第三，构建人类命运共同体，是应对人类共同危机的要求。自从“地球村”变得越来越拥挤，居民们为了争夺有限的生活必需品爆发了越来越多的争吵甚至你死我活的拼杀。然而，瘟疫、其他自然灾害、谣言、战争、恐怖主义……一波又一波共同的危机，让一些人开始思索：究竟什么时候人们才可以停止互相伤害，集中力量共同面对危机？全球人口从 1900 年的 16.5 亿增长到如今的 78 亿，世界越来越拥挤，竞争越来越激烈，人类生命更顽强也更脆弱。而与此同时，各自独立的国家行为仍然是国际社会的基本形式，如国际政治经济学家罗伯特·吉尔平（Robert Gilpin）所言：“国际关系仍然是处在无政府状态的独立行为者之间争取财富和权利的循环斗争。”[①]核武器的出现并没有让人们放弃使用武力，经济相互依存并不能保证合作能够取代冲突。此外人与人之间同样越来越难以达成共识。

全球化、技术变迁、人类共同危机，这种种变化和挑战，无不呼唤着人类命运共同体这一符合时代要求的新型国际共同体的构建。

2.为什么说构建人类命运共同体是我们唯一的未来？

人类命运共同体尊重不同国家的主权，主张主权平等的，强调共商、共建、共享的全球治理观。它从中国与世界的命运共同体开始，超越中国与世界的互利双赢，追求利益、责任和命运共同体，反映了中国外交从和平崛起（自身）、和谐世界（外部）到中国未来与人类未来高度融合，试图寻找各国价值观的最大公约数，走出历史悲剧循环，共同开创美好未来。

---

① [美]罗伯特·吉尔平：《世界政治中的战争与变革》，宋新宁、杜建平译，上海人民出版社 2019 年版，第 5 页。

人类尝试过的各种安全观、发展观、合作观、文明观、生态观均无以为继，而人类命运共同体倡导新安全观——你安全我才安全，你安全所以我安全，我安全就是我们的安全；新发展观——包容性发展、可持续发展、共同发展；新合作观——平等合作、开放合作、包容合作；新文明观——以文明交流超越文明隔阂、以文明互鉴超越文明冲突、以文明共存超越文明优越；新生态观——美丽、清洁、绿色。

[小组活动]

请同学们分为五个小组，各组从人类命运共同体五个方面的内涵中选择一个，结合时政新闻，谈谈你对所选内涵的理解。

人类命运共同体的内涵包括：第一，政治上，要相互尊重、平等协商，坚决摒弃冷战思维和强权政治，走对话而不对抗、结伴而不结盟的国与国交往新路。第二，安全上，要坚持以对话解决争端、以协商化解分歧，统筹应对传统和非传统安全威胁，反对一切形式的恐怖主义。第三，经济上，要同舟共济，促进贸易和投资自由化便利化，推动经济全球化朝着更加开放、包容、普惠、平衡、共赢的方向发展。第四，文化上，要尊重世界文明多样性，促进文明交流、加强文明互鉴、实现文明共存。第五，生态上，要坚持环境友好，合作应对气候变化，保护好人类赖以生存的地球家园。

概括来说，构建人类命运共同体，其核心就是建设持久和平、普遍安全、共同繁荣、开放包容、清洁美丽的世界。持久和平是消除战乱、维护和平，缔造和平、捍卫和平。和平来之不易，和平需要争取，和平需要维护。中国倡导国家之间要构建对话不对抗、结伴不结盟的伙伴关系，大国之间，要尊重彼此核心利益和重大关切，管控矛盾分歧，努力构建不冲突不对抗、相互尊重、合作共赢的新型关系；大国对小国，要“平等相待，不搞唯我独尊、强买强卖的霸道”。而安全应该是普遍的、平等的、包容的，鲜明倡导“树立共同、综合、合作、可持续的安全观”，为加强全球安全治理指出了切实可行的路径。共同，就是要尊重和保障每一个国家安全；综合，就是要统筹维护传统领域和非传统领域安全；合作，就是要通过对话合作促进各国和本地区安全；可持续，就是要发展和安全并重，以实现持久安全。共同繁荣是指水涨船高，小河有水大河满，大家发展才能发展大家。各国在谋求自身发展时，应该积极促进其他国家共同发展，让发展成果更多更好惠及各国人民。加强协调、完善治理，推动建设一个开放、包容、普惠、平衡、共赢的经济全球化。开放包容的意思是文明因多样而交流，因交流而互鉴，因互鉴而发展。要以文明交流超越文明隔阂、文明互鉴超越文明冲突、文明共存超越文明优越，促进不同文明在交流互鉴中共同前进，建设一个开放包容的世界。绿水青山就是金山银山。我们应该遵循天人合一、道法自然的理念，寻求永续发展之路，建设清洁美丽的世界。具体来说，就是“倡导绿色、低碳、循环、可持续的生产生活方式，平衡推进2030年可持续发展议程，不断开拓生产发展、生活富裕、生态良好的文明发展道路”。中国将采取更加有力的政策和措施，力争2030年前二氧化碳排放达到峰值，努力争取2060年前实现碳中和。

3.为什么说“一带一路”是解决当今世界“四大赤字”的有效方案？

构建人类命运共同体的理念不仅具有丰富而深刻的内涵，也具有清晰的现实路径——通过“一带一路”构建全球互联互通伙伴网络。

[课堂活动]

“一带一路”沿线合作项目“直播间”——请各小组以“直播带货”的形式展示课前收集的“一带一路”沿线国家的基本情况及其与中国合作建设的具有代表性的项目资料。其他同学可现场通过云班课为资料丰富、展示到位的小组投票，表现优秀的小组成员获得积分奖励。

共建“一带一路”倡议的核心内涵，是促进基础设施建设和互联互通，加强经济政策协调和发展战略对接，促进协同联动发展，实现共同繁荣。这一倡议秉持和遵循共商共建共享原则，努力实现政策沟通、设施联通、贸易畅通、资金融通、民心相通。“中非命运共同体”的建设，就是成功案例之一。

非洲经历长期探索，绝大部分国家都还在寻找符合自身国情的发展道路。面对英国脱欧和“美国优先”的美国，非洲国家对西方模式相当失望，担心西方援助下滑，于是纷纷向东看，从发展靠援助到学习借鉴中国既实行改革开放又保持自主发展的经验，中非友好互利合作进入新阶段。目前，非洲正成为与中国开展基础设施和国际产能合作的示范。在埃塞俄比亚首都亚的斯亚贝巴，街边到处是中国建造集团的标语和吊车。非盟总部也是中国建造的杰作，总部附近，一家安徽企业的标语十分醒目。市内，轻轨、高架桥，市外，高速公路、收费站、路灯，到处都充满了中国气息。更不用说非洲第一条电气化铁路——亚吉铁路，它是中国企业首次在海外采用全套中国标准和中国装备建造的现代铁路。中非合作因而成为“一带一路”倡导的国际合作的示范。埃塞俄比亚、坦桑尼亚、肯尼亚成为中非产能合作先行先试示范国家。在中非合作论坛约翰内斯堡峰会上宣布的中非“十大合作计划”中，高速公路网、高速铁路网、区域航空网、基础设施工业化的“三网一化”，正在推进非洲的横向互联互通和区域合作，改变非洲在全球化进程中被边缘化的命运。

正如大家收集的资料中所展现的一样，共建“一带一路”倡议正成为构建人类命运共同体的重要实践平台。从亚欧大陆到非洲、美洲、大洋洲，共建“一带一路”为世界经济增长开辟了新空间，为国际贸易和投资搭建了新平台，为完善全球经济治理拓展了新实践，为增进各国民生福祉作出了新贡献，成为共同的机遇之路、繁荣之路。事实证明，共建“一带一路”正在解决当今世界四大赤字——

“和平赤字”“发展赤字”“治理赤字”“信任赤字”，在解决问题的过程中推动构建人类命运共同体。

（三）总结升华

2017年12月1日，习近平总书记在中国共产党与世界政党高层对话会上的主旨讲话中提出：“人类命运共同体，顾名思义，就是每个民族、每个国家的前途命运都紧紧联系在一起，应该风雨同舟，荣辱与共，努力把我们生于斯、长于斯的这个星球建成一个和睦的大家庭，把世界各国人民对美好生活的向往变成现实。”①

构建人类命运共同体是顺应历史潮流、增进人类福祉的中国方案。这一方案汇聚着世界各国人民对和平、发展、繁荣向往的最大公约数，反映了人类社会的共同价值追求，符合中国人民和世界人民的根本利益。这一方案超越不同制度的分歧，摒弃零和博弈的思维，成为不同国家、不同民族、不同文明的共同奋斗方向。人类命运共同体与“一带一路”是习近平新时代中国特色社会主义思想最具有代表性的国际价值理念与合作倡议，两者虚实结合、相辅相成的关系体现了中国建设的重要经验，展示了解决和平、发展、治理等人类问题的中国智慧。

四、教学反思

议题式教学的基础表现是“以题为载体，以议为形式，以育为内容”，应在议题讨论的过程中实现“教与育”的合一。在议题教学过程中，设计了针对大学阶段学生群体的问题，通过精当的议题引入，有效调动学生的情感和注意，在议题研究的层层推进中，让学生投入课堂、参与课堂，增加了学生思考的深度和灵动，形成对人类命运共同体、“一带一路”倡议等价值认同。依附议题所设计的活动，注意培养学生的参与感，实现了活动内容课程化、课程内容活动化，学生在辨析、讨论、展示的真实活动过程中获得了知识、提升了能力，成为课堂的主人；在询问与聆听、惊叹与质疑、独立思考与吸纳比较中，实现对自己具有挑战性的学习。

在课前准备方面，学习材料的选择质量有待提升，教学方法的运用水平仍需提高；在课上教学方面，教师讲得过满，课堂留白偏少，课堂活动形式不够创新，学生课堂主观能动性没有充分发挥，不能牢牢抓住学生注意力，仍需更贴切的案例和更丰富的活动来助力于教学效果的提升。议题式教学既要对课堂的教学要

① 习近平：《携手建设更加美好的世界——在中国共产党与世界政党高层对话会上的主旨讲话》，《人民日报》2017年12月2日。

素进行知识层面显性架构完成学科的基本任务，又要对教学要素进行素养层面的隐性架构完成立德树人的根本任务，本议题式教学策略中隐性架构蕴含于显性架构之中，二者的融合效果尚需提升，今后将深入研究“学习理解—实践应用—创新迁移”的逻辑进路，更好地实现知识教学与价值引领的高度统一。

五、学习拓展

(一)经典文献

1.一个和平发展的世界应该承载不同形态的文明，必须兼容走向现代化的多样道路。民主不是哪个国家的专利，而是各国人民的权利。外部军事干涉和所谓的民主改造贻害无穷。要大力弘扬和平、发展、公平、正义、民主、自由的全人类共同价值，摒弃小圈子和零和博弈。

国与国难免存在分歧和矛盾，但要在平等和相互尊重基础上开展对话合作。一国的成功并不意味着另一国必然失败，这个世界完全容得下各国共同成长和进步。我们要坚持对话而不对抗、包容而不排他，构建相互尊重、公平正义、合作共赢的新型国际关系，扩大利益汇合点，画出最大同心圆。

中华民族传承和追求的是和平和睦和谐理念。我们过去没有，今后也不会侵略、欺负他人，不会称王称霸。中国始终是世界和平的建设者、全球发展的贡献者、国际秩序的维护者、公共产品的提供者，将继续以中国的新发展为世界提供新机遇。①

2.中华文明是在同其他文明不断交流互鉴中形成的开放体系。从历史上的佛教东传、“伊儒会通”，到近代以来的“西学东渐”、新文化运动、马克思主义和社会主义思想传入中国，再到改革开放以来全方位对外开放，中华文明始终在兼收并蓄中历久弥新。亲仁善邻、协和万邦是中华文明一贯的处世之道，惠民利民、安民富民是中华文明鲜明的价值导向，革故鼎新、与时俱进是中华文明永恒的精神气质，道法自然、天人合一是中华文明内在的生存理念。

今日之中国，不仅是中国之中国，而且是亚洲之中国、世界之中国。未来之中国，必将以更加开放的姿态拥抱世界、以更有活力的文明成就贡献世界。②

---

①　习近平:《坚定信心　共克时艰　共建更加美好的世界——在第七十六届联合国大会一般性辩论上的讲话》,《人民日报》2021年9月22日。

②　习近平:《深化文明交流互鉴　共建亚洲命运共同体——在亚洲文明对话大会开幕式上的主旨演讲》,《人民日报》2019年5月16日。

(二)典型习题

1.推动建立新型国际关系,要把合作共赢理念体现到(　　)等对外合作的方方面面,推动构建人类命运共同体。

A.经济　　B.文化　　C.政治　　D.安全

答案:ABCD

2.习近平在(　　)时提出了"通过迈向亚洲命运共同体,推动建设人类命运共同体"的倡议。

A.博鳌亚洲论坛 2015 年年会

B.上合峰会

C.纽约联合国总部

D.日内瓦万国宫

答案:A

3."一带一路"倡议提出以来,已经有 100 多个国家和国际组织参与其中,我国同沿线 30 多个国家签署共建合作协议、与 20 多个国家开展了国际产能合作,一批有影响的标志性项目逐步落地。截至 2016 年 7 月,我国对"一带一路"相关国家的投资累计已达 511 亿美元,占同期对外直接投资总额的 12%,与沿线国家新签承包工程合同 1.25 万份,累计合同额 2790 亿美元。我国推进"一带一路"建设旨在(　　)。

A.统筹国内国际两个大局

B.打造开放、包容、均衡、普惠的区域经济合作架构

C.促进沿线各国共用繁荣

D.探索国际合作及全球治理新模式

答案:ABCD

4.中国政府倡议,共建"一带一路"秉持(　　)的理念,全方位推进务实合作,打造利益共同体、命运共同体和责任共同体。

A.开放合作、和谐包容、市场运作、互利共赢

B.政治互信、经济融合、文化包容

C.和平合作、开放包容、互学互鉴、互利共赢

D.政策沟通、设施联通、贸易畅通、资金融通、民心相通

答案:C

参考文献

(一)著作

1.《马克思恩格斯选集》第1～4卷,人民出版社2012年版。

2.《马克思恩格斯文集》第1～4卷,人民出版社2009年版。

3.《习近平谈治国理政》第1卷,外文出版社2018年版。

4.《习近平谈治国理政》第2卷,外文出版社2017年版。

5.《习近平谈治国理政》第3卷,外文出版社2020年版。

6.《习近平谈治国理政》第4卷,外文出版社2022年版。

7.顾明远主编:《教育大辞典》,上海教育出版社1998年版。

8.崔允漷编:《有效教学》,华东师范大学出版社2009版。

9.钟启泉:《教学设计》,华东师范大学出版社2022年版。

10.余文森:《有效教学十讲》,华东师范大学出版社2009年版。

11.余文森:《有效教学的理论和模式》,福建教育出版社2011年版。

12.余文森:《从有效教学走向卓越教学》,华东师范大学出版社2015年版。

13.李森、杜尚荣编:《课堂教学管理策略研究——基于案例的分析》,福建教育出版社2013版。

14.李森、陈晓端主编:《课程与教学论》,北京师范大学出版社2015年版。

15.李森:《现代教学论纲要》,人民教育出版社2018版。

16.杨慧民:《高校思想政治理论课案例教学法研究》,高等教育出版社2007年版。

17.徐继存等:《教学论研究》,福建教育出版社2020年版。

18.陈静静:《学习共同体:走向深度学习 》,华东师范大学出版社2020年版。

19.杨小微主编:《现代教学论》,山西教育出版社2010年版。

20.王道俊、郭文安主编:《教育学》,人民教育出版社2016年版。

21.张楚廷:《教学论纲》,高等教育出版杜 2008 年版。

22.吴庆麟主编:《教育心理学——献给教师的书》,华东师范大学出版社 2010 年版。

23.李森、伍叶琴主编:《有效对话教学》,福建教育出版社 2012 年版。

24.张华:《课程与教学论》,上海教育出版社 2000 年版。

25.赵祥麟、王承绪编译:《杜威教育论著选》,华东师范大学出版社 1981 年版。

26.李吉林:《情境教育——一个主旋律的三部曲》,中国人民大学出版社 2019 年版。

27.沈雪春:《议题式教学简论》,陕西师范大学出版总社 2018 年版。

28.高慎英:《体验学习论:论学习方式的变革及其知识假设》,广西师范大学出版社 2010 年版。

29.韩美兰主编:《"马克思主义基本原理概论"问题链教学详案》,中国人民大学出版社 2017 年版。

30.崔建霞主编:《马克思主义基本原理概论理论问题聚焦》,北京理工大学出版社 2009 年版。

31.王义桅:《时代之问　中国之答:构建人类命运共同体》,湖南人民出版社 2021 年版。

32.郑金洲编著:《案例教学指南》,华东师范大学出版社 2000 年版。

33.[美]R.M.加涅、W.W.韦杰、K.C.戈勒斯、J.M.凯勒:《教学设计原理》,王小明、庞维国、陈保华、汪亚利译,华东师范大学出版社 2018 年版。

34.[美]格兰特·威金斯、杰伊·麦克泰格:《追求理解的教学设计》,闫寒冰、宋雪莲、赖平译,华东师范大学出版社 2017 版。

35.[美]泰勒:《课程与教学的基本原理》,罗康、张阅译,中国轻工业出版社 2014 年版。

36.[美]加里·D.鲍里奇:《有效教学方法》,杨鲁新、张宁译,华东师范大学出版社 2021 年版。

37.[捷]夸美纽斯:《世界教育思想文库:大教学论》,傅任敢译,教育科学出版社 2014 年版。

38.[美]布鲁斯·乔伊斯、玛莎·韦尔、艾米莉·卡尔霍恩:《教学模式》,兰英译,华东师范大学出版社 2021 年版。

(二)期刊论文

1.刘建军:《论高校思想政治理论课教育教学的"八个统一"》,《教学与研究》

2019年第7期。

2.佘双好、汤婉丽:《新时代高校思想政治理论课教学方法的创新发展与展望》,《思想理论教育导刊》2023年第3期。

3.佘双好:《改革开放以来高校思想政治理论课教学方法的创新发展》,《思想理论教育导刊》2018年第10期。

4.江家城、寇清杰:《高校思想政治理论课理论性和实践性相统一的基本依据、推进路径与内在要求》,《思想教育研究》2019年第7期。

5.田克勤:《新中国成立七十多年来高校思想政治理论课课程体系的建构及其经验》,《中国青年社会科学》2021年第2期。

6.黄蓉生、崔健、唐斌:《党的十八大以来思想政治理论课教学改革的实践探索与经验启示》,《中国大学教学》2018年第8期。

7.骆郁廷、秦玉娟:《新中国70年高校思想政治理论课建设的回顾与展望》,《思想理论教育导刊》2019年第11期。

8.宋德孝:《供给侧视角下高校思想政治理论课教学与大学生精神需求的精准化对接》,《思想教育研究》2020年第2期。

9.季海群:《融媒体时代高校思想政治理论课话语体系的重构》,《江苏高教》2022年第7期。

10.阎国华、闫晨:《高校思想政治理论课获得感的结构功能与内涵透视》,《思想教育研究》2022年第5期。

11.佘双好:《关于思想政治理论课体验式教学的思考》,《思想教育研究》2012年第4期。

12.李渺:《对讲授法争议的几点思考》,《中国教师》2007年第7期。

13.严权纲:《"体验式教学法"在政治教学中的应用》,《教育评论》2000年第4期。

14.刘书艳:《体验式教学模式研究》,《教育理论与实践》2015年第34期。

15.田红云:《体验式教学的认识论基础及应用探析》,《扬州大学学报》(高教研究版)2010年第6期。

16.卢曼萍、潘晓华、张继河:《体验:实践教学的重要内涵——体验式实践教学模式解析》,《教育学术月刊》2011年第3期。

17.王学东:《体验式教学模式的构建与实施》,《乐山师范学院学报》2009年第6期。

18.章莲华:《体验教学:让"思想道德修养课"活起来》,《思想教育研究》2005年第6期。

19.刘晶、刘海燕:《高校思想政治理论课体验式实践教学初探》,《湖北社会科学》2011 年第 1 期。

20.戴卫义、许俊杰:《高校“基础”课开展体验式实践教学探析——基于“在服务中成长”实践教学案例》,《思想理论教育导刊》2014 年第 5 期。

21.张树媛:《讲授法之冷思考》,《中国电力教育》2013 年第 7 期。

22.李香林:《论“讲授法”及其在课堂中合理运用》,《江苏师范大学学报》(教育科学版)2013 年第 4 期。

23.蔡桂真:《新课程背景下讲授法的优化发展及有效运用》,《现代教育科学·普教研究》2010 年第 6 期。

24.巩传红:《问题启发式教学法在高校法律类课程教学中的应用》,《中国成人教育》2016 年第 23 期。

25.于胜刚:《高校教师教育专业教师资格课程实施“问题教学”模式探析》,《东北师大学报》(哲学社会科学版)2014 年第 2 期。

26.舒华瑛:《运用问题教学提高课堂教学效率初探》,《延边教育学院学报》2014 年第 2 期。

27.裴俊、乔丽:《高等代数课程中问题驱动式教学法》,《西南师范大学学报》(自然科学版)2016 年第 12 期。

28.胡学发:《“问题驱动、多元导学”教学法研究》,《当代教育科学》2012 年第 20 期。

29.许晓平:《“问题教学法”在“马克思主义基本原理概论”课中的应用》,《教育探索》2012 年第 5 期。

30.吴琳:《问题式教学法在“马克思主义基本原理概论”课教学中的运用》,《学校党建与思想教育》2019 年第 7 期。

31.费英秋、于欣宜:《问题导向式教学法研究——以形势与政策课为例》,《思想政治教育研究》2020 年第 4 期。

32.钟启泉:《对话与文本:教学规范的转型》,《教育研究》2001 年第 3 期。

33.崔敏:《探究情境教学在艺术院校思想政治理论课中的应用——评〈创新、潜润、认同:新时代高校思想政治理论课教学改革探索〉》,《中国教育学刊》2021 年第 11 期。

34.唐海燕:《创设情境在艺术院校思政课情景教学中的运用》,《高教论坛》2020 年第 12 期。

35.王庆忠:《情境教学法在思政课中的理论建构及实践运用》,《学校党建与思想教育》2017 年第 10 期。

36.米俊魁:《情境教学法理论探讨》,《教育研究与实验》1990 年第 3 期。

37.史洋:《情境教学法在高校思政课中的应用》,《中国高等教育》2015 年第12期。

38.陈磊:《情境教学在高校思想政治理论课教学中的应用》,《教育探索》2014年第9期。

39.孔凡成:《情境教学研究的发展趋势》,《教育评论》2005年第1期。

40.刘丙胜:《教学议题的合理确定和有效实施》,《思想政治课教学》2017年第7期。

41.顾爱勤:《优化议题教学的基本要素》,《思想政治教学》2020年第4期。

42.吕文玲:《基于在线教学的调研与思考》,《中国农林教育》2020年第6期。

43.李逢庆:《混合式教学的理论基础与教学设计》,《现代教育技术》2016年第9期。

44.杨志超:《高校思想政治理论课混合式教学模式的建构路径探析》,《思想教育研究》2016年第6期。

45.王萍霞:《"互联网+"时代高校思想政治理论课教学模式探析》,《广西社会科学》2017年第4期。

46.陈先达:《论马克思主义基本原理及其当代价值》,《马克思主义研究》2009年第3期。

47.郑金洲:《案例教学:教师专业发展的新途径》,《教育理论与实践》2002年第7期。

(三)学位论文

1.许真:《我国高校体验性思想政治教育研究》,山东大学博士学位论文,2018年。

2.张艳丽:《大学生思想政治理论课获得感研究》,华中师范大学博士学位论文,2019年。

3.赵洁:《习近平"立德树人"教育观研究》,新疆师范大学博士学位论文,2021年。

4.王爱莲:《高校思想政治理论课内涵式发展研究》,东北师范大学博士学位论文,2020年。

5.黄兰兰:《高校本科思想政治理论课教学基本范畴研究》,电子科技大学博士学位论文,2019年。